基础教育改革与教师专业发展丛书

基础教育改革与学生发展系列

信息技术时代的中小学教育

XINXIJISHU SHIDAI DE ZHONGXIAOXUE JIAOYU

刘和海 等◎编著

安徽师范大学出版社

责任编辑:罗永龙　桑国磊

装帧设计:丁奕奕

责任印制:郭行洲

图书在版编目(CIP)数据

信息技术时代的中小学教育/刘和海等编著 . —芜湖:安徽师范大学出版社,2014.8
(基础教育改革与教师专业发展丛书)

ISBN 978 - 7 - 5676 - 0314 - 1

Ⅰ.①信… Ⅱ.①刘… Ⅲ.①中小学教育—教育研究　Ⅳ.①G632.0

中国版本图书馆 CIP 数据核字(2012)第 319355 号

信息技术时代的中小学教育

刘和海　等编著

出版发行:安徽师范大学出版社

芜湖市九华南路 189 号安徽师范大学花津校区　　邮政编码:241002

网　　址:http://www.ahnupress.com/

发 行 部:0553 - 3883578　5910327　5910310(传真)　E - mail:asdcbsfxb@ 126.com

经　　销:全国新华书店

印　　刷:安徽芜湖新华印务有限责任公司

版　　次:2014 年 8 月第 1 版

印　　次:2014 年 8 月第 1 次印刷

规　　格:787×960　1/16

印　　张:16.25

字　　数:245 千

书　　号:ISBN 978 - 7 - 5676 - 0314 - 1

定　　价:30.00 元

内容简介

　　本书以中小学教师自身的、身边的或比较关心的教育信息化问题为切入点,导入解决问题的活动,并以此为主要载体,使读者逐步获得基础知识和基本技能,有利于教师自身科学素养的提高。

　　本书注重人文资源的利用,促进人文素养与科学素养的协调发展;注重信息技术与学科学习的整合,设计一系列技术的教育应用活动,为读者的探究和知识建构提供了良好的环境条件。

　　本书从学科体系、教师发展、社会需要三个方面进行论述,既注重学科内各分支学科的综合,又兼顾了不同知识模块间的综合,有利于读者全面深入地掌握信息技术在教育中的应用。

总　序

　　"教育改革"在当下是一个出现频率非常高的概念,这种语言现象所反映的正是教育实践的客观现实。伴随着经济全球化、信息化和网络化的迅猛发展,世界范围的教育改革正一浪高过一浪,教育改革正成为一项持续不断的教育实践活动。可以说,变革已成为当代教育的一个典型特征。

　　同样,改革也是我国当代基础教育领域蓬勃发展的重要驱动轴。近年来,基础教育改革正在各个层面全面展开:在课程领域,综合课程、活动课程、微型课程、模块课程等正在逐步取得与学科课程同等的地位,并对促进学生的全面发展发挥着不可替代的作用;在教学领域,诸如探究式教学、互动式教学、学生自主学习、合作学习等一系列新的教学方式和学习方式也正在逐步取代某些传统的教学方式和学习方式,被师生广泛运用于教学过程之中;在德育领域,一方面,某些陈旧落后的德育理念和模式正在为人们所摒弃,另一方面,多种新的德育理念和模式正在受到教育理论工作者和实践工作者的广泛关注并在学校德育实践中进行尝试和经受检验;在教育评价领域,传统的评价理念和范式同样日益受到人们的质疑与批判,与此同时,各种新的评价理念和范式层出不穷并被师生普遍接受和运用。

　　基础教育改革不仅使学校生活、师生关系和课堂面貌等发生了重要变化,也向广大教育实践工作者提出了新的更高的要求。持续不断的基础教育改革，使每一个投身于教育实践工作的人都面临着一系列无法回避的挑战。这种挑战，既意味着教育实践工作者不得不正视和思考教育改革带来的各种新的问题，同时也意味着他们在面对不断变化的教育实践情境时，必须采取适当、合理的因应与行动。

教育大计，教师为本；有好的教师，才有好的教育。这既是基础教育改革实践的强烈诉求，同时也是理性认识基础教育改革所形成的共识。好的教师，才有可能既娴熟自如地驾驭教育教学活动，最大限度地促进学生的发展，同时又能够有效地应对社会和教育发展所带来的各种新变化、新要求，成为教育改革的参与者和"弄潮儿"。好的教师由何而来呢？也许人们对这一问题有着各自不同的认识，也许不同的教师其成长的过程和方式各有差异，但可以肯定的是，好的教师既需要经受教育实践的历练，需要教育实践给予其充分展现的机会，同时，也需要接受教育理论的滋养，需要对教育教学的本质和规律性有着正确的认知和把握。

与教育实践工作者相同的是，教育理论工作者也正在面对教改所带来的诸多挑战。基础教育改革的蓬勃展开，也必然会对教育理论工作者提出如何恰当地回应教育改革、如何研究和解决教育改革中出现的各种新问题、如何引领教育改革的发展方向等诸多问题。可以说，在教育改革持续展开的背景下，教育理论工作者正面临着双重任务：一是必须及时研究和探索教育改革中不断出现的新情况、新进展，发现制约改革的各种因素和变量，揭示和分析教育改革发生发展的特点和规律；二是必须观照教育改革参与者特别是中小学教师的实践诉求，通过对教育改革实践的理论阐述，引领他们更加理性、有效地处理改革实践中所遇到的种种现实问题。

　　我们欣慰地看到，当前，已有很多学者对基础教育改革的一系列重要问题进行了深入的研究和探讨，从多角度、多方位提出了诸多有关教育改革的真知灼见，展示了学者们对教育改革实践的理性认识。然而，如何将这些理性认识转变为教育改革实践的理性行动，却需要做一番综合与转化工作。所谓综合，就是要对不同的理论研究成果，根据教育实践的逻辑，重新进行组合与梳理，以形成更加适合于教育实践的知识体系；所谓转化，则是要通过对知识的再加工和再创造，将原本用于精确表达思想和观念的科学话语体系，转变成实践话语体系，从而更加适合教育改革实践的需要。而本套丛书所努力达成的，就是这样的一个目标。我们期待我们所做的综合与转化的努力，能够产生切实的实践效果。

　　教育改革既涉及宏观层面，也涉及微观层面。仅有宏观层面的努力而缺失微观层面的配合与行动，教育改革不可能取得成功。宏观层面的教育改革主要是由政府来决定和实施，而微观层面的改革不仅需要政府的介入，更需要教育实践工作者的实际行动。我们编写这套丛书，主要的目标是指向微观层面，指向中小学教师的教育教学实践。丛书涉及当前基础教育改革和教师专业发展的诸多领域，主要针对当前基础教育改革和教师专业发展中所遇到或将要遇到的一系列问题而编写，以问题作为研究和讨论中心。我们期望通过聚焦教育改革实践中遇到的各种实际问题，借鉴中外教育改革的研究成果和成功经验，为教育实践工作者正确地认识和把握这些具体的实际问题提供指导和帮助。

　　本丛书主要包括教师专业发展系列、基础教育改革与学生发展系列、新课程教学探索系列、班主任工作系列、心理健康教育系列、教师专业标准系列等，读者对象主要是广大中小学教师。丛书的定位是理论与实际有机结合、介于学术著作和通俗读物之间,既注意吸收相关学科领域的最新成果,反映教育教学研究的前沿动态,又注重贴近中小学教师的工作和生活,对目前我国基础教育的实际以及教改实施与进展的状况进行分析和探讨,注重解决读者在实践中遇到的问题或困惑,努力做到科学性、前沿性、实用性的统一。丛书内容通俗易懂,深入浅出,每册书在内容上不求大而全,不求面面俱到,而是突出重点,将关注教师的需求放在第一位,尽可能为他们提供有针对性的思想和理论的引领,给他们以实践操作的启发。

我们相信本套丛书的出版,能让广大一线中小学教师获得所需的知识和有益的启示,对学校的进步、教师的发展和学生的成长发挥建设性的指导作用,为促进教育改革和教师发展增添些许动力。我们也期待着本丛书的出版,能够为师范院校相关学科的教学与研究提供更为丰富的素材,从而推动教师教育质量的不断提升。

编委会

二〇一三年一月

目　录

引　言

一、何为教育技术

在人类社会的历史中,技术曾经创造了无数的奇迹,帮助人类实现了无数的梦想,我们自然会期待,技术也可以作为革命性力量帮助人类实现教育的梦想。随着新技术大量应用于教育教学领域,技术教育应用也得到了发展。事实上,技术理想主义者所认为的"技术支持教育革命"却没有到来。目前存在着两种不同的观念:"技术乐观论者"认为技术对教育有着巨大的、毋庸置疑的价值,坚信技术是教育革命的决定性力量;"技术悲观论者"则怀疑技术的教育价值,他们证明教育技术的价值极其有限甚至对教育还存在着负面影响。在技术特别是当代的信息技术正大踏步进入教育领域的背景下,教育信息化已经成为历史发展不可逆转的趋势,我们无法拒绝技术,但是必须要思考技术对教育到底有什么价值? 而回答这个问题的前提是要回答技术与教育的关系、技术与人的关系。这需要从技术本质的角度、技术与教育关系的角度来认识教育技术的本质,从教育技术促进人发展的角度来分析教育技术的价值。即探讨教育技术何以能够及如何支持教师和学生的发展以实现教育技术的价值。教育技术是在视听教育的理论与实践经验的基础上,于 1970 年由美国教育技术委员会向美国国会递交的报告中首次提出,后来经 1972 年、1977 年和 1994 年三次修改后形成的一个完整概念。现行的"教育技术"定义中,美国教育传播与技术学会(简称 AECT)在 1994 年发布的有关"教育技术"的定义影响很大:"教育技术是对学习过程和学习资源进行设计、开发、使用、管

1

理和评价的理论与实践。"①十年之后,AECT2004 定义:教育技术是通过创造、使用、管理适当的技术和资源,促进学习和改善绩效的实践②。由于教育技术是一门发展中的学科,不同阶段的教育技术定义强调的技术着重点不同,同时现代科学技术和现代教育理念的发展不断充实教育技术概念的内涵,因此,有关教育技术的定义在不同的历史时期、不同的国家有不同的表述。从本质来说,教育技术是人类在教育、教学活动中所采用的技术与方法的总称。它以技术科学在教育教学中的运用为核心,包括了两大基本内容:一是研究教育教学中应用的物化技术,即各种硬件和软件,它包括黑板、粉笔等传统教具以及计算机、网络、卫星通讯等各种现代教育教学硬件及相关的软件;二是研究在解决教育、教学问题的过程中起作用的技巧、方法和理论。这个定义阐明了教育技术"是什么",便于大众和其他专业人员理解和交流。从实践应用来说,教育技术是在先进教育思想、理论的指导下,运用相关的技术和方法促进教育效果优化的实践活动。这个定义阐明了教育技术"做什么"(促进教育效果优化)和"如何做"(在先进教育思想、理论的指导下,运用相关的技术和方法)的问题,强调利用系统方法和依靠资源来促进学习,提高教育效果。

二、技术哲学与教育技术

美国技术哲学家卡尔·米切姆将技术分为四个层次:作为对象(Object)的技术、作为知识(Knowledge)的技术、作为活动(Action)的技术和作为意志(Volition)的技术。我们从技术哲学角度来讨论教育技术,主要是借鉴技术哲学关于技术本质和技术价值观的相关认识,对教育技术的本质和教育技术的价值进行分析。从内涵上讲,教育技术是为了满足教与学的需要而采用的物化技术和智能技术的总和;从本质上讲,教育技术是人类认识教育和改造教育的一种本质力量的体现,是现代教育的一种展现与解蔽方式,是技术理性在教育领域扩展的中介与具体形式。通过技术价值观的分析可以发现,教育技术价值的本质意义在于促进人的发

---

① 刘睿智.教育技术理论与应用[M].南京:南京大学出版社,2009:6.
② 刘睿智.教育技术理论与应用[M].南京:南京大学出版社,2009:9.

展。教师与学生的发展既是教育技术的价值起点，也是教育技术价值最终实现与否的判断依据①。

（一）教育中的技术问题

马克思曾经指出，科学技术不仅是一种在历史上起推动作用的、革命的力量，而且是"最高意义上的革命力量"②。在人们对当下的教育现实普遍感到不满的背景下，教育正在期盼着一种革命性的力量，于是，教育对科学技术这种革命性力量充满着期待。近百年来，每次新技术的出现，无论电影、电视、计算机还是网络，都曾给教育工作者带来过无限的希望。

早在1913年，发明家托马斯·爱迪生就曾经对电影用于教育有过乐观的估计："学校不久就会摒弃书本……用电影来教授人类知识将是可能的，我们的学校系统在今后的10年间将会发生翻天覆地的变化。"③美国公共广播网成人学习中心前主任蒂·布鲁克曾说："每一个家庭都将成为一个大学中心，只要有一台电视和一位有学习意愿的人"④。计算机教育应用的热潮使许多人相信，高度发达的计算机技术将使计算机最终成为机器教师而取代人类教师。网络教育的热衷者也曾憧憬过虚拟大学兴起、传统大学消亡的远景。从投影、幻灯、广播、电影、电视到计算机和网络，从投影片、幻灯片、教育电影、教育电视节目到CAI课件、网络课程、网络资源库和人工智能、智能导师系统、教学自动化设计，从远程教育到网络教育、移动教育、信息化学习……新技术大量应用于教育教学领域，引发了人们对技术教育应用无限憧憬的热潮。但是技术理想主义者所心驰神往的"技术支持的教育革命"迟迟没有到来，关于技术产品（如电影、电视、计算机等）将取代传统教材或人类教师的武断预言不仅与多年后的现实情况相去甚远，而且遭到了无情的嘲讽与批判。

① 左明章.论教育技术的发展价值——基于技术哲学的审视[D].武汉:华中师范大学，2008:108.
② 马克思,恩格斯.马克思恩格斯全集(第19卷)[M].北京:人民出版社,1965:375.
③ Saettler, P. A History of Instructional Technolory[M]. New York:McGraw-Hill. 1968:98.
④ (美)嘉格伦.网络教育——21世纪的教育革命[M].万小器,程文浩,译.北京:高等教育出版社,2000:87.

技术的狂热并非一无是处,至少,它对更多的人进行了技术教育应用的启蒙,使更多的人加入到技术应用的队伍中,使更多的人开始思考和研究技术教育应用的问题。在这种狂潮中,教育技术积累的实践经验和方法成为我们深入认识教育技术不可缺少的基础。技术的潜力无疑是巨大的,如何充分挖掘和发挥教育技术的潜力,也无疑是信息时代的教育工作者必须认真对待的问题。技术能为我们实现教育理想作出多大的贡献,取决于我们对教育技术认识的深刻程度。

(二)教育技术应用的核心价值问题

要回答这个问题,应该先弄清楚这几个问题。第一,在教育技术发展的历史过程中,技术到底对教育产生了哪些影响、发挥了哪些功能?人们对技术的教育价值又是如何认识的?第二,技术与教育之间是什么关系?什么是教育技术?教育技术的本质是什么?第三,教育技术的应用价值是什么?其价值有何特点?怎么看待教育技术的工具性、技术性和价值性?第四,教育技术对教师和学生到底提供了哪些发展的可能?可能产生什么负面影响?在教师和学生身上,教育技术的应用价值如何体现、如何实现?

此外,我们还要弄清楚教育的本质是什么。国际 21 世纪教育委员会向联合国教科文组织提交的著名的"德洛尔报告",即《教育——财富蕴藏其中》,强调教育要把人作为发展中心,"人既是发展的第一主角,又是发展的终极目标"。报告中明确提出"学会认知"、"学会做事"、"学会共同生活"和"学会生存"是教育的"四大支柱",21 世纪的教育必须建立在"四大支柱"上,教育"应该使每个人都能发展、发挥和加强自己的创造潜力,也应有助于挖掘出隐藏在我们每个人身上的财富"①。促进人的发展是教育的核心价值,一切的教育活动、教育过程、教育手段与方法都必须紧紧地围绕这一主题来展开。教育技术作为教育的一个分支领域,必然与教育有着同样的核心价值,即发展"人"的价值。偏离这一价值,教育

---

① 联合国教科文组织总部中文科. 教育——财富蕴藏其中[M]. 北京:教育科学出版社,1996:75-76.

技术就会偏离其隶属于教育学科的基本属性而迷失方向。从教育技术的发展历史和模式来看，其"主要目标是促进和改善人类学习的质量"，而教育技术也就是"为达到这个目标所采用的哲学方法和实践方法"，其价值指向仍然是"人的发展"。所以，技术的教育价值问题最终归结到"人"的发展价值上。更具体的讲，研究教育技术的核心价值就是要说明教育技术对于教育中的"人"的价值，即对学习者和教育者的价值，要解释教育技术对学生和教师意味着什么，要阐释教育技术可以做什么和应该做什么与应该如何做。

三、技术哲学是教育技术学理论研究基础

教育技术是教育科学中实践性很强的领域，具有非常强烈的实践取向，解决实践问题的重要性常常使教育技术研究者限于具体的技术过程与技术细节上，而无暇顾及教育技术领域的一些基本理论问题的研究，这也直接导致了教育技术基本理论研究极度缺乏的后果。即便有一些理论研究成果，也由于研究深度不足而流于表面，最终形成了教育技术基本理论研究数量不多、深度不够、水平不高的现状。这一现状反过来又成为技术路线者对教育技术理论研究表示不屑的理由，进一步使教育技术基本理论研究被边缘化。

随着教育技术实践领域和学科专业的飞速发展，教育技术不断地展现出其诱人的前景，同时也暴露出不少的问题，通过对学科内涵、学科地位、理论体系、本土化等问题的讨论，使研究者们认识到教育技术基本理论研究严重缺失，开展教育技术本质问题研究非常必要，于是他们开始自觉地思考教育技术的本质问题。乔治·奈勒曾指出："那些不应用哲学去思考问题的教育工作者必然是肤浅的。一个肤浅的教育工作者，可能是好的教育工作者，也可能是坏的教育工作者——但是好也好得有限，而坏则每况愈下。"①

教育技术价值论问题是教育技术的本质问题之一，这个问题首先是

① 桑新民.呼唤新世纪的教育哲学——人类自身生产探秘[M].北京:教育科学出版社，1993:4.

一个哲学问题。应该用什么样的哲学理论来指导教育技术的哲学研究呢？我们必须关注两个核心概念，即"技术"与"发展"。从"技术"这一角度来讲，教育技术学属于教育研究中的技术学层次的学科，教育技术是"教育中的技术"，因此，对教育技术的认识离不开对"技术"本质的分析，对教育技术的价值认识离不开技术价值论的指导①。而技术本质和技术价值论都是技术哲学研究的重点问题，毫无疑问，技术哲学的研究成果对教育技术价值研究具有重要的指导意义。人的"教育"是一个历史范畴，是基于时代背景和社会背景的，而当前社会的最突出特征，莫过于科学技术在社会发展中的作用日益凸显并占据着主导地位。

信息时代以信息为社会发展的基础动力，以现代电子信息技术为实现信息社会的手段，以信息经济为社会存在和发展的主导经济，以信息文化改变人的教育、生活和工作方式以及价值观念和时空观念为新兴社会形态。以数字化、网络化、多媒体化为代表的现代信息技术在信息社会发展中起着极其重要的作用②。信息技术改变了人们传统的生活、学习和工作方式，人的发展受到技术的深刻影响。从这个意义上讲，讨论发展问题，也离不开对技术的分析。

技术与人的关系、技术与社会的关系问题也是技术哲学关注的重点。技术哲学为研究教育技术发展价值问题提供了重要的哲学基础。桑新民教授更是明确指出："技术哲学是现代教育技术学的重要理论基石"③。从技术哲学的视角对教育技术的价值问题进行分析，可以将"技术对人的发展的影响"作为讨论教育技术的发展价值问题的起点与归宿。许多学者认为，从技术哲学的视角探讨教育技术，一是在分析技术的内涵与本质的基础上，讨论教育技术的内涵和本质；二是基于技术价值论讨论教育技术的价值；三是从技术批判角度展开对教育技术的批判④。

---

① 李建耀、陈莉.教育技术哲学初探[J].电化教育研究，2002(4)：9－13.
② 蔡良娃.信息化空间观念与信息化城市的空间发展趋势研究[D].天津：天津大学，2006：35.
③ 桑新民.技术－教育－人的发展(上)——现代教育技术学的哲学基础初探[J].电化教育研究，1999(2)：3.
④ 左明章.论教育技术的发展价值——基于技术哲学的审视[D].武汉：华中师范大学，2008：7.

四、教育中的技术内涵与本质

分析教育技术的内涵和本质都是从分析技术的内涵和本质入手的。技术有以下几种定义：技术是工具和手段；技术是方法或者关于方法的知识；技术是人和自然的中介；技术是人类改变或控制客观环境的手段或活动；技术是为社会生产和人类物质文化生活需要服务的，供人类利用和改造自然物的物质手段、精神手段和信息手段的总和。

李芒认为，技术可分为两类，一类是"客体技术"，也就是通过制造工具、使用工具来改造自然客体的技术；另一类是"主体技术"，即改造人自身的技术，改变人精神方面的技术。"教育技术是主体技术"，是用以帮助主体（学生）得到发展的技术，是对人的技术。从构成上来讲，教育技术的构成要素包括三大类："经验形态的技术、实体形态的技术和知识形态的技术"①。南京师范大学的李艺教授和他的博士生们主要从教育与技术的相互作用关系来认识教育技术。他们指出，虽然教育中的技术也具有技术的一般本质，但一旦技术进入教育活动中，技术就打上了教育的烙印，技术就被教育化了。教育中技术作为教育活动的一个中介环节，其应用目的在于实现教育的特定目的，所以，教育中技术的本质也只能是培养人的价值性或精神性的实践活动。它不是预设的，是历史的、生成的，其最终目标是走向技术与教育的融合②。杨开城博士认为，教育技术是一种技术，但它不仅仅是一种工具，实际上它既是理解教育的独特方式，也是教育者理性力量的表达，是教育者的核心行动能力③。教育技术即育人技术及其创新整合的技术，教学设计和课程开发是其核心内容。刘美凤博士综合了多个关于技术的定义，提出把基本的技术构成分成两个方面，即物质的技术和非物质的技术，或者叫"物化形态"的技术和"智能形态"的技术④。狭义的教育技术是指在解决教育教学问题中所运用的媒体技术和系统技术，广义的教育技术包括教育教学中所采用的全部物

---

① 李芒.关于教育技术的哲学思考[J].教育研究,1998(7):70.
② 单美贤,李艺.教育中技术的价值探讨[J].开放教育研究,2008(2):59-66.
③ 杨开城,王斌.从技术的本质看教育技术的本质[J].中国电化教育,2007(9):1-4.
④ 刘美凤.广义教育技术定位的确立[J].中国电化教育,2003(6):9-16.

化技术和全部智能技术,教育技术的发展就是从狭义技术定位走向广义技术定位的。

对教育技术的认识不能忽视教育中的人,教育中的主体才是技术的目的和价值判断依据。教育技术的根本目的是促进学生的学习,主要解决的是怎样教与学,以及人的认识问题和交往问题,主要面对的是学习者。教育中技术的本质是对教育系统的利人的能动性改造,是人的价值体现,是历史的、生成的。在技术、人、教育的关系中,人是目的,教育是手段,技术是环境条件;人为了生存和发展需要教育,技术服务服从于教育发展的需要,教育提供了人和技术发展的空间。必须从人的本质力量的角度来理解教育系统的技术的价值,以"以人为本"为准则不断调节技术与人的各种具体关系,从而促进技术、教育与人的同步发展。虽然各人的命题也许是不一样的,但认识的基点却有共同之处。从"人"出发,是认识教育技术本质的正确方向①。

五、技术哲学对教育技术实践应用反思

从教育技术的发展历史和模式来看,其主要目标是促进和改善人类学习的质量,而教育技术也就是为达到这个目标所采用的技术实践方法,其价值指向是学习的效益促进"人的发展"。所以,从这个角度来说,技术的教育价值问题最终归结到"人"的发展价值上。更具体的讲,教育技术的实践价值就是要说明教育技术对于教育中的"人"的实践价值,即对学习者和教育者的实践价值。当前教育技术的实践存在两个方面的问题:一是错误地认识技术。一方面认为技术等同于媒体,对技术的认识主要集中于将技术作为一种工具手段,将教育技术中的技术降低为或简化为媒体,把技术视为工具加以研究,使人理解的教育技术就是教学中所用的媒体技术,这样就大大缩小了教育技术的内涵。重硬件、重建设的结果是轻软件、轻应用、轻教师培训,重视媒体技术而轻视媒体应用方法,重视硬件的使用而轻视教学设计方法的推广普及等。另一方面错误地认为技术等同于媒体,会使教育技术工作者过多地把精力和资源放在硬件技术

---

① 单美贤,李艺.教育中技术的价值探讨[J].开放教育研究,2008(2):59-66.

的研究和开发上,忽视软件资源建设和教学资源建设,技术开发缺乏正确的教学设计方法的指导,技术设计缺乏对教学过程的观照,技术使用者也会过于关注媒体硬件的因素,而忽视正确方法的价值。二是理论与实践脱节。表现为理论空洞,不能指导实践,未能形成基于我国实践的理论体系。我国的教育技术起步较晚,更多地借鉴发达国家的先进理论与经验是必然的和有益的。但应该注意到,教育技术本质上是一个实践指向非常强的领域,涉及"教育"与"技术",中国与西方国家在这两个方面的差异是巨大的。所以,我国教育技术发展到现在,不能还仅停留在引进阶段,而应做大量系统、深入的工作,致力于构建符合我国教育教学实践、有很强的指导性与前瞻性的教育技术理论体系。

从内涵上讲,教育技术是为了满足教与学的需要而采用的物化技术和智能技术的总和;从本质上讲,教育技术是人类认识教育和改造教育的一种本质力量的体现,是现代教育的一种展现与解蔽方式,是技术理性在教育领域扩展的中介与具体形式。

第一,技术哲学引入教育技术研究领域,其价值绝不仅仅在于辨析"技术"与"教育技术"的概念与内涵,而是突出地表现为对教育技术领域批判意识与批判精神的培养。无论是对于"技术至上主义"的剖析,还是对"工具理性"思潮的批判,都彰显了哲学批判的深刻性。第二,"媒体中心"、"技术万能"、"技术至上"、"工具理性",从技术哲学角度对这些错误观念的剖析与批判,使我们认识到,教育技术领域很大程度上都在于工具理性的过度膨胀和价值理性的缺失,在于对技术的膜拜和对人的漠视。如果忽视技术与人的关系,那么教育技术就会永远找不到正确的方向。第三,技术作为人的本质力量,既是改变自然的力量,也是改变人自身的力量,最终必然成为促进人发展的力量。以"技术哲学"统领教育技术价值观、实践观,既出自于对教育技术历史和现实的检视,也符合技术的本质认识,更是考虑了技术与人的关系、与教育的关系;既是对"技术至上主义"和"工具理性"的批判,也是对教育技术价值观的建构。

反思教育中的技术,如何探索技术应用的问题,正是教育中的技术哲学所面临的问题。

第一,从理论与实践中探索。从理论到理论是无法吸收和创新的,唯一的办法还是要把理论和实践结合起来。理论研究只有深入我国教育技术实践,做深入科学的实践探索,将理论研究植根于我国教育教学实际中,才会真正做到有特色、有创新。教育技术理论与实践必须加强联系。我国教育技术发展到现在,不能还仅停留在引进阶段,而应做大量系统、深入的工作,致力于构建符合我国教育教学实践、有很强的指导性与前瞻性的教育技术理论体系。

第二,从技术与教学手段和方法中发展。新技术引入教育领域首先会改变教学媒体技术。以现代媒体技术为例,无论是投影幻灯,还是广播电视,或者是多媒体与网络,它们都改变了教学信息的呈现方式,使信息的呈现不仅仅局限于文字的表达,还可以是图形、图像、视频和声音等多种信息呈现方式,增强了信息的直观性、形象性和生动性。交互式媒体还可以增加教学中的交互手段。现代媒体丰富了教学手段,使教师在组织教学时可以有更多的、更有效的选择,在教学手段上可以更加灵活多变。

第三,从技术与教学形态中创新。现代技术对教学形态的明显影响促成了一些新的教学形态的产生和发展,比如电视教学、网络教学等。电视教学是电视技术在教育领域应用的结果,人们开发电视课程和电视教材,并通过开路电视、闭路电视、卫星电视等传播手段把教学信息播送给学习者,学习者通过观看电视节目来进行学习。

第四,从技术与教学过程及教学模式中改革。一般认为,教学过程包括教师、教学信息、教学媒体、学生这四个要素。随着新技术引入教育领域,首先改变了教学媒体,当然也会对教师和学生产生影响,而媒体和信息具有高度的相关性,教学信息也发生了变化。

第五,从技术与教育目标中体现。教育目标是对教育应该培养什么样的人所做的规定和解释。上面所谈的技术对教学手段、教学过程与模式的影响,是指技术进入教学活动中所起的作用。技术对教育目标的影响是一个比上述问题要更为宏观的问题。教育界在培养面向21世纪的人才时,强调要培养国际化、信息化的人才(其中的"信息化",就是指面向未来的人才必须能掌握和应用信息技术、具备信息素养和能力),信息技术就进入了教育目标。

第六,从技术与教育思想和教育体制中升华。技术对教育各个层面的影响不断加深，必然影响教育思想的变化。从培养什么样的人，到采用什么样的教学手段，再到采取何种教学模式，这些选择都与技术有关。技术影响了人们对教育的认识，使人们重新思考教育是什么、教育如何开展等本原性的问题，也就决定了技术对教育思想的影响。

技术哲学作为当前最具生命力和时代性的哲学分支之一，在其发展历史中积累了宝贵的思想财富，这些思想对我们研究教育技术价值问题具有重要的参考价值。研究教育技术价值的目的，在于理清教育技术领域长期存在的混乱认识，指导教育技术实践，为信息时代的教育教学实践提供理论支持和方法论。

第一章　后计算机时代

中小学信息技术教育

人类的古代是一个以探索和处理人类和自然的关系为主的时代；近代是一个以探索和改变人类与社会的关系为主的时代；现代则是一个以探索和改造人类与自身性质的关系为主的时代。

——《计算机时代与计算机文化》

古罗马哲学家艾庇克素德说："人受困扰不是由于发生的事实，而是由于对事实的观念。"①飞速发展的科学技术往往把步履蹒跚的文化观念抛在后面。这种科技文化与人文文化的反差，甚至错位，在计算机广泛使用的信息时代尤为突出。这就要求我们特别是信息技术教师要紧跟时代的步伐，言传身教，把这种反差降到最低。人类期待科技事实与文化观念的动态平衡，期待自然史和人类史互为制约的"生态文化"的出现。新时期，信息技术教育是"生态文化"的雏形，它对"生态文化"的形成与普及提供了有效的人为途径，对中小学信息技术教师的能力素质要求也越来越严格。因此，从时代与技术的角度来看信息技术教师专业的发展尤为重要。

第一节　后计算机时代

"后时代"是中性名词，常变化为"后……时代"，多用于文学、历史、科技领域，其意思指以某人某事为划分点或里程碑之后的时空。例如：随着阿拉法特的逝世，巴基斯坦进入后阿拉法特时代；随着电气化进程的加

---

① 梁郑丽.计算机时代与计算机文化[J].郑州大学学报:哲学社会科学版,1994(3):60.

速,蒸汽机逐渐被淘汰,世界工业进入后蒸汽机时代。如果站在系统论的角度来看,它是指系统在自身的跃变或系统外环境的刺激下,系统发生前所未有的巨变。随着时间的推移,系统的不断更新,这个自身的跃变或系统外环境的刺激的影响力也逐渐减弱。一个很形象的比喻,"后时代"就像是手电筒在黑夜中划出一道随着距离的增加而光越来越弱的光线,这里的可见的光线给予"后时代"中的"后"最形象的一个比喻和解释。

对"后时代"也有另外一种解释,认为系统的变化受到一个可控的外环境的刺激。当此刺激作用于系统时,系统发生巨变,我们称此系统的发展时期为"后……时代",但是,此刺激是可控的,当刺激离开系统时,"后……时代"结束。当然,刺激离开了,系统不受刺激的直接影响,但不排除影响结果的存在。

所谓后计算机时代是指在计算机的发展过程中,由于一些重大的理论提出或者是技术的引进与发明,使得计算机的使用价值发生突破性的变化①。有人通过资料的搜集,认真分析了计算机的发展历程,得出计算机发展的每个阶段都有不断的改进与进步,其中在电子计算机的发展历程中起到分水岭作用的是 1981 年的 IBM 的个人电脑的产生与批量生产。虽然此个人电脑与 1976 年的苹果电脑 Apple 相比在技术上改进不是很大,但是,IBM 个人电脑适合进行商业化的批量生产,这为计算机的普及提供原始的积累。

如今,个人计算机已席卷全球,但由于计算机应用的不断深入,对巨型机、大型机的需求也稳步增长,巨型、大型、小型、微型机各有自己的应用领域,形成了一种多极化的形势。如巨型计算机主要应用于天文、气象、地质、核反应、航天飞机和卫星轨道计算等尖端科学技术领域和国防领域,它标志着一个国家计算机技术的发展水平。目前运算速度为每秒上千万亿次的巨型计算机已经投入运行,而且科学家正在研制更高速的巨型机。智能化是计算机具有模拟人的感觉和思维过程的能力,使计算机成为智能计算机,这也是目前正在研制的新一代计算机要实现的目标。智能化的研究包括模式识别、图像识别、自然语言的生成和理解、博弈、定

---

① 朱玲华. 后 PC 时代[J]. 中国电子出版,1999(3):61 - 63.

理自动证明、自动程序设计、专家系统、学习系统和智能机器人等。网络化是计算机发展的又一个重要趋势。从单机走向联网是计算机应用发展的必然结果。所谓计算机网络化，是指用现代通信技术和计算机技术把分布在不同地点的计算机互联起来，组成一个规模大、功能强、可以互相通信的网络结构。网络化的目的是使网络中的软件、硬件和数据等资源能被网络上的用户共享。目前，大到世界范围的通信网，小到实验室内部的局域网已经很普及，因特网(Internet)已经连接包括我国在内的许多国家和地区。由于计算机网络实现了多种资源的共享和处理，提高了资源的使用效率，因而深受广大用户的欢迎，得到了越来越广泛的应用。

第二节　信息技术与信息技术教育

一、信息技术

信息技术是现代信息社会的基础，是科学技术向现代社会提供的通信手段。信息技术也是基础科学，是有关工程技术的理论基础，它几乎渗透到所有科学和国民经济部门。因此，信息在当今社会已形成巨人的产业，信息技术已成为衡量一个国家现代化水平的重要标志，在我国，信息技术早被列入 21 世纪发展战略计划的首位。

人们对信息技术的理解，因其使用的目的、范围、层次不同而又有不同的表述。一般来说，信息技术可以从广义、中义、狭义三个层面来定义：广义而言，信息技术是指能扩展人类信息器官功能的各种方法、工具与技能的总和。该定义强调的是从哲学上阐述信息技术与人的本质关系。中义而言，信息技术是指对信息进行采集、传输、存储、加工、表达的各种技术之和。该定义强调的是人们对信息技术功能与过程的一般理解。狭义而言，信息技术是指利用计算机、网络、广播、电视等各种硬件设备及软件工具与科学方法，对文、图、声、像等各种信息进行获取、加工、存储、传输与使用的技术之和。该定义强调的是信息技术的现代化与高科技含量。

从古到今人类共经历了五次信息技术的重大发展，每次信息技术的重大发展都对人类社会的发展产生巨大的推动作用(表 1 - 1)。

表 1-1　信息技术发展历程

发展阶段	产生的信息技术	出现的时代和时间
第一阶段	语言	远古时代
第二阶段	文字	铁器时代,约公元前1400年
第三阶段	造纸术、印刷术	印刷时代,约公元1040年
第四阶段	电话、电报等	电磁波时代,19世纪
第五阶段	计算机与网络技术	网络时代,现在(1946年电子计算机的问世为标志)

　　第一次是语言的产生和应用。语言的产生是一次根本性的革命,是人类从猿进化到人的重要标志。信息在人脑中存储和加工,利用声波进行传递,人类的信息能力有了一个质的飞跃。第二次是文字的发明和使用。文字使人类信息的存储和传递取得了重大的突破,首次超越了时间和空间的局限。第三次是造纸术和印刷术的发明和应用。它结束了人们单纯靠手抄、篆刻文献的时代,使得知识可以大量生产、存储和流通,从而进一步扩大了信息交流的范围。第四次是电报、电话、电视及其他通讯技术的发明和应用,使信息传递手段发生了历史性的变革。它结束了人们单纯依靠烽火和驿站传递信息的历史,进一步突破了时间和空间的限制,扩大了信息的交流的范围。第五次是电子计算机和网络技术的应用。电子计算机和网络技术的有效结合,使信息的处理速度、传递速度得到了惊人的提高,从此人类处理信息、利用信息的能力达到了空前的高度,这是人类信息传播和处理手段的革命。

　　信息技术的强大功能促使世界各国致力于自身的信息化发展,而信息化的巨大需求又驱使信息技术高速发展。当前信息技术发展的总趋势是以互联网技术的发展和应用为中心,从典型的技术驱动发展模式向技术驱动与应用驱动相结合的模式转变。

　　微电子技术和软件技术是信息技术的核心。集成电路的集成度和运算能力、性能价格比继续按每18个月翻一番的速度呈几何级数增长,支持信息技术达到前所未有的水平。现在每个芯片上包含上亿个元件,构成了"单片上的系统"(SOC),模糊了整机与元器件的界限,极大地提高了信息设备的功能,并促使整机向轻、小、薄和低功耗方向发展。软件技术已经从以计算机为中心向以网络为中心转变。软件与集成电路设计的相互渗透使得芯片变成"固化的软件",进一步巩固了软件的核心地位。软件技术的快速发展使得越来越多的功能通过软件来实现,"硬件软化"成为发展趋势,出现了"软件无线电""软交换"等技术领域。嵌入式软件的发展使软件走出了传统的计算机领域,促使多种工业产品和民用产品的智能化。软件技术已成为推进信息化的核心技术。

三网融合和宽带化是网络技术发展的大方向。电话网、有线电视网和计算机网的三网融合是指它们都在数字化的基础上在网络技术上走向一致,在业务内容上相互覆盖。电话网和电视网在技术上都要向互联网技术看齐,其基本特征是采用 IP 协议和分组交换技术;在业务上要从现在的话音或单向传输为主发展成交互式的多媒体数据业务为主。三网融合不能简单地理解为把三个网合成一个网,但它的确打破了原有的行业界限,将引起产业的重组与政策的调整。随着互联网上数据流量的迅猛增加,特别是多媒体信息的增加,社会对网络带宽的需求日益提高。增大带宽,是相当长时期内网络技术发展的主题。在广域网和城域网上,以密集波分复用技术(DWDM)为代表的全光网络技术引人注目,带动了光信息技术的发展①。宽带接入技术的多种方案展开了激烈的竞争,鹿死谁手尚难见分晓。无线宽带接入技术和建立在第四代移动通信技术之上的移动互联网技术,正向信息个人化的目标前进。

互联网的应用开发也是一个持续的热点。一方面电视机、手机、个人数字助理(PDA)等家用电器和个人信息设备都向网络终端设备的方向发展,形成了网络终端设备的多样性和个性化,打破了计算机上网一统天下的局面;另一方面,电子商务、电子政务、远程教育、电子媒体、网上娱乐技术日趋成熟,不断降低对使用者的专业知识要求和经济投入要求。而互联网数据中心(IDC)等技术的提出和服务体系的形成,则构成了因使用互联网而日益完善的社会化服务体系,使信息技术日益广泛地进入社会生产、生活的各个领域,从而促进了网络经济的形成。

---

① 尹首一,尹传平,林孝康.密集波分复用技术及全光网络[J].电力系统自动化,2001(5):67-70.

二、信息技术教育

（一）信息技术教育

信息技术教育有两个方面的含义：一是指学习与掌握信息技术的教育；二是指采用信息技术进行教育活动。前者从教育目标和教育内容两个方面来理解信息技术教育，后者则是从教育的手段和方法来理解信息技术教育。由此，可对"信息技术教育"作如下定义：信息技术教育是指学习、利用信息技术，培养信息素质，促进学与教优化的理论与实践。

对该定义的理解中值得注意的几个问题是：

第一，信息技术教育包括理论与实践两个领域。理论领域指信息技术教育是一门科学，是现代教育学研究的一个新分支，具有课程教学论的一些特征，具体包括概念体系、理论框架、原理、命题、模式、方法论等研究内容。实践领域指信息技术教育是一种教学活动，一种工作实践，一项教育现代化事业，具体包括信息技术的软硬件资源建设、课程教材的设计开发、师资培训、教学中各种信息技术的综合运用、学习指导、评价与管理等。

第二，信息技术教育的本质是利用信息技术培养信息素质。这里，"利用信息技术"只是一种手段和工具，最终目的是培养学生的信息素质，以适应信息社会对人才培养标准的要求。为此，我们应明确信息技术教育的指导思想：不只是为了让学生掌握信息技术知识而开展信息技术教育，而且要通过信息技术教育，全面提高学生的信息素质。换句话说，信息技术教育不等于软硬件知识学习，更要使学生通过掌握包括计算机、网络在内的各种信息工具的综合运用方法来培养信息意识、情感、伦理道德，提高信息获取、处理、创新的能力，为适应信息化社会的工作、学习与生活打下良好基础[1]。

第三，信息技术教育的范畴包括学习信息技术和利用信息技术促进

---

① 彭绍东.信息技术教育：21世纪中国远程教育发展的战略重点[J].中国远程教育，2000(11)：7.

学习两个方面。这里明确指出了开展信息技术教育的两种教学形式——专门课程式与学科渗透式①。我们不但要开设专门的"信息技术"课程,重点培养学生运用计算机与网络等现代信息工具的知识和能力,而且要在所有课程的教学中,运用各种传统的与现代的信息工具促进学生的学习,渗透信息技术教育思想,培养学生对各种学科信息的综合处理与创新能力,将教育改革建立在信息技术的平台上,实现信息技术教育与其他学科教育的整合。

第四,信息技术教育的途径与模式有多种。除采用学校课堂教学模式外,还可采用课外活动模式、家庭教育模式、远程协作学习模式。其中,基于基础活动的教学模式能较好解决理论知识与实践技能、学习竞争与协作的结合问题,能有效地培养学生的信息素质,是一种非常实用的学校信息技术教育模式,值得推广。"项目活动教学模式"的基本特征是:以"模块组合"为课程教材结构;以"项目任务"为驱动力;以信息加工处理为基线;以小组协作和教师引导为控制与导航途径;以创新能力培养为核心;以学生电子作品评价为主要考核方式②。此教学模式逐渐被教育界所重视。

(二)我国信息技术教育发展

1982 年我国开始了中学计算机教育试验。教育部于 1983 年和 1984 年先后两次召开了"全国中学计算机教育工作会议"。1984 年建立了"全国中学计算机教育试验中心",制定了《中学电计算机选修课教学纲要(试行)》,确定了中学开展计算机教育的方针,并在五所大学的附中进行试验。此间,计算机教育以兴趣小组、选修课等形式开展。我国信息技术教育发展的学习目标包括:初步了解计算机的基本原理和对人类社会的影响;掌握基本的 BASIC 语言并初步具备读、写程序和上机调试的能力;逐步培养逻辑思维和分析问题、解决问题的能力。程序设计语言是计算机教学的主要内容。1984 年邓小平提出:"计算机的普及(教育)要从娃

① 任学宾.信息技术教育与信息素质的培养[J].基础教育研究,2000(5):14.

② 彭绍东.信息技术教育:21 世纪中国远程教育发展的战略重点[J].中国远程教育,2000(11):7.

娃做起。"1986 年国家教委召开了"全国中学计算机教育工作会议",总结了计算机教育工作的经验,提出了"七五"计划的设想和安排,将"全国中学计算机教育试验中心"改为"全国中学计算机教育研究中心",以加强中学计算机教育工作。1987 年我国颁布《普通中学电子计算机选修课教学纲要(试行)》,降低了对程序设计技巧的要求,增加了计算机应用方面的内容,如"了解一种应用软件的使用方法"。1988 年成立了"中国学习机教育软件评审委员会"。之后,全国各省份开展了各种形式的计算机普及教育活动。

在 1991 年召开的"全国中学计算机教育工作会议",指出了计算机教育的必要性、重要性和迫切性,国家教委成立了"中小学计算机教育领导小组"。随后,各省份也相继成立了相应的机构。从此,计算机教育开始有计划、有步骤地走上了健康、稳步发展的道路。之后,有人称"第 4 次全国中学计算机教育工作会议"是计算机教育事业发展进程中的一个里程碑。1994 年我国颁布《中小学计算机课程指导纲要(试行)》,程序设计只作为教学内容的一个普通模块,软件教学逐渐地时兴起来。1997—1999 年北京市教研教材编写组,率先研究讨论将高中计算机教材名称由《计算机》改为《信息技术》。

2000 年,教育部召开的"全国中小学信息技术教育工作会议",下发了 3 个重要文件:《关于在中小学普及信息技术教育的通知》、《关于在中小学实施"校校通"工程的通知》和《中小学信息技术课程指导纲要(试行)》,制定了在中小学开设信息技术必修课的阶段目标和主要任务,"校校通"工程的具体目标以及中小学信息技术教育的具体措施和课程内容安排等。一系列的项目实施之后,信息技术课程、信息技术与课程整合、网络学习等方面都发生了巨大的变化。此次会议也因此成为信息技术教育事业发展进程中的一个重要的里程碑。2000 年北京市颁发了《中小学信息技术课程指导纲要》。2001 年教育部开始审查在《中小学信息技术课程指导纲要(试行)》指导下的高中教材。2003 年教育部颁发了《全日制普通高中信息技术课程标准》,明确了"信息素养"的主要内容:提升学生对信息的获取、加工、管理、表达与交流的能力;提升学生对信息及信息活动的过程、方法、结果进行评价的能力;提升学生发表观点、交流思想、开展合作并解决学习和生活中实际问题的能力;培养学生遵守相关的伦理道德与法律法规,使学生逐步地形成与信息社会相适应的价值观和责任感。

(三)信息技术课堂相关教学法

任务驱动法教学①。"任务驱动"就是在学习过程中,学生在教师的引导帮助下,围绕一个个典型的任务展开教学活动,它要求创建真实的教学环境,使学生带着真实的任务在探索中学习。在完成任务的过程中,培养学生分析问题、解决问题以及用计算机处理信息的能力。"任务驱动"设计要有综合性和可操作性,应避免抽象或完全理论化的任务出现,使教师和学生都围绕如何完成一个实际任务来进行,只有这样,学生才会积极主动去探索。如在教 Powerpoint"插入背景、声音"一课时,把教学任务融于一张音乐贺卡上。教师先把事先准备好的音乐贺卡展示给学生,这样学生头脑中就有初步的印象,接着再分析贺卡的结构,如哪些部分是艺术字,哪些部分是普通字,哪些地方是剪贴画,哪些地方是文件中的图片,哪些是文本框,哪些是自选图形,哪些地方还需再进一步完善,电脑中的音乐、背景又该如何放到贺卡中等。通过分析,学生对本节课的任务就有了直观的认识,这时,教师再讲各部分的具体操作方法,讲时以点拨为主,将探究的主动权交给学生。这样的教学模式,使学生的兴趣在完成任务的过程中被潜移默化地激发了,同时能够培养学生的综合能力和审美观点。

小组合作形式教学②。自古以来就有人提倡合作学习的观点,"三人行,必有我师焉"、"三个臭皮匠,顶个诸葛亮",表示自己的力量是单薄的,须重视小组间每位成员的力量与智慧。随着新一轮课改的开始,合作学习受到相当的重视,它改变了原有的单纯接受式、灌输式的学习方式,建立和形成旨在充分调动、发挥学生主体性的探究式学习方式,形成以教师为主导、学生为主体的学习方式。开展小组合作形式教学时,首先是要合理分组,就是把学生从性别、兴趣、能力水平等方面进行搭配分组,形成

---

① 郭绍青.任务驱动教学法的内涵[J].中国电化教育,2006(7):57 – 59.
② 程利,解希静,王静波.小组合作学习的研究与实践[J].黑龙江教育学院学报,2008(5):67 – 68.

合作小组。其次要选好组长,要选择一个有责任心的人担任组长,这一点非常关键,因为组长需要分配本小组工作,协调小组成员、指导帮助小组成员。第三要选好适合开展小组合作学习的教学内容。有些课,如"网络与道德",采用小组讨论的教学方式效果会更好一些。这一课需要学生之间相互交流各自的观点想法,而且学生眼里的网络世界和成人的是不同的,讨论的话题也更加精彩,因此课堂的气氛也会非常活跃。所以教师可以事先列举一些案例,如中学生的网友约会、少年黑客、网吧里的案件等,把这些案例解剖成一个个小问题,让学生去讨论,发表自己的见解。在讨论中让同学们去理解《全国青少年文明网络公约》。简而言之,小组合作的教学方式不是适用于每一堂课的,我们在采用小组合作教学时更应该考虑的是这一堂课的教学内容与采用的小组合作学习的教学方法是否匹配,是否还有更适合的教学方式。

分层次教学[①]。信息技术课中上机辅导教学,其目的是在巩固所学理论知识的前提下,充分调动和发挥学生的学习积极性和主动性,激发、锻炼并提高学生的创造性思维,增强学生的动手和实践能力。而在教学过程中引入分层次教学手段,将学生分为好、中、差三个层次,符合学生身心发展的需求,有利于学生的全面发展和个性发展。教学目标分层次,能充分调动学生的积极性和主动性,让所有学生更好地发挥潜能。应该相信每一位学生通过自己的努力都能实现预定的目标,为了让所有学生都能更好地发挥潜能,教师应结合他们的实际设计合理的分层目标,既让优生吃得饱,又让差生吃得了。对于基础差的学生应以模仿性学习为主,让学生从模仿中慢慢找出规律;对于善于主动学习的学生,给其提出教学任务后,应采用任务驱动的方法,教师并不是主动告诉学生完成任务的方法,而是让学生自己去探索。如在"文字编辑与排版"教学单元中,教师讲解对文字进行修饰的方法后,在布置学生作业时,要重点指导学习兴趣不足的学生如何在文章中设置出错落有序、富于变化的版式,通过设置出漂亮的版面,激发学生进一步学习的兴趣;对学习兴趣很高的学生就可让

①　兰光明.高中信息技术课程的分层教学[J].中国教育信息化:基础教育,2013(4):41-43.

其在掌握一般方法基础上,充分发挥自己的想象力和创造力,制作出富有新意的作品。

自主探究的研究性学习[①]。自主探究性学习是指学生积极主动地、独立地发现及解决问题,获得自主发展的学习方式。也就是要改变学生单纯的接受知识的学习方式,让学生积极主动地去探索发展。在学习活动中,要充分激发学生的求知兴趣,培植学生的主体学习观,在教育者的引导下,让学生掌握学习的一般方法,养成良好的学习习惯,从而形成稳定的个性化的主动发展态势,呈现较强的自学能力、实践能力和创新能力,让他们在不断追寻真理中茁壮成长。如上"因特网上信息检索"这课时,让学生运用所学知识,根据各自对某个问题的种种疑问,独立自主地开展研究性学习,在因特网上对所产生的疑问进行检索,从而解决问题,提高了学生运用知识解决问题的能力和研究性学习的能力,培养了信息素养。

项目教学[②]。"项目教学法"是"行为导向教学法"中最高层次的教学方法。"行为导向教学法"是源自德国的一种先进职教理念,是由多种教学技术、手段、方法结合而成,以职业活动为导向,以培养学生能力为核心的教学方法,其宗旨是教师变为一名主持人,学生在学习的过程中,不仅掌握相应知识和技能,而且各种行为能力得到充分提高[③]。"项目教学法"是教师与学生通过共同实施一个完整的"项目"工作而进行的一种教学活动,其核心就是"项目"的建立,所谓"项目"就是以生产一件具体的有实际应用价值的产品为目的的一项任务。

信息技术课堂教学方法除上述介绍的外,还有很多。由于每种教学方法都有其特点与适用范围,因此,在具体的教学实践中必须根据实际情况综合运用。

---

① 霍益萍.研究性学习:实验与探索[M].南宁:广西教育出版社,2002:219.
② 张就序.基于项目的学习在高中信息技术教学中的应用研究[D].呼和浩特内蒙古师范大学,2008:3 - 8.
③ 唐绍同.谈"项目教学法"在数控一体化教学中的应用[J].科教文汇,2009(7):81.

（四）中小学信息技术教育发展趋势

随着社会的发展，纵观这几年来中小学信息技术教育的发展，我们可以发现计算机技术以及相关的多媒体技术和网络技术已渗透到社会生活的每一层面，并以前所未有的强劲态势向前拓展，极大地改变着人们的工作、生活和思维方式，给教育带来了巨大变化，也对人才的知识结构和能力素质提出了全新的要求，带来了全新教育质量观。总结中小学信息技术教育发展趋向，主要有三个方面：普及化，校本化，全息化。普及化是指随着"科教兴国"战略的实施，社会经济的持续发展，九年义务教育的普及和"两基"成果的巩固，为中小学普及信息技术教育，全面推进我国教育信息化提供了有利条件。为直面信息技术挑战，在 20 世纪 90 年代我国开设计算机课程的中小学每两年增加 50% 的基础上，其发展速度还将大大提升，普及化进程将显著加快。校本化，就是根据学校的实际情况，立足本校，因地制宜地利用本校资源有效开展信息技术教育。随着"校校通"工程的全面实施和中小学教师信息素质的提高，那种利用外校力量开展信息技术教育的状况将有所改观，中小学信息技术教育会同其它课程一样在校本上得到极大发展，并更具特色。所谓全息化，就是注重信息技术教育同其它学科课程的整合，将信息技术应用到学科教学和学校管理工作中，利用信息技术对教育的内容、方法、手段和管理方式进行改革，并在学校的一切工作中渗透信息技术[①]。

另外也存在着一些问题，在中小学信息技术教育的浪潮裹挟我们太多的期望滚滚而来时，首先泛起的是炫目的泡沫，泡沫中夹杂着我们始料未及的泥沙——实际上，在中小学信息技术教育快速发展的进程中，大量的矛盾和问题已经随之而来，而且，在成绩的背后，仍然隐藏着大量亟待解决的问题。吹开这些让我们微感迷醉的泡沫，剖析其中阻碍发展的问题，是规划后续工作的前提。

---

① 宋德如.我国中小学信息技术教育存在的问题及发展走向[J].中国电化教育,2001(7):7-9.

第三节 中小学信息技术教师能力素质

中小学信息技术教育对推进我国信息化建设进程,积极应对世界教育信息化提出的各种挑战具有极其重要的作用。中小学信息技术教育最终要通过信息技术教师落到实处,然而我国目前中小学信息技术教师的能力素质状况不容乐观。

一、我国信息技术教师现状

在 20 世纪 90 年代,信息技术发展的初期,我国并没有专业的信息技术教师,信息技术方面的教学和工作一般由电化教育的老师或者信息技术爱好者兼任。20 世纪 90 年代后期,我国许多高校相继开设教育技术学专业,培养了大批信息技术专业人才,信息技术教师队伍在专业化水平、教学水平和专业自主意识上都有了极大的提高,但也存在许多亟待解决的问题。这些问题可以概括为如下几点:

数量不足。2005 年,林刚在华东地区大部分省市进行的"中小学信息技术教师队伍现状调查"表明,大多数学校的信息技术教师数量偏少,信息技术教师在教师中所占比例很小,许多学校只有 1~2 名信息技术教师,甚至没有信息技术教师。而农村地区这种现象更加严重。2007 年,王晓玲分析了我国农村地区信息技术教师现状,指出农村地区信息技术教师队伍结构不合理,许多学校普通教师与信息技术教师的比例接近15∶1[①]。可见,我国信息技术教师数量严重不足,远远不能满足信息技术教育的需求。

学历结构和专业背景复杂。有调查显示,中小学信息技术教师队伍学历以大学本专科学历为主,但也存在相当比例的中专甚至高中学历的教师,硕士及以上学历者甚少。由此可见,我国中小学信息技术教师队伍的素质有待提升。在我国,大多数中小学信息技术教师主要有如下几类

---

① 王晓玲,张筱兰.农村中小学信息技术教师现状分析[J].当代教育论坛:学科教育研究,2007(9):89.

人员:教育技术学专业毕业生;计算机专业毕业生;信息电子等相关专业毕业生;其他学科转行(大多数由原来的物理、数学等专业转行而来);由打字员或者其他非正式教师兼任。可以看出:一方面,我国的信息技术师范教育有待于进一步发展和壮大;另一方面,信息技术教师职业培训也有待进一步加强,以提升信息技术教师队伍的专业化水平。

专业化水平低。整体而言,我国中小学信息技术教师具备一定的专业素养和能力,但整体水平偏低,有很大的提升空间[①]。首先,随着信息技术教育的普及和深入发展,信息技术教师的需求越来越大,这也给信息技术教育的师资质量和档次带来挑战,许多缺乏信息技术教师的学校为追赶形势,让其他学科教师兼任或转行,甚至由非正式教师教授信息技术课程,专业水平难以得到有效保障。其次,现从事信息技术教育工作的教师许多是教育技术学专业和计算机及相关专业的毕业生,这些专业课程设置中较少涉及专门针对中小学信息技术教学的课程,在信息技术与课程整合上,教育信息化等方面也缺乏严格的专门训练,造成信息技术教师知识的不完整和欠缺。再次,针对信息技术教师的专业培训不到位,专业水平难以提高。目前,我国针对信息技术教师的专业培训比较匮乏,而且针对性不强。对中小学信息技术教师的培训往往偏重于技术的掌握,忽视信息素养的培养,忽视教学和学科知识技能的培养。这是造成目前信息技术教师专业水平难以提高的重要原因之一。

年龄结构和职称结构不合理。中小学信息技术教师队伍趋于年轻化,大多数的信息技术教师年龄不到35岁,教师职称上也以初级职称为主。有研究者对华东大部分省市的信息技术教师现状调查显示,中小学信息技术教师职称以初级为主,达到78.17%,未定级的比例达到17.95%,中级和高级职称严重缺乏[②]。信息技术教师除了承担信息技术教学工作外,还承担了许多其他繁杂的工作。通过网络对我国部分信息技术教师生存状况做了一次调查,该调查从一定程度上揭示了信息技术

---

① 张伟平,毛慧娟.中小学信息技术教师现状及对策分析[J].湘潭师范学院学报:自然科学版,2008(4):207-209.

② 林刚,刘友林.从中小学信息技术教师的现状看信息技术教师专业化的必要性[J].中小学电教,2005(3):14-16.

教师工作和待遇方面的客观情况。工作方面,调查显示我国中小学信息技术教师的工作包括"机房电脑维护"、"学校电脑维修"、"网络管理"等,这些工作计入工作量的只占27.6%。待遇方面,信息技术教师与其他学科教师之间的待遇差别很大的情况占到56.28%,很小或者无差别的比例只占到18.11%和25.63%。在职称评定和评奖评优等方面也处于劣势地位,信息技术教师参加优质语文、数学等学科课件制作,获奖后有82.22%的教师没有得到相应的奖励和荣誉,信息技术教师虽然为其他工作做了许多贡献但却得不到应有的认可。

二、中小学信息技术教师能力素质结构模型

马晓玲等人在第290期的中国电化教育杂志上发表了《中小学信息技术教师能力素质结构研究》中提出如图1-1所示的结构。

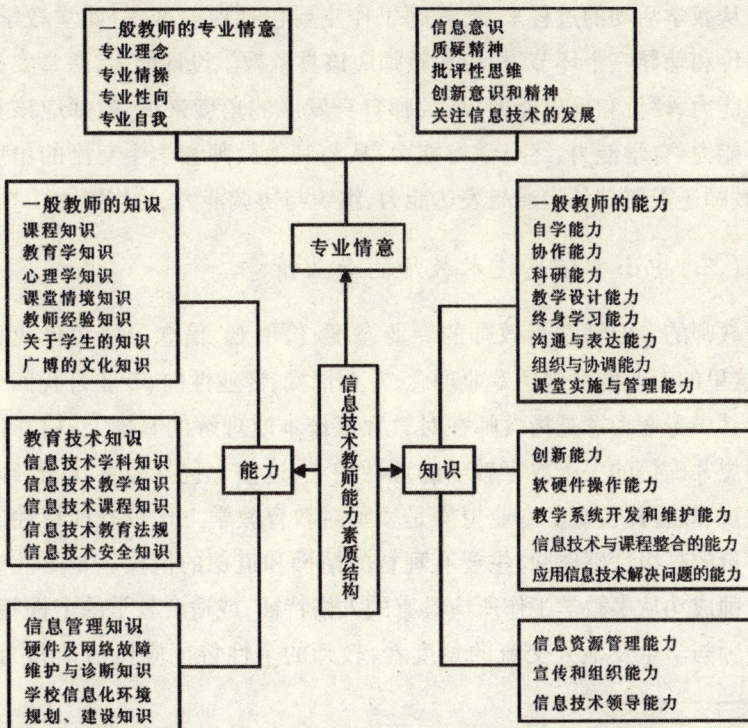

图1-1　信息技术教师能力素质结构

（一）中小学信息技术教师的知识结构

对一般教师知识结构的分析，主要参考申继亮等提出的教师知识结构，即从知识本身的功能出发，将一般教师知识结构划为本体性知识、条件性知识、实践性知识和文化知识四部分①。其中，本体性知识是指教师所具有的特定的学科知识，包括学科内容知识、学科教学知识、学科课程知识；条件性知识包括教育学知识和心理学知识，此外，还应包括教育政策法规等知识；实践性知识包括教师在面临有目的的行为中所具有的教师经验知识和教育情境知识，以及教师关于学生的知识和教师自身的知识。此外，还应具备广博的文化知识和较好的文化修养。

（二）中小学信息技术教师的能力结构

从教学活动的过程来看，教师工作主要包括课前准备、课堂教学、课后评价和辅导三个环节，相应地教师应该具备教学设计能力、课堂实施和管理能力、评价和反思能力；从教师自身发展的角度来说，教师应该具备科研能力、自学能力、终身学习能力；从与其他教师和学生交流的角度来说，教师还需要具备沟通与表达能力、组织与协调能力、协作能力。

（三）中小学信息技术教师的专业情意

教师的专业情意指教师的专业态度、价值观、信念、兴趣、自我意识等，这里的专业情意包括专业理念、专业情操、专业性向、专业自我四个方面。其中专业理念是指教师在对教育工作本质理解的基础上，树立的专业理想并确信的关于教育教学的理性信念，这信念包括教育观、教师观、学生观、教育评价观。专业情操是教师对教育教学工作带有理智性的价值评价的高级情感体验，主要有理智的情操和道德的情操。专业性倾向指教师成功从事教学工作所应具有的人格特征，或适合教学的个性特征。从教师与学生及他人交流的角度看，教师的个性特征应包括亲和力、爱

---

① 衷克定，申继亮，辛涛.论教师知识结构及其对教师培养的意义[J].中国教育学刊,1998 (3):55－58.

心、耐心;从教师内在自我调控的角度看,应该包括上进心、求知欲、责任感等特征。专业自我是教师个体对自我从事教学工作的接纳和肯定的心理倾向。专业自我包括自我体验、自我监控、自我效能感和自我发展意识。

第四节　中小学信息技术教师新理念

2007 年夏季,美国乃至全球最关注的并不是好莱坞大片,而是苹果公司推出的 iPhone 智能手机。该产品提供音乐播放、电子邮件收发、互联网接入等功能。之后,苹果几乎每年都推出一款新的 iPhone 智能手机。2009 年 7 月,苹果推出了 3G 版 iPhone,2012 年 9 月,iPhone 5 面向大众。如今,iPhone 手机成为全球关注度最高的一款手机。2010 年 4 月,苹果公司又推出了 ipad 系列产品,苹果 ipad 的问世再次引发了全球的关注。ipad 将平板电脑生产及普及推向了高潮。

新的移动信息技术带来了新的信息革命。根据香农—韦弗理论,信息的传递必须要有信源,经过信道再到信宿。而移动信息中的"移动"是指信源或信宿有可移动性,像手机、平板电脑等都是移动信息的载体。所谓移动信息,从广义上来说是指信息源可以移动的传播或接受的信息,从狭义上来说是指电子移动设备通过无线信道进行交流的信息。这些电子移动设备很多,例如:BB 机、手机、笔记本电脑、平板电脑等。在移动信息时代,移动设备呈现便携、智能、多功能等发展趋向。

随着技术的不断发展,尤其是以智能手机为切入点的智能化设备,或者更进一步地说是智慧设备的发展,将重新打破现在的教育教学模式,并以学生为中心从纵横两个方面极大地拓展与延伸教育的空间与时间。在信息技术教学中,教师在教学中利用各种智慧设备并充分发挥自己的教学水平,他的主导者、启发者、帮助者和促进者的身份将得到更进一步地优化发展。从教学规律看,信息技术都采用超文本形式,或者是更高级的形式,且具有形式多样、非线性的特点,符合现代教育认识规律;从教学模式看,个别化自主学习、相互协作学习将会不分时空,其广度与深度将不断扩大,学习的便捷化、自由化、人性化、趣味化将登峰造极;从教学内容看,信息技术课将根据不同的学习内容与学习对象,集声、文、图于一体,使知识容量加大、内容充实形象,更具有吸引力;从教学手段看,智慧教室将毫不留情地取代以计算机为中心的多媒体教室,教师的教学手段更加灵活,学生获得的知识更加易懂、快捷、深刻。后信息技术时代使教师这个"角色"的职能趋向多元化,对教师教学基本功能的要求就更高了。信息技术教师要具备最基本的信息素养,如快速地收集教学资料,编写教案,使用相应的智能设备,与学生的交流与评估等,教学的最优化将会得到淋漓尽致的体现。随着技术的发展和理论的不断深化,计算机多媒体辅助教学(CMAI)、网络教学和更久远的幻灯、电影、录音等教学将与教室融为一体,学生很难看到孤零零的台式电脑占据在老师的位置上,也很难听到偌大的音响悬在墙壁上的某些不起眼的角上发出颤抖的声音。信息技术应用与教师队伍的现代化,把教育改变成一个从观念、思想到方法、手段都不同以往的全新的教育。我国通过"拉网式"的教师现代化技术的普及培训和"滚雪球"式的信息技术培训,以点带面来带动全体教师,还有每年各种类型的课件比赛、论文评比活动,都极大地促进和提高了我国教师的信息技术水平及教学科研水平。

总之,先进的教育思想决定着教育的发展方向,先进的教育技术决定着教育的质量和效益。教育技术的纵深化在当前的教育教学中起着重要的作用,深刻地影响着教育教学的改革和发展。

第二章　教师专业化发展

如果教师不了解如何更加有效地运用技术，所有与教育有关的技术都将没有任何实际意义。计算机并不是什么神奇的魔法，而教师才是真正的魔术师。

——英特尔公司董事会主席　克瑞格·贝瑞特博士

俄国教育家乌申斯基曾经说："教师是过去和未来之间的一个活的环节。它的事业，从表面来看虽然平凡，却是历史上最伟大的事业之一。"①我国的荀子也提到："国将兴，必贵师而重傅。"教师在人类社会发展中的作用由此可见一斑，而教师的专业发展对教师能力素质的提升至关重要。教师专业发展是指教师内在专业结构不断更新、演进与丰富，成为成熟专业人员的过程。德国教育家第斯多惠说过："谁要是自己还没有发展、培养和教育好，他就不能发展、培养和教育别人。"②因此，在信息技术高速发展的新时期，教师专业发展已成为教育技术学专家研究的热门课题。本章主要针对新时期教育技术学发展的一些新成果对教师专业发展的影响谈些建议。

第一节　视觉文化：教师素养的提升

当下是读图的时代，各种视觉符号充斥在我们的生活中，视觉文化与我们的生活和学习紧密地联系在一起。在信息技术教学中同样也存在大

---

① 吕英. 教师与非教师群体心理健康状况调查分析及比较研究[J]. 教育与教学研究,2010(4):49-52.

② 苏丽会. 如何做合格的学科带头人[J]. 云南教育:视界时政版,2011(10):44-45.

量的视觉资源,信息技术教师对视觉文化知识的掌握情况将在很大程度上影响教师的教学效果。因此,视觉文化素养已经成为教师素养的重要组成部分,视觉文化知识的学习对教师素养的提升至关重要。

一、视觉文化

弗兰斯基和戴布斯说过:"人类通过'看'(同时运用其他各种感官)所发展起来的综合视觉能力;这种综合能力的发展是人类认知的先决条件之一;一个具备图像素养的人可以辨别、理解周围环境中的天然事物或人为的动作、符号。"①。由此可见,"看"是人类学会认识周围事物并进行深入探究的第一步。视觉文化的显著特点之一是把本身非视觉性的东西视觉化。1998 年,花城出版社出版的《红风车经典漫画丛书》序言中提出"读图时代"的概念,成为文化界对"视觉文化"中国式的表达方式。说得简单点就是"看"的文化——怎么看,看什么,看不看得懂,就是这里要深究的东西。

(一)视觉文化的意义

匈牙利的电影理论家巴拉兹在《电影美学》中最早提出了"视觉文化"一词,他给出的定义是:通过可见的形象来表达、理解和解释事物的能力。美国视觉文化专业组织认为:视觉文化是指一个人通过观看,同时体验其他感觉经验,并将其加以整合而发展成为的视觉能力。国内最早给出视觉文化定义的是南京大学周宪教授,他认为视觉文化的涵义是:视觉因素,或者说形象或影像占据了我们文化的主导地位。张舒予教授对视觉文化下的定义为:以图像符号为构成元素、以视知觉可以感知的样式为外在表现形式的文化统称为视觉文化。

(二)视觉文化研究转向

西方视觉文化的发展有如下几个阶段:古希腊崇尚自然的古典艺

---

① 陈龙,陈一.论公众媒介接受中的图像文化素养[J].中国学术年鉴:人文社会科学版,2004(2).

术—中世纪的宗教艺术—文艺复兴时期的真善美融合艺术—启蒙时期的理性主义和浪漫主义艺术—现代时期的现代主义和多元艺术—后现代时期艺术。古希腊的艺术是以存在为本体的自然化艺术，是自然状态下人类艺术发展的杰出代表；中世纪艺术根据其构成风格的不同，又可以分为拜占庭艺术、罗马式艺术和哥特式艺术三个时期；自14世纪持续到16世纪，欧洲发生了对人类社会来说影响极其深远的文艺复兴，即一场人性复苏、思想觉醒和高扬人文主义精神的新文化思想运动，从而揭开了文艺复兴艺术的序幕；随着理性启蒙的开始，美学作为一门独立的学科而出现；随后，法国大革命后的形势和哲学以及社会的发展促使了浪漫主义的诞生，并在欧洲一些国家传播开来；随后出现的现代主义继承了自然主义和浪漫主义的重视个人情感、直觉与潜意识的思想内涵；在接下来的后现代艺术时期，人们的思想、审美发生了巨大的改变。

　　读图时代的到来，使视觉文化的价值更加凸显，人们对信息的接受方式也随着传媒的发展与科技的进步带来的信息传播形态的改变而改变。当代文化的重要特点是向视觉文化转向，视觉文化成为当代主要的文化样式。文化脱离了以语言为中心的理性主义形态，在现代科技的作用下，日益转向以视觉为中心的感性主义形态。图像正不断地驾驭乃至征服着文字。视觉文化超越了传统的视觉艺术研究的范畴，作为普遍的文化现象，从艺术领域延伸到广阔的日常生活和实践之中。从历时角度来看，视觉文化的兴起具有现代气息，是继话语文化主导形态后又一种新的文化形态，其主要特征是普遍的视觉化。视觉文化也被称为图像文化，在当代，人们总会通过各种图像作为自己感知世界的第一选择。事实上，图像也渗透到了我们生活的方方面面，大到建筑，小到小工艺品以及充斥在我们生活中的各类广告，无一不宣告着视觉文化时代的来临。我们现在正处于一个世界图像时代，在这个时代中，我们是通过图像来认识世界的。图像社会是我们所在的这个社会的别名，在这个社会中图像符号和图像信息的大量涌现，对于这些图像，我们可以把它分为影像部分和图画部分，它们共同构成了图像文化。以图像为表征的视觉文化，其关注的核心问题是眼睛与视觉对象之间的关系，人通过眼睛观看外界事物。心理学的研究成果表明，视觉在人们认识和理解世界的过程中占有非常重要的地位,并且绝大多数的信息都是通过视觉渠道被人类感知的。观看是人类最常见的行为,但并非一个简单的行为。张舒予教授指出:看,不是一个简单的问题,而是从眼睛到心灵的过程,看不等于看见,看见不等于看懂,看懂不等于看好①。由此可见,看的能力也是需要通过不断的锻炼才能提高的。

随着社会的发展,看也发生了变化。在印刷时代,人们将印在纸张上的图作为文字的解释,人们更关注的是印刷物上的文字,这时的图像处于一种辅助的地位;在读图时代我们也在看,但看的方式却发生了改变,由凝视改变为浏览或一瞥,而且看的内容也不再仅仅是印刷物,而是转向电视、电影和电脑等媒体中呈现的图像、视频等视觉作品。现代社会的人们已经越发离不开这些现代视觉作品,这不仅意味着读图时代的到来,也意味着"看"成为人们认识、感知世界的首选方式。

随着人们观看行为的改变,人们的思维方式也在发生变化——从以语言为中心的理性思维转为以图像为中心的感性思维。随着后工业时代的到来,人们感知世界的方式实现了从抽象到具体、时间到空间、逻辑到经验、线性到非线性的改变,理性、抽象的文字逐渐地走向边缘,直观、感性的图像逐渐走向人们接受信息的前线。基于语言的理性文化向基于视觉的感性文化发展正体现了信息时代文化主导方式的变革。这种文化的转型不是人们主观的选择,而是历史发展的必然趋势。

二、新时期教师的媒介素养

素质教育近年来颇为流行,提倡素质教育取代应试教育的呼声也愈演愈烈。何为素质教育,粗略地说就是提高受教育者的自身素养。由此看出素质与素养的区别在于:素质是个体在先天基础上,通过后天的环境影响和教育训练而形成起来的顺利从事某种活动的基本品质或基础条件②。简言之,素质是先天天赋条件和后天习得的才能。在词典里"素养"的解释有:修习涵养、平素所供养、素质与教养和平时所养成的良好习

---

① 张舒予.视觉素养培养:搭建眼睛与心灵之间的桥梁[J].现代远距离教育,2012(2):61-65.

② 傅荣.试论素质教育之特点[J].现代教育论丛,1997(5):21-22.

惯。与素质意思相近,笔者认为素养是个人所修炼的气质,它包括素质,一个人素养的高低一定程度上体现在素质的优劣上。

国运兴衰,系于教育;教育大计,教师为本。教师是教育的支柱,是教育改革的关键。作为素质教育的先锋队,教师素养的高低直接决定着教育水平的高低。素质教育追求学生素质的提升,而推行素质教育的首要条件是提高教师素养。教师的基本素养包括:教师的道德素养、教师的专业知识素养、教师的专业能力素养、教师的人格素养等。

教师是一个要求不断进步、不断反思的职业。随着信息传播技术的不断革新,媒介素养教育的概念已经扩展到数字媒体、视觉文化和流行文化当中。教师作为知识的传播者,媒介素养不能落后于教育需求,新时期的教师要提升自己的媒介素养。广东省中山市作为"敢为天下先"的城市,是全国第一个有组织、大规模开展媒介素养师资培训的城市,正在将媒介素养教育进一步落实。开展媒介素养教育的关键在于教师,教师作为传播者,其自身的媒介素养直接影响着实施媒介素养教育的质量。然而,什么是教师的媒介素养,如何提升教师自身的媒介素养,这些正是学校和一线教师必须面对的问题。

媒介素养是社会人在感知、理解媒介,选择、整合媒介以及反思、运用、创造媒介时表现出来的一种实际能力。将其定义缩小到教师这一行业,媒介是信息的载体,教师传授知识就是传递信息。教师的媒介素养就是教师利用媒介来捕捉信息、分析信息、判断信息、传递信息、创造信息的能力[①]。

教师捕捉信息的能力。这是教师作为社会人的基本素养。教师每天都会面对各种不同的媒介信息,通过感觉器官感觉并描绘出信息所呈现的具体形状或者运动状态,并在大脑中形成初步的认知,这就是教师捕捉信息的能力,也是教师媒介素养的基础。例如在课堂上,教师可以从每个学生的脸上捕捉到该同学是否在认真听课的信息。

教师分析信息的能力。这是"为人师"的前提。也就是说,教师要能

---

① 刘晓敏.教师教育中的媒介素养教育探析[J].东北师范大学学报:哲学社会科学版,2011(4):207－210.

运用自己的世界观、价值观并结合自身的知识对媒介信息背后隐藏的意识形态、商业利益、情感态度等进行分析辨别,揭示传播信息者的真正意图,从而正确理解媒介信息。

教师判断信息的能力。这是教师在新媒介背景下进行有效教学的核心。教师每天面对各种不同的媒介信息,分辨出哪些信息是要阅读的,哪些信息是可以自动放弃的,哪些是有用的,哪些是没有用的,哪些可以作为正面材料教育学生,哪些可以作为反面材料警示学生,都需要教师具有相关能力。这种选择信息的能力最主要是指教师能使用各种不同的媒介检索出自己所需的信息,从蜂拥而来的信息中去伪存真、去粗存精。这是教师是否适应信息化生存方式的基本检验指标。

教师传递信息的能力。这种能力是教师合理、有效运用媒介信息的主要表现。要在浩如烟海的信息世界里遴选富有教育意义和真理性的知识并使用相应的媒介技术存储起来,然后以最优化的教学方式传授给学生,这需要具备较高的信息整合能力。唯有如此,才能够有效利用媒介资源,提高教学效果。

教师创造信息的能力。创造信息是媒介素养的较高层次,运用媒介技术创造出满足自己教学需要的信息,使课堂个性张扬,充满新事物、新思维。如此不仅能引起学生的学习兴趣、活跃课堂氛围,更能带动学生创新能力的发展。这是教师素养真正意义上的发展提升。

三、视觉文化在课程教学中的意义

视觉文化在课程教学中的应用对于教育者和受教育者来说是一种比较新颖的教学方式,它将深刻地影响传统的教育理念。通过在多媒体教学中引入视觉文化,可以丰富课堂教学的表现形式,增强课堂的趣味性,激发学生学习的积极性,让学生在赏心悦目的视觉资源中学习①。

(一)提高学生的学习兴趣与教学效率

通过在课程教学中应用视觉文化,能够将信息技术课堂从枯燥、乏味

---

① 张舒予.视觉文化概论[M].南京:江苏人民出版社,2003:45-61.

的信息呈现方式中解脱出来,使信息呈现方式更合理,更符合学生的喜好。学生在面对这样的学习资源时,能够获得感情上的共鸣,自然会产生高涨的学习兴趣。视觉元素具备直观形象的特征,所以,视觉符号传递的教学信息更加通俗易懂,更容易被学生理解和记忆。相关实验证明,以不同的方式识别物品所用的时间是不同的。当以直观形象的方式表达物品或思想时,该物品或思想能迅速地被人们理解和记忆;而当以抽象的形式表现物品或思想时,人们就需要花费更多的时间才能理解其内涵并记住。在信息技术教育中,同样如此。相比较与文字和语言,学生对视觉元素的理解更加容易,相同的时间内能够获得更多的信息,这无疑提高了教学的效率。目前,视觉文化已经融入到人们的生活中,传统的文字媒体也逐渐重视借助图像表达自己的观点,文字的传情达意功能逐渐被影像和图片等视觉资源所取代。多媒体教学中有很多能够体现审美能力的知识,例如教材中要求的制作贺卡、网页、动画设计等,而成功的作品除了要求学生具备熟练的操作技能外,也需要学生具备一定的审美能力,只有同时具备操作能力和审美能力,学生才可能制作出功能、外观和表现形式都符合要求的作品。

随着图像越来越多地侵入文字的传统领域,逐步赢得青少年的喜爱,使得他们对图像阅读的兴趣远远超过了对文字的兴趣。这不仅改变了他们的审美观和生活习惯,也改变了他们的认知方式和思维模式。此外,在日常的教学活动中,影像比文字更能引起学生的阅读兴趣和学习动力,随着教育技术的发展,越来越多的影像、图片教学资源进入了教师的视野,并在课堂教学中取得了良好的效果。

（二）提高学生的创新性思维

视觉文化作品不仅仅是纯粹的客观存在,而且还是经过创作者主观体验的存在,是作品创作者传达给观众的再生信息。它是以某种形式而存在的艺术品,这种形式以一定的结构样式(语言、符号、色彩、线条、造型等)和一定的物质形式构成。显然从物理性质上来分析,视觉文化作品和一般的物理客体并没有两样,但是视觉文化作品却具有独特魅力,能够震撼读者的心灵,激起读者的联想、想象和思想情感的涟漪,主要原因在于它的结构样式是一种"有意味的形式",这种结构隐含着特殊的意义。这种结构样式能够同人的精神之间产生某种特殊而深刻的关联。视觉文化不是自然的物,而是由创作者创造出来的物。它所表达的"能指"和"所指"具有一定的相关性,所以其传达的信息具有一定的开放性、发散性,这使原本单纯的意义有了一定程度的升华。

视觉文化是一种图像语言,它不使用文字也能传达其内容意义。它能够将事物形象化,并在特定的人与人之间当作约定的事情来传达或记忆。视觉文化是基于人的眼睛来表现事物一定性质(质地或现象)的符号,它能使抽象信息形象化地传播得以实现,它的形成也就是图形思维的具象化。而且图形设计思维从本质上讲,就是一种运用视觉形象进行创造性活动的思维方式。视觉文化传达信息时,作品表达的能指和学生领悟到的所指不一定是完全匹配的,读者是通过抽象性思维获取其传达的信息。这些信息是看不到的,是通过抽象性思维创造出来的。所以创造性思维是在抽象性思维的基础上发展而来的,假如不存在人类的抽象思维活动,就没有人类的创造活动,抽象活动是人类取之不尽的创造财富。视觉文化能够激发抽象性思维,抽象性思维可以引发出创造性活动,创造性活动产生了视觉文化,由此可见,视觉文化与创新思维有着相伴相生的关系。创新思维即创造性思维,创造是一个从具象到抽象的思维过程,具象阶段需要的是人类对客观世界的基本印象,即一定的基础知识。对于图形的创造是以视觉素材为想象和联想的基本元素,而视觉文化正是以视觉素材为主要构成要素,由符号系统构成,呈现出来的是具象的东西,激发观者的联想和想象,这吻合了创新思维的认识过程①。

视觉文化这一功能主要源于它的直接感知特性,直接感知是以图像符号为构成元素,具有直接感知的探索性,易于触动读者的直觉思维,而直觉思维恰恰是创造性思维中的核心思维方法,它是创造力的源点,是创造性思维的基础。直觉思维在培养创造性思维方面也具有独特的作用,它是现代设计艺术人才及创造性人才必备的思维品质,是图像文化创意

---

① 赵孙杰,瞿浩,张舒予.论视觉文化对创新思维的促进[J].东南传播,2010(4):108 - 110.

的一个重要思维方式。艺术语言是与天然语言和抽象文本语言不同的另一种符号系统。对视觉文化的创造者而言,传达意义是以将观念对象外在化、形象化为途径的;对视觉文化的接受者而言,解释意义是以将观念对象外在化、形象化的还原为观念对象为途径的。这一过程中想象是不可或缺的,通过想象也就促进了创新思维的发展。应试教育使教学主要局限于读、写、算,对学生创新性思维方面的培养有所忽视。创新性思维对于学生未来的发展以及国家的未来有着极其重要的价值,所以应该重视对学生创新性思维的培养,但现实和理想的差距无法为学生创新性思维的培养提供保障,所以需要开辟一种能够在实现教学任务的同时提高学生创新性思维的教学方式,而将视觉文化融入信息技术教学就能够担负起这一重任。国外有学者指出,感知,尤其是通过视觉感知,具有思维的一切本领;也有学者指出,视觉元素对学生的思维有训练和提高的作用,学生通过浏览视觉元素,能够调动学习的积极性,思维也更加活跃,长此以往,对学生创新思维能力的提高有着积极的效果。

(三)有利于培养学生的视觉空间智能

美国著名心理学家加德纳的多元智能理论是一种全新的智能结构理论,该理论认为智能是多元的。而目前的信息技术教育中却只重视对学生操作技能的培养,对其余智能的培养略显不足,但对于学生而言,他们从学校离开后的成就在很大程度上取决于操作技能之外的其他智能,因此,信息技术教育需要加大对其余智能类型的关注。而加德纳提出的新的智能类型是指:人对形状、色彩和空间位置等元素的感受和表达能力,具体表现为人对色彩、形状、线条、空间结构和色彩的敏感程度及利用图形表达的能力。通过在信息技术教育中融入视觉文化,教师可以为学生创设视觉化的学习环境、利用视觉元素辅助课堂教学以及对教学资源进行视觉化处理,从而达到培养学生视觉智能的目的。

(四)有利于提高多媒体课件的教学效果

随着信息技术的飞速发展,多媒体课件在教学中的应用也越来越普遍。课件是一线教师或程序设计人员根据教学的要求,用课件写作系统或某种计算机语言编制的教学应用软件。它能把诸如图像、声音、文字等教学材料融合在一起，向学生提供多重感官刺激，从而实现人机之间的双向沟通和人与人之间的远距离交互式学习，这样就能仿真生成虚拟的现实世界，创造一种身临其境的真实感觉，从而使学习者不仅能感知而且能够操作虚拟世界中的对象①。对学习的研究成果表明，人们学习时，通过视觉获得的知识占83%，听觉占11%，嗅觉占3.5%，味觉占1%，这也印证了中国的一句古话：百闻不如一见。人眼共有400多万条神经纤维通向大脑，而耳只有6万条，多媒体课件中有多种类型的材料，但视觉材料占绝大多数，每一种视觉材料都可以视为对知识的一种表征形式，怎样把各种不完整的表征结合起来使用，往往将直接影响到教学的效果，所以，教师具备一定的视觉文化知识有利于教学效果的提升。

（五）有助于保护民族文化

文化是一个民族立足的精神之本，青少年又是一个国家未来的希望，因此信息技术教师需要重视对学生民族文化意识的培养。信息技术课程不可避免地需要接触因特网，而青少年的判断能力和思维能力有限，这就对我们民族的文化传承造成了不利影响。因特网的迅速发展不仅给各个国家的民族文化的发展带来了机遇，同时也带来了严峻的挑战。发达国家倚仗其技术强势、文化强势和信息强势等优势，将其文化和价值观强行推到世界的各个角落，由此带来的文化帝国主义给很多非英语国家的民族文化保护带来了极大的冲击。因此，因特网给非英语国家和发展中国家带来的更多的应该是挑战。文化霸权、文化竞争、文化扩张、文化侵略也逐渐成为网络运行中的突出问题。据2000年调查统计显示，互联网上约90%的信息都是英文信息，法文信息占5%，而中文信息则不足1%。这不能不让我们感到一种责任和压力，在英语文化势力的增强与渗透下，我们迫切地感受到在网络时代竞争话语权的重要性；同样，所有发达国家和发展中国家都希望能够在这个汰弱留强的大环境中占有一席之地。民族文化是一个民族独立的重要标志，是一个民族繁荣昌盛的重要表现，是

---

① 郇海霞.视觉传达在多媒体课件中的运用研究[D].济南:山东大学,2009:17.

一个民族能够获得发展的重要动力和根基①。世界正独立起源的最古老的几种文明中只有中华文明从起源之日起延续至今，并且文化传统从未发生割裂、中断和改变，中华民族文化的这种延续性绝不能因为网络的冲击、英语势力、美国文化的渗透而停止前进和延续。正如恩格斯所说，缺乏历史文化的民族是没有希望的，如果中华民族错失了在全球化时代中留下自己历史文化轨迹的机会，那么我们民族的希望又何在呢？因此，在这样的严峻形势下，如何争夺时代的话语权以及如何保护民族文化，引起了广泛的关注。

在超越国界的信息化浪潮中，要保护和弘扬民族文化，就必须直面网络的发展现状，利用网络的优势，在正确认识的前提下，一方面敢于交流，在引进、借鉴和学习外来文化的基础上进一步发扬古老的中华文明；另一方面，要在民族文化的发展过程中与时俱进，努力建构出既能体现民族本色又能为世人所接受的民族文化。我们认为，视觉文化在网络时代的价值体现可以迁移到民族文化的保护上来，在网络中可以通过以下途径实现对民族文化的保护。一是从形式上体现民族本色。越是民族的越是世界的。在呈现信息的同时，要善于利用图像表达、体现信息所蕴含的内在价值，力争图文并茂。二是以视觉思维为立足点，创造出更符合网络生存的视觉形象，以贴近浏览者的视觉心理。网络中的视觉形象设计，应该从视觉思维所提供的价值和功能中找出启示，利用视觉思维通过直观、选择、发现、探究等方法在信息中感知，将民族文化的底蕴与视觉思维的功能相结合，创造出更好的视觉形象。

四、视觉文化在学科教学中的应用

从以上的论述中可以发现，视觉文化对于学科教学以及学生的发展有着极其重要的作用，所以，我们需要在课堂教学中融入视觉文化理论。

（一）有助于创设视觉化的教学情境

现代教学有多媒体的优势，这就为在课堂中创设视觉化的教学情境

---

① 关晓乾，高小华.网络时代的视觉文化与民族文化保护[J].南昌大学学报：人文社会科学版，2003（6）：143－146.

提供了硬件基础。在多媒体环境下,应用视觉文化理论能够调动起学生的学习兴趣,而调动学生的学习兴趣是通过适当的教学情境来实现的。教师可以通过合理地安排与教学内容相关的视觉资源,创设视觉化的教学情境,激发学生的兴趣。在课堂教学中,不可避免地会用到很多视觉元素,由于教师的示范作用,教师对这些元素的运用情况将在很大程度上影响学生的应用。教师具备一定的视觉文化知识有助于教师对这些视觉元素的应用,从而为获得良好的教学效果奠定基础。

(二)有助于选取适当的视觉教学素材

不同的视觉素材有着不同的特点,不同的课程也有其自身的特点,所以选择适合课程内容的素材对于信息技术的有效教学显得极为重要。在课程需要选择视觉素材时要从教学实际出发,应根据学科自身的特点和相应教学内容选择最能体现教与学的手段、方式,使视觉文化充分和教学内容、教学形式相融合。视觉信息的种类很多,每一种都有其独特的特点,图像是对真实事物的还原,通过观察图像学习者可以获得相对直观的信息;图形没有图像那么真实,但却比文字更加形象;通过图表能够降低信息难度,提高学习的效率,文字是一种高度概括和抽象的符号,它在给学习者带来想象空间的同时也对学生的理解带来不确定性;动画则是对上述符号的一种综合,它更直观、形象并且更容易调动学生的学习兴趣。

(三)有助于教师和学生合理地设计作品界面

视觉文化在课程教学中的应用不仅表现在为教学内容选择适当的材料和表征的形式上,还体现在多媒体作品的界面设计上。教师需要演示制作多媒体作品,学生也需要自主练习制作多媒体作品,在制作作品时不可避免地要涉及对界面的设计。从整体效果上看,每一个界面中画面的设计都十分重要,每一个界面都应该让学生直观地了解要描述的内容。因此,画面的设计必须突出主题、美观、内容清晰。多媒体作品整体界面的构图布局应重点突出主体,在同一界面中不能含有两个或多个主体,而应该将主体放在界面的醒目位置以突出主体。

（四）有助于克服视觉元素泛滥带来的弊端

传统的书面文化体系向视觉文化体系转移不仅仅是阅读方式的转化，更是人类整体认知的重大变革。这为人类带来福利的同时，也带来了一定的危害，视觉载体的过度开发会带来诸如认知环境与现实环境日趋隔离等问题，对尚在成长期的青少年而言，不加选择地接触更可能导致其世界观和人生观的异化。当代社会已经变成了以形象为主的视觉社会。人们对电视和网络类的视觉媒介的过分依赖使得人类逐渐沉迷于形象的世界而不自知，甚至已经到了无法自拔的地步。目前各类媒介上传播着一些不利于青少年成长的信息，诸如暴力、色情、虚假的场景，给世界观和人生观还在形成时期的青少年传达了一种不健康的、带有社会观察偏见的信息。更让人担心的是，这种诉诸视觉的图像传播比文字信息给人更加真实的错觉，这容易引起青少年愈加盲目地偏听偏信。青少年是一个可塑性很强的群体，他们在思考问题时，感性因素占据很大的影响成分，表现在行为上往往是凭感觉和想象做事。他们追求唯美和新奇，对直观的事物很敏感，更容易为视觉表象所吸引。而且青少年时期也是人身心全面发展的时期，如果过度地沉迷于视觉的单向愉悦中，使其不能自拔，则其人生观和世界观都有可能会被异化，奋斗的人生将蜕变成为游戏的人生。大量的视觉信息本身是没有错的，它是媒介发展给人类带来的精神财富，它们使社会日趋多样化，但是，当人们的选择变多时，也就开始变得不知道如何选择了。传统的文化艺术如抽象的文字符号，对其阅读的过程必须是在一定文化水平基础上的解码过程，人们不可能从中得到直接的快感。但图像性内容则不需要过多的文化水平，它直接诉诸人的视觉系统，人们从中都能够或多或少地读取到一些信息，从而使人的视觉渴求能够无所阻碍地获得满足，在现代过快的生活节奏驱使下，人们很自然地趋向于选择更简便易行的事物。因此，教师具备一定的视觉文化知识，就能够在课堂教学中尽量避免视觉资源泛滥给学生带来的伤害，为学生的健康成长提供保障。

信息时代的到来给教育带来了新的挑战，教师需要在这个读图的时代里具备一定的视觉文化知识，并以此指导自己的教学，通过自身的行为获得良好的教学效果,并尽量避免读图时代的弊端给学生们带来的伤害,从而为学生的健康成长提供支持。视觉文化符号已经成为我们生活环境的一个重要组成部分,并且正在深刻地改变和影响人类的生活,它对人们的生活方式和思维方式产生了极为深远的影响。

第二节　媒介素养:教育媒体新解读

一、新世纪、新媒体、新生活

网络上有这样一则趣闻,是描述一个上班族一天的生活:早晨一边穿衣一边打开电视看早间新闻,上班路上会用手机听音乐,上班期间通过网络快速浏览电子邮件,傍晚下班回到家后开始和家人一起看电视娱乐节目或者是在电脑上看电影。今天不少人,尤其是生活在现代都市的人,一天生活的样本也基本如此。据一项关于城市人口媒介素养调查研究显示:北京人在业余生活中选择的前三项活动是"读书、看电视、上网"。到现在"上网"这一项应该是第一位了。但不管怎样,现在上网和看电视已经成为人们生活中不可缺少的一部分。尤其是现在,电视是消费文化的主要传播者,很多商场、工作单位和其他的公共场所都伴随有电视的身影。电视以它图文并茂、雅俗共赏、现场感强等特点,吸引了大众的眼球,加上现在的电视频道越来越多,节目类型越来越多,大家可选择的也越来越多,因此电视成为大众媒体是必然趋势。网络的兴起,改变了人们的日常生活方式。现代人足不出户便可以享受很多便捷的网上服务,比如:网上购物、网上交水电费和手机费、网上聊天、网上炒股、网上看小说等。喜欢旅游的朋友,在家里通过网上旅游便可以如身临其境般游览景点。网络集合了其他媒体的优势走进了人们的生活中,但又有着自身的特点,所以,网络现在也走在了大众媒体的道路上。

21 世纪的今天,计算机技术和网络技术的迅速发展带来了媒体的革命,使得多种媒体相互影响,相互渗透,形成了一个多元的信息网络。这场媒体革命带来了很多新媒体,这里指的新媒体是受到计算机发展的影响,与传统媒体相对的概念。其实,新与旧是相对的,比如广播相对于报纸是新的,但电视相对于广播,电视就是新的。所以今天说的新媒体,我们通常指的就是随着计算机发展而发展的媒体。上面说到我们处于一个多元的信息网络环境下,那么处于这样一个多元的信息网络中,每天必定接触到很多信息,所以如何筛选这些信息,以何种心态、何种方式去面对这些媒介信息,如何看待这些不同的媒体,如何应对千变万化的媒介信息,需要具备什么样的媒介素养,才能避免淹没在信息的海洋中,是每个人都要面对的一个问题。

二、媒体的革命

(一)电视也疯狂:从黑白到彩色,从无声到有声,从模拟到数字

1926 年,一个叫贝尔德的发明家向大家展示了在屏幕上运送物体,这一天被公认为电视放映的第一天。最初的电视机与计算机一样,很笨重,体积较大,但是屏幕只有 5 英寸或 9 英寸,显示的影像是黑白的且不太逼真。黑白电视机经历了两个发展阶段:机械电视和电子电视[①]。由于机械电视播放的画面粗糙,无法展现精细的画面,满足不了人们的需求,于是电子电视应运而生。电子电视的关键部件是电子显像管,兹沃雷金早在 1912 年就开始研究电子摄像技术,到了 1924 年,他发明了电子电视模型,但开始时这个模型不太完美,显示的图像很模糊。一直到 1931 年,兹沃雷金终于制作出了效果令人满意的电子显像管。同年,进行了一项完整的实地实验。在这次实验中,一个由 240 条扫描线组成的图像被传送给 4 英里以外的电视机,再用镜子把 9 英寸显像管的图像反射到电视机上,完成了使电视摄像与显像完全电子化的过程。电视机刚问世时与电影也是一样的,没有声音,但过了几年就实现了声音与图像同步。此时的电视体积仍然很大,随着电子技术的发展,电视机的体积越来越小。我们知道,电子元件经历了从电子管、晶体管、集成电路到大规模集成电路的发展过程,电子元件越来越小,使得电视机内部的电子元件也越来越

---

① 钱艳丽.电视媒体的新媒体发展战略研究[D].上海:华东师范大学,2010:5.

小，所以 20 世纪 90 年代的电视机像个盒子，而现在在大规模集成电路广泛应用于电视机后，电视机已经简单到只有一个屏幕加一块电路板了。从历史上看，很多新发明的产生都是为了满足人们的需求，根本目的是满足人们的欲望。电视机发明一段时间后，人们已经不能接受还是黑白的图像，世界是五彩缤纷的，人们希望电视能够更多彩地反映现实世界。但是要实现由黑白转变为彩色却不那么容易，大千世界中的颜色如此繁多，如何一一实现呢？所幸的是，人们发现所有的颜色都是由红、绿、蓝三种颜色组成，也就是三基色。利用这一原理，就可以将数以万计的色彩简化为传输三个信号。1940 年，美国研制出机电式彩色电视系统。1951 年，美国 H·洛发明三枪荫罩式彩色显像管，洛伦斯发明单枪式彩色显像管。1953 年，美国试播彩色电视。1967 年，美国的电视播出全部彩色化，欧洲各国也开始出现彩色电视。从此，彩色电视风靡全球。

电视随着时代的发展也在不断发展，从最初的黑白电视到彩色电视，从无声到现在的有音，从模拟电视到数字电视，再到现在可以展现三维画面的立体电视，电视在不断革新、不断进步。虽然现在立体电视仍然在研发当中，但是我们有理由相信，在不久的将来，彩色立体电视会呈现在我们的面前。

（二）手机——从"2G"到"3G"，信息一路随行

2012 年的"数字奥运"的口号让人发现手机电视业务已经是现在智能手机上一项基本功能，不是以前的"砖头大哥大"可比的了。手机电视现在在受到人们广泛使用，主要因为手机电视具有移动性。手机时刻伴随在自己的身边，收看电视不再局限于坐在家中的电视机前，不仅在空间上自由，而且在时间上也很自由，比如在工作的间隙，乘坐公交或者火车时，拿起手机，轻轻点击，便可以收看自己想看的电视节目。第二个特点是个性化。手机电视播放的内容是由个人所决定的，想收看什么样的电视节目，想在什么时间收看，都可以由个人自由定制，更加个性化。手机电视技术之所以可以实现，得益于移动通信技术的迅速发展。现在的手机上网使用的都是"3G"通信技术，但究竟什么是"3G"？"3G"是英文 3rd Generation 的缩写，指的是"第三代移动通信技术"，是相对于第一代(1G)

和第二代(2G)而言的。1G是第一代移动通信技术的简称,使用的是模拟方式,距离越长,信号越弱。因此后来逐渐研制出来第二代通信技术。这一代使用的是数字通信方式,不会发生信号衰弱的情况,而且数字传输提高了数据的安全性。遵循从"1G"到"2G"的历史发展轨迹,"信息公路"的速度也越来越快,"信息公路"转变为"信息高速公路"①。实际上,我们平常所说的"3G"是指将无线通信与国际互联网等多媒体通信结合的新一代移动通信系统。与前两代的主要区别在于:"3G"能够处理图像、音乐、视频等多种媒体格式,提供包括网页浏览、电子购物、网络聊天、网络电视、网上发邮件等多项信息业务。所以,配备上"3G"移动通信系统的手机功能也更加强大,其特点是高速度、多媒体、个性化。

手机进入"3G"时代后,已经不再只是手机的形象了,而是成为智能的个人移动信息和娱乐终端。因此,现在的手机更像是一个移动PC。比如,当你开车上班时,手机可以成为你的智能地图,通过全球定位系统让你随时了解自己所处的位置,并且能够找到去目的地的准确路线,在手机智能地图的帮助下,不用再担心迷路了。当你坐火车回家时,手机会变成电视播放器和音乐播放器,既能够缓解旅途的劳顿,又不用在外出时带一大堆电子产品。而且现在手机上网也越来越便宜,只需要简单的基本设置就可以通过WLAN进入多彩的互联网世界中。实际上现在的智能手机还能够登录QQ和查看电子邮件,与朋友随时保持联络。当发现购物网站上有自己想买的商品,可以通过手机直接购买;在闲暇时间,可以通过手机玩各种各样的休闲游戏。由于手机通信技术的发展,使得人们的生活更加便捷,很多原来不可能实现的事情都已经成为了现实。因此在这个多彩的3G时代,我们应该好好利用手机给我们带来的便利,让手机成为我们日常生活的必需品,让我们的生活更加"移动"和美好。

(三)因特网的"网"

上网已经成为现代人闲暇时间首选的娱乐活动,人们在一起聊的话题很多也是网上见闻。但是如果在被问到什么是因特网时,很多人还是

---

① 于肆洋.3G技术支持的移动学习模式研究[D].长春:东北师范大学,2010:13-15.

不太清晰。然而有一点是清楚的,就是因特网不是"网"。因特网的英语原文是 Internet,翻译成中文因特网后,很容易被望文生义地理解成一种"网"。英文 Internet 确切意思是联网,因此简单地说,因特网是全世界所有计算机和计算机网络之间的连接。实际上,没有一种物理网络叫做因特网,因为它是一个整体的称号。根据美国联邦网络委员会的定义,Internet 是全球信息系统,这个系统通过基于 Internte 协议(IP)的全球唯一地址以及随后的扩展协议连接起来,并通过 TCP/IP 协议进行通信,在这些协议和相关设施基础上,为公众和个人提供信息服务。从这个定义中可以看出,TCP/IP 是通信的技术基础,在网络上连接的各种计算机有着不同的系统,而 TCP/IP 协议实际是所有这些计算机进行相互交流的"通用语言"。我们可以把协议形象地理解为两个信封,在发送端,把要传递的信息划分为若干段,每一段装入一个信封袋,并在信封袋上记录好分段号,然后再把 TCP 信封塞入 IP 这个大信封,发到网上。在接收端,收到信封,抽出数据,按发送前的顺序还原,进行逆方向操作。虽然是逆向操作,但多了一个差错校验步骤,如果发现错误,TCP 将会要求重发。通过这个类比,我们可以基本了解网络上两个主机进行数据交换的过程。

截至 2013 年 12 月底,中国网民数量突破 6 亿,达到 6.17 亿。聊天一直是网民们上网的主要活动之一,因特网已经成为了网民们互通信息、交流感情、结交朋友甚至谈情说爱的平台。BBS 一直是网民喜欢去光顾的地方,在里面大家可以围绕感兴趣的话题自由发帖,特别是在气氛被调动起来后,BBS 里面成员参与度很高。除了 BBS 这个工具,还可以通过聊天工具建立聊天室。人们可以在聊天室内自由聊天。这种聊天室可以是服务器管理员根据某个感兴趣的话题建立的,也可以是个人建立的相对独立的聊天室。人们可以通过这些虚拟的聊天世界进行交流,进入网络虚拟世界。而即时通信软件的开发,则给网络聊天提供了新的工具。即时通信工具是依靠因特网和手机短信,以沟通为目的,通过跨平台、多终端的通信技术来实现的一种集声音、文字、图像的低成本、高效率的综合型"通信平台"。随着因特网的发展,即时通信日益显现出旺盛的生命力,成为网民们最喜爱的网络沟通方式之一。提到即时通信,最早的通信工具是 ICQ,其英文是"I SEEK YOU",中文意思是"我找你"。ICQ 原是以色列的几名学生开发出来的,其最大的特点是具有网上信息实时交流和传送文件的功能。随后,美国在线公司三年内,分两次共向其投入4亿多美元,使ICQ技术得到进一步发展和完善。继ICQ之后,QQ在国内风靡起来,只要登录上QQ就会看到一个个个性化的"小人头",提示你好友来信息了。除了聊天,QQ还提供了包括语音、视频、远程协助、在线/离线传文件等多种功能。

三、网络世界与虚拟人生

说到新媒体大家首先想到的就是网络,而每个人都可以在网上占有一席之地,可以建立自己的空间、博客、电子邮箱等,让朋友来访问并与朋友进行互动。网络无时无地不在,实现信息的及时、便捷、高效流通。

(一)博客:图文声像的表达

新媒体总是让愿意表达自我的人"如虎添翼"。当登录博客成为人们每天必做的一项事情后,有些人已经不再只满足于仅仅用文字来表达自己的思想了,音乐和视频成为他们考虑的对象。常常出现这样的情况:当你进入到他们的博客后,一边拜读着作者的大作,一边听着作者设置的音乐,在文章中还穿插着视频片段。博主在自己博客主页上添加经过自己精挑细选的视频和音频链接,这些视音频有的是从网上下的,有的是博主自己拍的。特别是现在很多个性的博主已经不满足于网上下载的现有的视频,自己录制的音乐和视频成为博主们热衷传播的对象。有的博主专门播放英语阅读资料,每天更新最新的英语新闻,也有的则会集中放映某一主题的短片,比如NBA,在网上与趣味相同者一起回味NBA的各种精彩扣篮视频。而这些音频和视频之所以能够在博客的网络空间交互传播,应当归功于两个人:美国MTV电视台的主持人亚当·库里和软件工程师戴维·温特。2001年,温特将声讯添加到RSS的说明当中。从此以后,以声音(继而以图像)为媒介的博客就在网络世界流行开来。2004年前后,面对遍地开花的博客,人们并不满足,认为博客不应该仅仅将音频和视频停留在网站和服务器上。那么博客能不能突破这个发展的瓶颈?答案很快就有了,给出答案的是苹果公司。今天的博客,其英文原意是

"Podcast",这是一个合成词,来源于苹果公司的"iPod"与"Broadcast(广播)"。在这里,它指的是一种在因特网上发布文件并允许用户订阅的传播方式。苹果公司的 iTunes Music Store 曾被誉为充满创意而具有影响力的软件。通过这个软件,用户可以连接到许多广播公司和媒介公司所开设的博客资源上,并且轻而易举地订阅自己感兴趣的博客栏目,在线收听。允许用户订阅想看的文章,这是一个很大的改进,并且这种订阅,只要你联网了,博客不仅会保存你以前的订阅文章还会通过网络同步更新。有了这种自动更新订阅的功能,使得博客更受人们喜爱。

博客充分利用了声音和影像的巨大传播效应,就好像人们从印刷时代走入了电子传媒的影像时代一样[①]。通过登载信息媒介的转变,开拓了当前博客的使用方式和传播效应,使得这一网络传播形式更充满吸引力,也更具有影响力。

(二)游戏人生

目前,最能体现网络媒体互动性特征的恐怕要数网络游戏了。随便走进一家网吧,你都会看到三三两两的年轻人头戴耳麦,神情专注地玩着自己喜欢的游戏,我们这里所说的游戏是与网络相关的,是建立在网络的基础上。时下很多人气很旺的游戏,都是依托于因特网或者局域网的。游戏玩家可以在网上支付相关费用,在网上进行游戏装备的交易,在网上体验古龙小说中的江湖。从游戏的体验方式来看,有通过光盘安装的单机版游戏,也有网络在线型的游戏。玩家可以购买光盘或者是通过网络下载游戏客户端软件,进行安装,安装好了之后就可以进行游戏。从游戏的画面来看,它似乎跟动漫这类媒介文化内容有些类似。现在游戏的画面就像是好看的卡通片。而游戏的宣传海报、游戏外包装、游戏杂志,几乎都有大量精美的卡通形象。所以人们往往把游戏与动漫并称,作为同一个大的产业类型。二者受众群体的重合度也非常高。游戏似乎沾染了诸多媒介的特点。但是使用方式的互动性、内容的娱乐性无疑是其最突出的特点。称它为"互动娱乐之王",一点都不夸张。当然从技术层面上

---

① 许卓. 微博客的传播优势及发展前景[J]. 新闻前哨,2010(1):37.

看,它是一种信息产品,也是一种软件,一种人机互动性很强的软件。玩家通过操作界面激发特定的程序,同时根据程序内设的规则做出符合游戏逻辑的反应。基于数字技术的游戏程序,成就了游戏的互动娱乐之王的地位。所以说数字游戏世界,是一个超级游乐园。在这个游乐园中,你可以看到逼真绚烂的画面,甚至 3D 画面,声音也由单调的嘀嘀声变为足以以假乱真的模拟音。游戏内容题材也越来越丰富,你能够想到的游戏应有尽有。

(三)新媒体 + 传统艺术 = 新媒体艺术

人们把建立在多媒体计算机和互联网技术基础上的信息传播媒介称为新媒体,而将以数字多媒体以及互联网技术为支撑,在创作、承载、传播、鉴赏与批评等艺术行为方式上推陈出新,进而在艺术审美的感觉、体验和思维等方面产生深刻变革的新型艺术形态称为新媒体艺术[①]。简单地说就是将新媒体中的技术元素融入到我国传统艺术当中,使传统艺术产生巨大变化,既保存了那份艺术感,又推陈出新,加入数字多媒体,紧跟时代步伐,让人们耳目一新。最先与网络、多媒体亲密接触的是文学,电子书的出现让很多人趋之若鹜,接着是数字电影带来越来越震撼的效果,随后网络音乐、网络舞蹈也开始在中国流行起来。因此,今天我们可以毫不夸张地说,新媒体艺术已经成了数以千万计的人们生活中的重要组成部分。新媒体艺术是伴随着新媒体技术从传统艺术中发展而来的,这一发展过程仍然在继续,所以,新媒体艺术在自身品质和表现形态上与传统艺术有千丝万缕的联系是十分自然的。新媒体艺术具有很强的生命力与表现力,它被人们用到非艺术信息的传播中去强化传播效果也是十分自然的。我们既要承认新媒体艺术与传统艺术这种千丝万缕的联系,又必须揭示出新媒体艺术不同于传统艺术的特殊本质;既要面对新媒体艺术表现手段被广泛应用于非艺术信息传播的现实,又不能模糊了艺术与非艺术的界线。正确的做法是科学地分析新媒体艺术的复杂结构,将其各个要素准确定位,区别对待。新媒体艺术要素结构主要包括三个层面:第

---

① 刘然.新媒体艺术研究[D].济南:山东大学,2009:9－11.

一,泛艺术层面的要素,即新媒体节目中一切具有艺术性(审美性)的东西;第二,广义层面上的要素,即新媒体上的一切艺术类节目,包括以数字方式复制的传统艺术作品;第三,狭义层面上的要素,即以多媒体计算机及互联网技术为支撑,在创作、承载、传播、鉴赏与批评等艺术行为方式上全面出新,进而在艺术审美的感觉、体验和思维等方面产生深刻变革的新型艺术形态。由此可以看出三个含义的新媒体艺术在研究中的地位及相互关系:新媒体艺术——新媒体艺术研究中的核心资源;新媒体上的艺术品——新媒体艺术发展中的新与旧的结合;新媒体表现的艺术性——新媒体艺术实践中的拓展性应用。

四、思考新媒体

新媒体具有良好的舆论引导性和后果预见性,这就会使得媒体受众传承中华民族传统美德,彰显社会主流价值,推动社会文明进步,促进社会的和谐发展和中华民族的伟大复兴。例如,由新华网发起的"'中国网事——感动 2010'年度评选活动"就是一个很好的举措。候选人都是散布民间、默默无闻的草根英雄,因为网民的一次次"顶起"和"围观"而广为人知。评选 10 位中国网事——感动 2010 年度人物,彰显"网络无疆、人间有爱、大爱无言、草根有力",传播"小人物"的美德。现场公布评选结果,并进行文字、图片、电视、网络直播,这些"小人物"的感人事迹经网友的爱心接力和网上网下互动,形成了强大的爱的力量。这是一次向中国民间道德力量的致敬,也是新形势下如何发挥虚拟手段在社会主义道德建设过程中积极作用的有益探索。我国网民总数已达到 6.17 亿,网络民意成为社会价值取向的重要标志。事实表明,虽然网络舆论纷纷扰扰,但网民对真、善、美的追求始终是主流,围观"草根英雄",让隐藏在百姓内心的道德力量通过民间自发的宣传和必要的政府扶持引导,形成温和醇厚的民风,放大为强烈的主流社会心理。要利用新媒体促进社会发展与进步的舆论氛围,弘扬中华民族优良的传统和道德观念,加强对网民的舆论导向,正确处理网民关切的社会问题。

应当承认新媒体是新生事物,有一个发展、完善、进步的过程,对非理性和偏激的言论,网民会自发在跟帖或回复中表达不同观点。网络舆论最终往往会走向平衡。随着社会的文明进步,科学技术的发展,行政与法律的完善,推动社会进步、发展的舆情必将占据主流声音。

第三节　概念图与思维导图:教学过程新思维

教学过程由教师的教和学生的学构成,教学的过程是教育活动中重要的一环,对于拿到手的课本,许多教师仍是面临着"如何教,怎样教好",学生"怎样学,如何学好"这样的难题。信息的快速发展,教学改革的日益推进,在传统的教学过程如何开辟新的思路,引入新的"甘泉",是每位教育工作者应该思虑的问题。

一、两种图示工具

在之前介绍视觉文化中已经提到,图形图像对人的视觉冲击较大,比文字符号更加通俗易懂,并且涵盖的内容也更加丰富。那么,在教学过程中倘若利用一些典型的图示工具来进行教和学是否可以事半功倍呢?

(一)概念图

诺瓦克博士说:"概念图是用来组织和表征知识的工具。它通常将某一主题的有关概念置于圆圈或方框之中,然后用连线将相关的概念和命题连接,连线上标明两个概念之间的意义关系。"[1]概念图,也可以称为概念构图或概念地图,是根据奥苏贝尔的有意义学习理论提出的一种教学技术,是组织和表征知识的一种图示工具。如图 2-1 所示:

概念图有四个基本的组成部分,它们分别是概念、命题、交叉连线和分级结构。其中,概念(也是图中的节点)是事物或事件的规则属性,用专有名词或符号进行标记;命题是两个概念之间通过某个联系词而形成的意义关系;交叉连接表示存在两个概念之间的某种关系;分级结构是概念的呈现方式[2]。分级结构有两种情况:(1)同一层面中的分级结构,即

---

① 高文.教学模式论[M].上海:上海教育出版社,2002:45-46.
② 王大平,李新国.概念图的理论及其在教学中的应用[J].现代教育技术,2004(6):45-48.

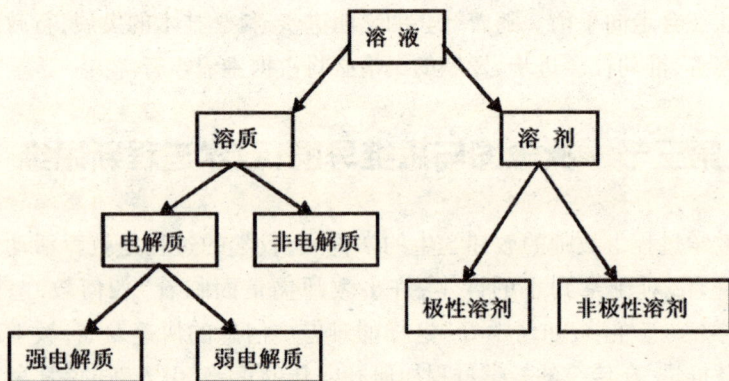

```
                    溶 液
                   /      \
              溶 质          溶 剂
             /    \         /      \
        电解质   非电解质   极性溶剂   非极性溶剂
        /    \
   强电解质  弱电解质
```

图 2-1 "溶液"的概念图

同一知识领域中的概念依据其概括水平的不同而分层排列,其中概括水平较强的概念位于图的较上层,从属的概念位于其下,而具体的概念位于概念图的最下层;(2)不同层面中的分级结构,即不同知识领域的概念图可就某一概念实现超链接。因此,概念图是一个表示概念之间相互关系的空间网络结构图。

利用概念图进行教学,可以把握一个概念体系,促进知识的迁移,其优势主要在于它能够形象化地表示每一个概念间的关系,深层构建认知结构。通常概念图呈现的是思维的结果。在具体的教学过程中,教师可以通过备一节课的概念图,深层次地把握主要概念以及这些概念之间的关系,提高教学效果;学生通过绘制概念图,掌握概念之间的关系,进行有意义学习;同时教师根据学生绘制的概念图,评价学生对概念的掌握程度,为教师的教和学生的学提供反馈信息,同时可以满足教学过程中的双边需求。因此,概念图不仅仅是教与学的工具,更是一种教与学策略,也是一种教与学技能。

(二)思维导图

思维导图是由英国人在20世纪60年代时提出的一种记笔记的方法,是一种将发散性思考可视化的思维工具。它让人的左半脑和右半脑在思维过程中同时运作,模拟了人脑的工作方式,以脉络状分支延伸出去,各级主题的关系用相互包含的层级图表现,形成一种树状思维。传统的笔记方法有如下四大缺点:埋没关键词;不易记忆;浪费时间和不能有效刺激大脑。①

学习是一个大脑不断思考的运动。思维导图呈现的则是大脑的一个思维过程,学生能够借助思维导图提高发散思维的能力,理清思维的脉络,并可供自己或他人回顾整个思维过程。托尼·巴赞认为思维导图有四个基本特征:注意的焦点清晰地集中在中央图形上;主题的主干作为分支从中央向四周放射;分支由一个关键的图形或者写在产生联想的线条上面的关键词构成,比较不重要的话题也以分支的形式表现出来,附在较高层次的分支上;各分支形成一个连接的节点结构。

思维导图在表现形式上是树状结构。思维导图的结构中也包含中心主题和层级结构,但与概念图不同,思维导图连线上的关键词并不表示两个节点之间的关系,也不构成命题,而是节点下的一个分支内容。例如,"溶液"这一中心主题下,有如下节点:溶质和溶剂,节点"溶质"又分支出子节点"电解质"和"非电解质"。中心主题与节点、父节点与子节点之间是包含关系,一个节点还可以分支出多个子节点。

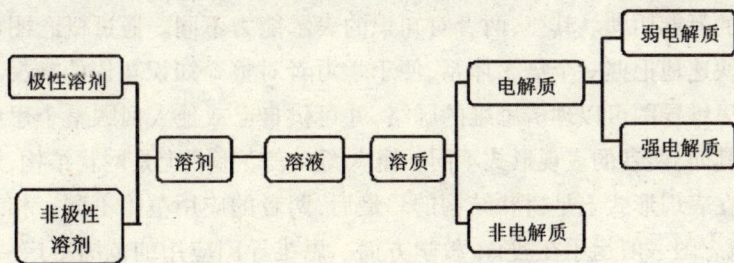

图2-2 溶液节点

思维导图呈现了思维的过程和结果,充分运用了发散思维和收敛思维。思维导图中同一层次节点的数目显示了思维的广度,也就是思维的发散程度。思维导图每一个分支的长度就代表了思维的深度,即收敛性。思维导图在教学中赋予思维以灵活性和开放性,有助于培养思维的深刻性、全面性、创造性和发散性。教师在教学中运用思维导图进行个人教学设计和集体教学设计,将提高设计的效率和教学效果;学生可以利用思维

---

① (英)托尼·巴赞(T. BuZan).思维导图[M].李斯,译.北京:作家出版社,1998:23-46.

导图记笔记、复习、预习和解决问题，提高学习效果。

（三）两种图示工具间的联系与区别

概念图和思维导图有着紧密的联系，但又存在着不同。

概念图和思维导图的主要共同点是它们都属于知识可视化工具。两种工具都是将知识以图解的方式表现出来，从而大大降低了语言通道的认知负荷，加速了思维的发生，提高了思维加工的质量和效率。另一方面，概念图和思维导图以其非线性结构，更加清晰地表征了概念（思维导图中称为"关键词"）的相互关系，促进了新旧知识的融合①。

但是概念图与思维导图还是有着很大的不同。其一，两者的历史渊源不同。概念图是康奈尔大学的诺瓦克博士根据奥苏贝尔的有意义学习理论提出的一种教学技术。而思维导图最初是 20 世纪 60 年代英国人托尼·巴赞创造的一种笔记方法。其二，两者的定义不同。根据诺瓦克博士的定义，概念图是用来组织和表征知识的工具。托尼·巴赞认为思维导图是对发散性思维的表达，是一种非常有用的图形技术，是打开大脑潜能力的万能钥匙。其三，两者对知识的表示能力不同。通过概念图可以直观快速地把握一个概念体系，便于学习者对整个知识架构的掌握。而通过思维导图可以理清思维的脉络，并可供自己或他人回顾整个思维过程。其四，两者的表现形式不同。概念图在表现形式上是网状结构，思维导图在表现形式上是树状结构的。最后，两者的应用范围不同。相对而言，概念图一般运用在教育、教学方面。思维导图应用的范围更广一些，它往往是在企业中有着更多的应用。

二、概念图、思维导图在教学中的应用

概念图和思维导图是起源于教学领域，而后再应用于日常生活以及商业和职业管理等领域，这方面与很多起源于军事、商业应用的技术很不同。反过来说，教学来源于生活，概念图、思维导图在生活各领域的广泛应用，必然对教学也会是有用的。

---

① 赵国庆，陆志坚."概念图"与"思维导图"辨析[J].中国电化教育，2004(8)：42－45.

（一）概念图在教学中的应用

概念图从诞生时起就是为教学服务的。从最新的研究可以看到，概念图作为教学评价工具和教学策略，随着评价设计的不断深入和完善，其信度和效度正逐步进入心理测量学可以接受的范围之内。另外，概念图作为课堂教学的铺垫、概念体系的整理、网络课程的导航的研究也广泛可见。

从定义上来看，概念图可看作一种评价工具。以往的教学评价是考查学习过程中学生的认知水平，一般用数理统计的方法测量学生的学习结果。这种定量分析受到测量对象的限制，测量结果不直观，测量方法难度较大，只适合科学研究，要想在普通教师中推广很难。而概念图能够描绘出学习者对概念结构的理解，通过概念图教师可以很直观地测量出学习者纵向和横向的知识水平，及时反馈学习者学习过程中存在的问题。这种方法更利于教师与学生进行交流。

概念图作为"教"与"学"的技能，已经在很多国家得到推广。它的创作方法简单，易于掌握和传播，教学效果明显，受到广大师生的喜爱。

概念图作为一种教的策略，教学效果显著。它能有效提高学生的认知水平，改善学生组织知识结构的能力，减少学生对知识的误解，提高学生的学习成绩；概念图作为一种学习的策略，帮助学生整合新旧知识结构，实现对学习行为的修正和调节，最终实现学习目标，完成知识的重构和迁移，形成意义学习[1]。元认知策略是学习策略中重要的组成部分，是对自己思维活动的思考，如何在学习过程中"学会学习"。概念图能够提高学生的自学能力，组织能力和自我反思、自我调节能力。

（二）思维导图在教学中的应用

思维导图在教学中主要用于强调思维过程或中心概念，如用在探究性学习、小组讨论、项目教学中等。思维导图也可以用作研究性教学手

---

[1]　赵国庆.概念图、思维导图教学应用若干重要问题的探讨[J].电化教育研究,2012(5)：78-84.

段。它将思维过程图式化。思维导图能让思维过程变得更富逻辑性和条理性,学习和思维变得更为活跃,并且通过思维导图更好地记忆信息的细节。在绘制过程中,教师和学生可以整理思维,及时记录创新点和灵感,培养发散性思维和创造性思维,通过内视和外省改进教学。

思维导图是支持学习的工具,也是支持教学的工具。掌握思维导图工具不仅能提高教师的备课效率,减少教学设计的工作量,完善教学过程,还能达到良好的教学效果。学生运用思维导图工具辅助学习(例如:复习、计划、主题报告、演讲、探究性学习、研讨等),有利于培养创新思维能力和逻辑思维能力,增强知识的理解和记忆。

思维导图作为教与学的技能,与概念图有着许多共同的特点:它简单易学,极易推广。不同的是思维导图的创作更灵活,色彩鲜艳、结构新颖、图式多变,更能激发使用者的学习兴趣,学生更喜爱用思维导图辅助学习。

思维导图作为一种教的策略,能辅助教师改进教学。作为一种思维策略,教师在运用思维导图辅助教学时能设计更多的教学活动,培养学生的创新思维能力;作为一种学习的策略,思维导图有利于培养学生的创新思维能力,它的创作过程包含了与创造力的培养的相关的技巧。学生在有趣的思维导图创作过程中能够找到学习的乐趣,提高学生的学习兴趣;提高学生分析问题、解决问题的能力;培养学生发散性思维与创新思维能力[①]。

三、教学实践中的具体运用——化"文"为"图"

人类 80% 以上的信息是通过视觉获得的。概念图和思维导图都是将知识以图解的方式表示出来,从而大大降低了文字符号通道的认知负荷,加速了思维的发生。人的短时记忆容量非常有限,仅为 7 ± 2 个组块。这样一来,人的信息加工受到了很大的限制。概念图和思维导图作为一种外显的知识制品,将概念分层,从而加大了知识的组块,在容量有限的情况下增加了可供加工的信息,解决了大脑工作记忆加工不足的问题,以

---

① 张豪锋,王娟,王龙.运用思维导图 提高学习绩效[J].中小学信息技术教育,2005(12):13－15.

"外存"补充"内存",提高了思维加工的质量和效率。就如同我们吃面包,一整块面包必须分成小块才能吃得下去。

在实际的教学过程中如何利用概念图和思维导图,将这两种图示工具真正利用到课堂上来,达到化"文"为"图"的结果,起到事半功倍的教学效果呢? 首先以概念图为例,在教学过程当中,我认为可以将概念图划分为四种类型:显性式全呈现概念图、交互式半呈现概念图、开放式自呈现概念图以及综合式多呈现概念图①。不同类型的概念图在教学过程中起到的作用的不同。

显性式全呈现概念图,用于课堂上帮助学生初步感知新知识。

案例一:

初中语文课本第七册《春》这篇课文的教学流程可以分为:创设情境,导入新课;初读课文,出示板书(概念图);仔细阅读,划分段落;课文小结,布置作业。具体的课堂教学过程如下图所

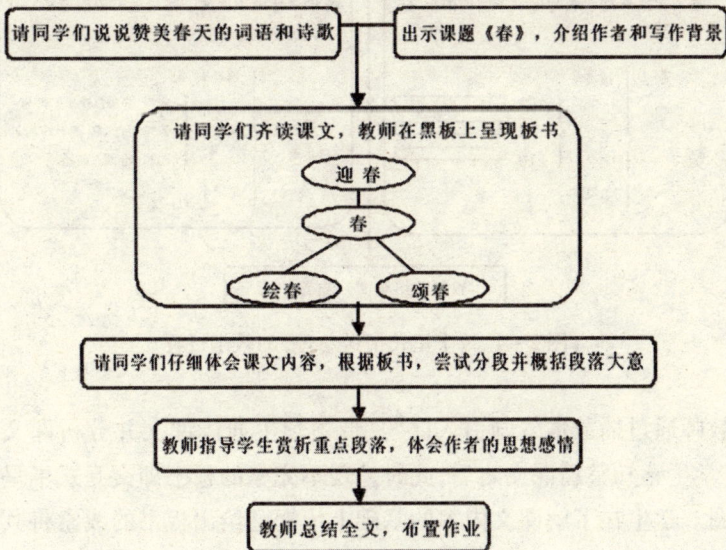

图2-3 《春》的课堂教学过程

---

① 郑魏.利用概念图促进概念教学的教学模式研究[D].长春:吉林大学,2011:6-13.

示。教师导入新课,学生初读课文内容之后,教师出示板书即全呈现概念图,学生根据板书尝试分段,概括段意。初步了解课文的大体结构,感受作者对春天的钟爱之情。后续教师再进一步分析课文,完成本课的学习。

学生初步了解新知识后,交互式半呈现概念图帮助学生继续逐步地理解、领会新知识。

案例二:

小学语文五年级(下)《十里长街送总理》。利用半呈现交互式概念图可以进行如下图所示的教学设计。

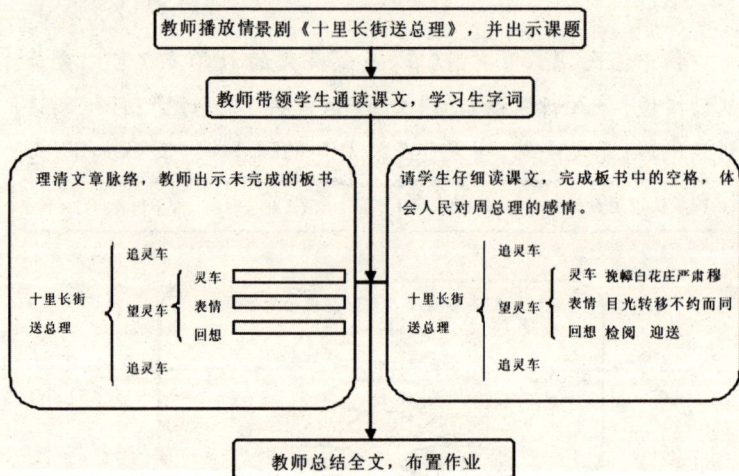

图2-4 《十里长街送总理》的教学过程

教师通过播放情景剧引入课题,带领学生通读课文并分析课文的脉络,在学生感知整篇课文之后,此时呈现不完整的板书即交互式半呈现的概念图。学生在了解课文内容的基础上依据已给出板书的线索将其补充完整。这样一来进一步理解了文章所要表达的思想情感。

知识学习的最后环节是运用巩固。开放式自呈现概念图有助于学生对于已经掌握的知识进行整合利用,与旧知识形成联系,这样才能很好的保存在他们的长时记忆中。

案例三：

八年级《语文》(上)第三单元第 11 课《中国石拱桥》。本文是一篇说明文,本课的教学可以使用学生自读和教师点拨相结合的教学模式。首先教师带领学生回忆曾学过的说明文,归纳出说明文的写作顺序通常有时间顺序、整体到局部、由表及里等。然后,同学们自读课文,找出本文的说明顺序,小组合作梳理文章的脉络绘制出概念图。最后由教师点评并进一步完善学生自呈现的概念图。本次概念图的教学主要是依靠学生自己利用已学过的知识点(说明文的写作顺序)进行迁移运用,主动在脑海中建构起新的知识,以完成课堂学习任务。

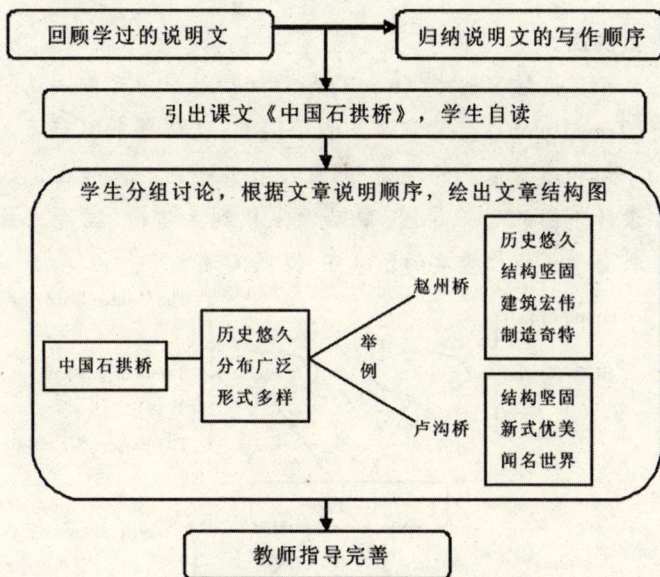

图 2-5 《中国石拱桥》的教学过程

显性式、交互式、开放式的三种概念图具有各自的特点和功能,在实际的教学过程中教师可将其综合使用形成综合式多种呈现方式,将概念图贯穿于整个教学过程中,形成概念图的三步教学模式。

思维导图可以方便地应用到英语教学当中来。例如学习"Adopt"这个词。该词有多种含义,为了便于学生记忆,教师可以设计出如下图所示的思维导图帮助学生清晰地记忆。

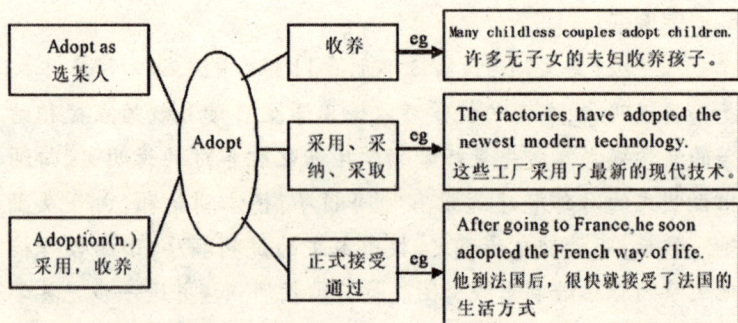

图2-6 英语单词"Adopt"的思维导图

思维导图还可以利用到阅读联系的教学当中。

案例四：

九年英语练习册中《Over Travel》阅读练习单元中一篇阅读理解《Travel plans》。文章涉及四个国家,包括每个国家著名建筑的介绍和城市特色的描述,题目设有五个问。教师在讲解时可以设计下图的思维导图,帮助学生找到主旨句,理清文章内容。教会学生找出重要的信息点,提高阅读水平。

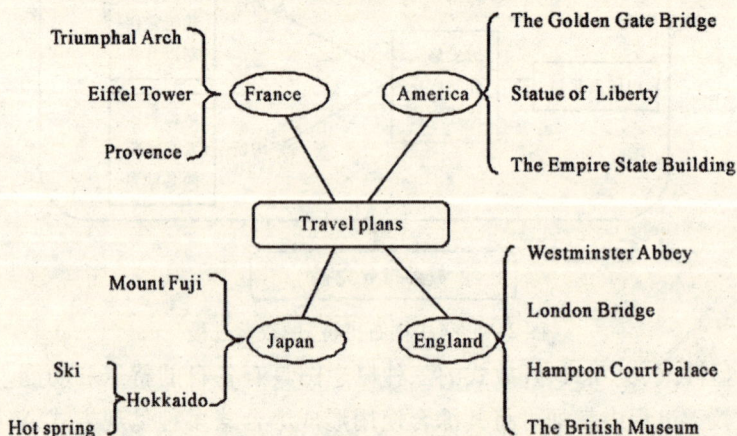

图2-7 《Over Travel》的思维导图

将两种图示工具融会到具体的课堂教学中来,化"文"为"图",促进学习过程中知识的外化与内化。使学生不仅能够"举一反三",更能"学一知二",更加有效地促进学生的有意义学习、合作学习和创造性学习,最终使教师学会教,学生学会学。

四、概念图和思维导图结合的可行性

概念图和思维导图在具体的教学实践中各有妙处,并且使用起来也非常的方便,一张白纸,一支笔就可以完成化"文"为"图"的转变。那么是否可以将概念图和思维导图结合起来,使他们在教学中的作用发挥得更加相得益彰呢? 通过之前对概念图和思维导图比较可知,概念图和思维导图隶属于知识可视化范畴,具有知识可视化的优点,但由于两者处理问题的切入点不同,导致了这两者的差异。但无论是概念图还是思维导图,在创作的过程中都存在着对方的影子。

(一)概念图、思维导图的结合是大脑左右脑分工的体现

大脑神经生物学研究发现,大脑分为左半球和右半球,两半球互相制约又互相促进。左半球控制人的右边的一切活动,一般左脑具有语言、概念、数字、分析、逻辑推理等功能;右半球制约人的左边的一切活动,右脑具有音乐、绘画、空间几何、想象、综合等功能。概念图的设计活动属于左脑的功能,思维导图则属于右脑管辖的范畴。[①]

(二)概念图、思维导图的结合是认知过程的统一

认知心理学认为,人脑接受外界输入的信息,经过头脑的加工处理,转换成内在的心理活动,进而支配人的行为,这个过程就是信息加工的过程,也就是认知过程。总的来说,认知过程既包括思维的过程,也包含认知的结果。思维导图强调思维的过程,即强调人对接收的外界信息进行加工处理的过程;概念图强调的是认知的结果,即将思维产物与元认知结合,实现知识的迁移。这两者组合起来即是一个完整的认知过程。

(三)概念图、思维导图的结合是各自缺陷的互补

从图的结构上说,概念图体现的是多个概念间的关系,体现的是知识

---

① 胡继飞,郑晓蕙.生物学教育心理学[M].广东:广东高等教育出版社,2002:34-45.

的整体结构。但若要针对某个概念展开深入研究,概念图显然无法胜任;思维导图是围绕一个中心节点探寻与它相关联的信息,表现出的是一个完整的思维过程,但如果存在多个节点,要发掘这些中心节点间的关系显然思维导图也不能解决这个问题。这是概念图和思维导图的本质决定的。但这两者一旦合作,则相辅相成,解决了对方的问题。概念图中单个概念的拓展可以用思维导图研究,而思维导图中多个中心节点之间的相互关系亦可用概念图作连接。这样既兼顾了思维的过程,又呈现了认知的结果。

(四)概念图、思维导图的结合是教与学的要求

教学是教师的教和学生的学所组成的一种人类特有的人才培养活动。通过这种活动,教师有目的、有计划、有组织地引导学生积极自觉地学习,并且快速掌握文化科学基础知识和基本技能,促进学生素质全面提高,使他们成为社会所需要的人。无论是教还是学,既包含着教师和学生在教学过程中对知识的思考,也包含了对知识结构的建构过程。教师将掌握的知识传授给学生是一个知识外在迁移的过程,而学生将所学的知识消化,转化成自身掌握的知识则是一个内部迁移的过程。概念图和思维导图的结合,在教学过程中能够促进外在知识的建构,使师生在教学过程中能够把握教与学的方向和尺度,实现教与学的统一,亦能在内视的思考过程中不断修正和完善课堂教学活动。

因此,概念图和思维导图相结合,是切实可行的。这也是这两者今后发展的方向。在实际运用中要根据这两者的特点灵活运用,从不同的切入点处理问题。

第四节　知识管理:校本教研新途径

一、什么是知识管理

讲到知识管理我们先来谈一下什么是知识。众多学者都试图对知识进行定义,其中被较为广泛接受的是由 Tom Davenport 和 Lary Prusak 提出

的:知识是一种像流体一样具有流动性的物质,其中混杂了已经结构化的经验(framed experiences)、价值(values)、有特定含义的信息(context)及专家洞察力(expert insight)。

(一)知识的四个层面——四个"know"

知识可以分为:事实知识(know-what),指的是人类对事物的基本认识和掌握的基本情况;原理和规律知识(know-why),即对产生和发生的某些事情或事件的原因和规律的认识;技能知识(know-how),即能被应用于基本生产和生活活动的基本技能;经验知识(know-who),即知道是由谁创造的知识。第一和第二类知识被称为"编码知识",又称"显性知识",包括基本事实的描述和原理、规律,可以用语言记录并易于学习和传递;第三和第四类知识被称为"未编码知识",又称"隐性知识",往往是个人或组织经过长期积累而拥有的知识,通常不易用言语表达和传递,尤其是大规模传递起来比较困难。以电脑维修师傅的个人知识为例,电脑构成和各零部件的基本状况属于编码知识,而其本人的修理诀窍、对各品牌零部件的独特适用性的了解等都属于隐性知识。

世界经合组织(OECD)把知识分为:知道是什么的知识(know-what),主要是叙述事实方面的知识。知道为什么的知识(know-why),主要是自然原理和规律方面的知识。知道怎么做的知识(know-how),主要是指针对某些事物的技能和能力。知道是谁的知识(know-who),涉及谁知道和谁知道如何做某些事的知识。前两类知识,对于学校来说是显性的知识,容易编码、传播、共享、学习和应用,这类知识自己是不能创新的,必须由"人"结合个体的经验才能做到创新。而后两类的知识,对于学校来说,难以量化和信息化,按照知识螺旋结构,需要营造知识共享的氛围,提供一个相应的平台,才能实现对这类知识编码化,继而转化为显性知识。

(二)知识的转化与传递①

知识之间是可以互相转化与传递的,传递的过程包括:从隐性知识到

---

① 梁军妮.基于知识管理的网络学习资源设计[D].保定:河北大学,2006:6-16.

隐性知识——社会化(socialization),从隐性知识到编码知识——外化(externalization),从编码知识到编码知识——整合(combination),从编码知识到隐性知识——内化(internalization)四个过程,如图2-8所示:

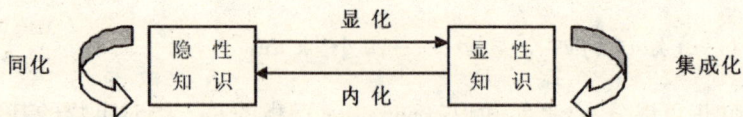

图2-8　知识转化模型图

在社会化阶段,实质上是隐性知识在不同主体之间的互动,是创造出来的隐性知识的共享,也是成员之间经验的共享。在外化阶段,被大家分享了的想象与创意能够通过语言、图表、模型、概念得到表达,并在成员之间传递。这种表达可以使用隐喻、类推法、演练与管理模拟等方法,这也是知识活动中最重要的环节之一。

显性知识向显性知识的转化,也称为知识的综合化过程,是一种把概念综合成知识系统的过程,是一种知识扩散过程,通常是将零碎的显性知识进一步系统化和集约化,将这些零碎的知识进行整合并用自己的语言表述出来,这样就能为更多的学习者共享,学生个人的知识就上升为组织的知识。转化的三个过程是:首先是搜索获得新的显性知识;其次,相互传递显性知识,使新知识在学习组织成员中传递;第三,编辑和加工显性知识,完成知识的转化,学习者完成知识的创新。如网络学习资源中显性知识向显性知识的转化过程是在网络条件的支持下进行学习的过程,是学生在网络平台上进行独立学习或者学生之间进行知识共享和相互学习的过程。教师通过网络将已经组织好的学习资源上传到网络平台上,学生除了可以学习这些知识之外,还可以通过搜索引擎搜索互联网上零碎的知识,将其系统化和结构化,这样就更容易实现知识的共享,使其成为学习组织的知识。

显性知识向隐性知识的转化,也称为知识的内化过程,是应用显性知识,并将其转化为隐性知识的过程,它通过做中学来体现。学生接收了新知识后,将其用到学习中去,创造出新的隐性知识。学生可以通过行动学习、培训或练习来获得学习组织的显性知识,并转化为自己的隐性知识。转化过程依赖两个方面:第一,显性知识必须具体化到行动和实践中,通过这种实践和行动的反复进行，显性知识逐渐变得内在化；第二，通过做的过程（如模拟和实验）来体现显性知识，从而实现其转化。如学生之间学习显性知识后的相互交流、相互学习，就是显性知识向隐性知识转化的过程。如网络学习资源中的显性知识要转化为隐性知识，也要依赖两个方面，首先，学生通过网络获得的显性知识必须具体化到日常的学习实践中，并在这种实践中反复进行，使显性知识逐步变成内在的隐性知识。其次，在网络中学生也可以通过模拟或者试验网络课程的内容，通过做的过程来体现显性知识，从而促进显性知识向隐性知识的转化。电子邮件、群件、讨论组、即时消息、E-Learning 等都可以帮助学生实现显性知识向隐性知识的转化。

隐性知识向隐性知识的转化称为知识的社会化，是共享经验的过程。其转化的过程是知识创新的过程。学生通过观察、模仿和亲身实践等形式学习教师或者同学的隐性知识，并通过交流和共享传递知识。良好的学习组织建设，亲密、和谐、相互关心的组织气氛和文化，是保证学生间隐性知识交流通畅的条件。如网络学习资源中隐性知识向隐性知识的转化，是通过网络实现知识共享的过程，是知识创新的过程。教师为学生创设良好的网络学习环境，帮助学生建立亲密和谐的关系，鼓励学生积极共享自己的知识。学生通过电子邮件、聊天室、论坛、即时消息等工具，观察、模仿和亲身实践等方式传递隐性知识。实现隐性知识与隐性知识相互转化的技术，主要有电子社区、电子邮件、群件、讨论组、即时消息、专家定位系统等。学生通过对网络提供的结构化、系统化的知识进行学习，并把它自觉应用到后面的学习中去，就会创造出新的隐性知识。

隐性知识向显性知识的转化是知识外化的过程，这是对隐性知识的显性描述，是知识创造的关键，因为它从隐性知识中创造出新的显性知识。人将自己的经验、技能、直觉和想象转化为语言可以描述和表达的内容，从而将感性知识提升为理性知识，将经验、想象转变为概念。将隐性知识转化为显性知识实际上是将个人的隐性知识转化为学习组织的显性知识的过程。隐性知识的显性化是一种表述隐性知识并将隐性知识转译为可理解的显性知识的方式过程。如网络学习资源中隐性知识向显性知识的转化是通过网络提供的工具，学生将自己的学习经验、直觉和想象转化为语言文字可以描述和表达的内容,或者将学习组织外的知识描述为本组织可以理解的内容,从而实现知识的相互转化和知识的创新。通过网络上的搜索引擎、全文检索、数据挖掘等技术,可以帮助学生将观点、意象等表达为概念、词语或者图像等。

（三）知识管理

知识管理就是以知识和知识活动为核心的管理,包括对知识的识别、获取、开发、传递、使用和存储。知识管理的目标就是使组织实现显性知识和隐性知识的共享,促进知识创新。知识管理是组织用来创造、储存与运用知识以促进组织绩效的一个过程,能有效地促进显性知识与隐性知识之间的相互转化,特别是促进隐性知识的外显化。知识管理的目标在于提升组织及组织成员的生产力和创新能力,进而提升组织的绩效。运用知识到知道如何做的任务上,称之为生产力;运用知识到新的不同的任务上,称之为创新。知道如何运用知识到特定的环境中并能够在不同环境中进行知识创新,这两项能力是提升学生素质的关键,更是组织竞争优势的关键。

二、知识管理的实施——学习型组织的建立

彼德·圣吉认为学习型组织是这样一个组织:"在其中,大家得以不断突破自己能力的上限,创造真心向往的结果,培养全新、前瞻而开阔的思考方式,全力实现共同抱负,以及不断学习、一起学习如何共同学习。"[1]哈佛大学教授大卫·加尔文认为:组织学习活动包括系统地解决问题,试验,从自己的过去与经验中学习,向他人学习,促进组织内的知识扩散等五项内容。

学习型组织有六大特征:拥有共同愿景(shared vision)。共同愿景来源于个人愿景又高于个人,能将不同个性的人凝聚在一起,朝组织共同的目标前进;拥有鼓励每个人自发学习、共同学习的文化氛围;组织和成员善于不断学习;个人自我管理能力增强、领导角色转变,组织结构扁平化。

---

① 王广宇.知识管理——冲击与改进战略研究[M].北京:中国经济出版社,2012:109.

学习型组织强调个人的创新能力、主动学习能力和自我管理能力,决策分散,组织的层级减少。组织领导的角色发生转变,更多地倾向于服务于组织,督促和协助组织学习;人力资源管理占有重要的地位。人员的智力资本是学习型组织的核心资产,人员的培训、激励机制的设立越来越重要,人力资源管理的地位得以加强;组织内部和组织之间建立同盟,形成灵活多样的"虚拟组织"。①

学习型组织强调知识的共享,除了组织内部的知识共享之外,组织之间结成"知识同盟"成为趋势,他们共享彼此的研究成果,进行显性知识交换甚至隐性知识交流。形式灵活的"虚拟组织"应运而生,根据项目需要,不同企业、企业的不同部门都可以成立临时的工作小组,他们之间的工作有很大一部分是在网络中完成的。

组织学习与知识管理所关注的焦点都是企业组织的知识资源,在如今知识经济的环境下经常被同时应用于理论分析与企业实践。一些学者在其研究中都认为随着理论和实践的不断发展,知识管理逐渐成为促进组织学习和创新的关键因素,是实施组织学习战略的一种有效方式。知识管理过程推动了知识的共享和交流,在组织内部维持连续的学习过程。有人认为,虽然知识管理和组织学习的目的都是获取和应用有价值的知识资源,但知识管理注重的是"内容",而组织学习注重的是"过程"。也有学者认为知识管理涉及更多的是信息技术,而组织学习则是在知识管理基础上的认知和学习过程(Bennet and Tomblin,2006)。从组织学习的角度看,学习是获取知识的过程;从知识管理的角度看,知识的管理需要有相应的学习活动来支持。有专家认为组织学习的社会观点应该与知识管理的技术观点相结合,组织学习对微观行为的关注可以补充知识管理过程中所忽略的社会因素,两者之间具有互补关系。学习的结果是知识的获取与创造,反之,创造、共享和应用知识的过程伴随着学习,组织学习与知识管理过程具有重叠的部分,知识的获取和创造就是两者之间重要的衔接点。学习型组织应该创造有利于结合组织学习和知识管理两种能力的组织环境,发展战略学习能力,通过有效利用组织的知识资源来提高

---

① 王广宇.知识管理——冲击与改进战略研究[M].北京:中国经济出版社,2012:112.

组织绩效。因此,知识管理和组织学习过程是在技术、认知和行为等因素的推动下,知识在个体、团队和组织层面不断演进的过程,两个过程互为补充,形成组织的战略学习能力,有助于获取和利用知识资源从而实现组织的战略目标。

三、基于知识管理的网络学习资源设计的策略①

(一)合理分类知识,促进知识转化

根据知识管理的思想,把网络学习资源分为教案、课件、网络课程、文献资料、题库等类型,这些都是显性知识。隐性知识是存在于学生头脑中的方法、经验、情感等,可以通过网络提供的论坛、聊天室、即时聊天工具和同学交流,在交流和共享的过程中促进显性知识到隐性知识的转化。

(二)应用已有知识,促进知识迁移

学生在学习的过程中,运用已有的知识和智慧,促进新知识的迁移和内化。首先要进行知识收集,把与问题有关的知识找到,然后阅读有关资料,向教师请教,建立可比较的模型。其次是以本学科知识为基础,设计出评价方案。第三,应用头脑风暴、论坛或者聊天谈话,进行知识应用的准备,帮助个人进行知识加工,形成应用知识的规则意识。知识迁移是由知识寻找、知识传递、知识应用和知识反馈四个环节构成的动态过程。运用知识管理工具,学生可以自主地建立和扩充知识序列,能够更清晰地认识概念的复杂关系。由于各类知识之间的关系可以按网状形式显示,这样就不会限制认知的顺序,可以让学习者从多个不同的角度进行认知,促进学生知识的迁移。

(三)教师知识总监,促进知识交流

根据学生的具体情况,建立组织的知识库,进而描绘出组织的知识图,在基于知识管理的学习资源设计中,教师就是这个学习组织的知识总

---

① 梁军妮. 基于知识管理的网络学习资源设计[D]. 保定:河北大学,2006:20-21.

监。教师是知识和学习的倡导者,了解学生的知识需求,制定知识策略,帮助学生成长,建立一个能够促进学生学习、积累知识和共享知识的环境。建立信息使用、信息更新的制度,检查信息更新的落实,设定信息处理的级别及相应的权限,保证知识库内容的质量,促进学生知识的积累、共享及创新等。

(四)建立激励机制,促进知识共享

在知识管理的过程中需要对知识分享、知识创造和知识积累进行激励。从创造成果的角度看,不应只着眼于个人创造的有形成果的多少,而应重视其在传播、协调新思想方面做出的贡献。为知识管理营造良好和谐的环境,使有利的环境和被激励的状态相互作用,才能使得个体能量充分释放出来。

(五)营造良好环境,促进知识创新

知识管理要求每位成员都认为贡献知识和与人分享知识是一种自然的行为。同时,应树立"以人为本"的价值观,尊重人的创造性,最大限度地激发人的创新力,把知识创新作为学习的目标,因人施教。在基于知识管理的网络学习资源的管理中,教师应该为学生建立良好的学习环境,在学习组织内形成和谐、平等的学习气氛,使学生更愿意将自己的知识与大家进行交流。

(六)学校文化重建,促进知识共享

知识管理的目标是实现隐性知识和外显知识共享。知识共享是指知识所有者与他人分享自己的知识,是知识从个体拥有向群体拥有的转化过程;知识创新,是指通过科学研究,获得新的基础科学和技术科学知识的过程,并把成果应用到生产与服务中去,使组织获得成功,社会获得进步。学校文化建设是知识管理成功与否的重要因素,只有树立共享意识,知识管理才能很好的得以实现。在目前普遍存在知识独享的社会意识下,进行校园文化的建设就显得尤为重要。可以说,学校文化是知识管理的载体,实施知识管理的根本依托在于学校文化建设,甚至可以说学校文

化建设是知识管理的深层次实践。基于知识管理的学校文化建设包括：建立信赖分享的文化、鼓励学习的文化、支持创新的文化、以人为本的文化。

当前发展力已成为个体核心竞争力的重要标志,而提升发展力的有效途径就是实施专业化发展。专业化发展,要求学校要真正站在学生、教师的位置上观察思考问题,不是急功近利去片面追求眼前的"考试成绩",应该着眼于学生的有效学习和学习能力的提升,教师的有效工作和教育专业技能的提升。学校的管理、课程设置、环境的创设及教育教学活动,都要有利于学生、教师生命的延续和发展。共同发展要求学校要认识到学校的发展需要教师的广泛积极参与,需要良好的民主机制,单纯的竞争和被指定完成式的工作不利于学校组织的发展,也无法使学校的能量得到提升。学校应该建立合作的团队,共同反思教学策略和学生的学习,创造分享教学策略的机会和共享知识的平台;共同反思学校的发展,构建共同愿景,形成学校、教师、学生发展共同体。

四、知识管理对教学资源建设的启示

教学资源主要是在整个教学过程中为达到一定教学目标、实现一定的教学功能而使用的各种资源(包括各种学习资料、媒体设备、教学环境以及人力资源等),这资源是教学系统中一切物化资源和非物化资源的总和。

(一)教学资源的共享与管理

集成化是指显性知识到显性知识转化的过程,是把集体中个体所表达出来的知识加以整合,形成具有一定系统知识的过程。在教学资源建设中,这实际就是教学资源共享和共同管理的一个过程。教学资源的共享可以减少资源的重复开发,它不仅是校内的教学资源共享,也包含了与校外的教学资源共享。校外的教学资源共享可以包括共享一些免费的教育资源网站,以及与其他院校、教育机构、企事业单位的资源共享。校内的教学资源共享指不同班级或不同学科间的资源共享,也指师生间的资源共享。教师提供自己的优秀教案、课件和教学实践等,学生提供自己的优秀作品。在实际情况中,有些教师或学生可能不愿意提供自己的优质资源,或者是各个学校资源建设规范不同而难以实现资源共享,因此要结合其他院校的情况建立一个适合本校情况的资源共享规范和资源共享激励机制,提高师生的集体意识和资源共享意识。

对于所拥有的教学资源,要利用信息技术并且采取合适的组织方式进行管理,可以按照学科或班级来组织资源库中的教学资源,以方便师生进行资源检索和查找。为了消除信息孤岛的现象和方便管理,各个组织部门应该使用统一标准的数据库技术来开发各自的资源管理平台,这方便了教学资源系统的维护和更新,节省了人力和时间。由于学生和教师是教学资源使用的主体,因此有必要让师生共同参与教学资源的管理,以最适合教师和学生的方式来组织教学资源。

(二)教学资源的反思与共建

同化是指隐性知识向隐性知识转化的过程,强调的是组织内和组织间的信息交流共享过程。在教学资源建设中,这实际是教学资源的反思过程。教学资源的反思主要表现在教师的教学反思上,教学反思是指教师在教学过程中通过教学内省、教学体验、教学监控等方式辩证地否定(即扬弃)主体的教学观念、教学经验、教学行为的一种积极的认知加工过程[①]。学校应该为教师提供一个进行教学反思的平台,让教师能够将个人在教学过程中的经历记录下来,能够为其他教师提供教学经验,同时平台不仅要有教师间的互动,也应该有师生间的互动,如师生跟帖回复。通过教学反思不断寻找和更新教学资源利用的新途径。

教学资源的共建表现在师生通过相互交流协作,共同建设教学资源。师生通过一些交流工具进行信息交流,深化对某一主题或任务的理解,从而激发创造新的教学资源灵感,这种交流应该包括个体间、组织间、学校间以及学校与社会的信息交流。因此,学校应该向师生提供一个信息交流平台,可以利用现在已经很成熟并且被广泛使用的博客、微博、论坛、QQ等交流工具,为师生提供多种交流渠道,以保证信息交流的畅通性。

---

① 钟启泉.现代教学论发展[M].北京:教育科学出版社,1992:178.

同时学校要定期组织师生进行跨组织或跨学校的资源建设交流活动,探求本校资源建设的优缺点;教师要组织学生进行基于问题、任务和项目的协作学习活动,并且适当地给出反馈,让学生在协作中进行交流与探讨,利用集体的经验智慧促进团体的相互协作能力、理解能力和资源创新能力。

(三)教学资源的解读与内化

内化是指显性知识向隐性知识转化的过程。在教学资源建设中,这实际是师生对教学资源的解读与内化过程。教学资源的解读主要指使用者对学习材料的理解。首先要向师生提供多渠道的资源获取路径和便捷的操作,以让师生能方便地获取到适合自己需要的、适合自己学习方式或是感兴趣的资源;其次,由于每个使用者的学习偏好不同,应该向师生提供各种形式的媒体资源如文本、图片、音频和视频等,以促进学习者能更好地理解所获取的资源,同时还要注意到不同资源的呈现方式;最后要为学习者提供实践的机会和学习情境,使得学习者在做中学和有情境的学。

教学资源的内化主要是指使用者将学习材料内化为个体知识体系的一部分。教学资源开发的过程中应该注意到使用者的特征如学习方式,以简化使用者将学习到的知识内化为自己的知识结构;同时,在学习者进行知识建构过程中教师应该给予适当的指导;最后,应该提高师生信息素养、媒介素养和视觉文化素养以提高他们的资源解读能力,更好地构建自己的知识体系。

(四)教学资源的创新与共生

外化是指隐性知识向显性知识的转化过程,是个体或集体对显性知识进行消化吸收后,形成自己的想法,并用适当方式表达出来。在教学资源建设中,这实际上是教学资源创新与共生过程。在实际情况中,有些教师或学生有很丰富的想法,但是由于不善于利用现代信息技术,难以将所拥有的知识表达出来,因此有必要向师生提供资源创新的工具如思维导图并进行相关培训,引导个体将自己的想法表达出来;其次,要鼓励个体和各组织相互协作,积极进行资源创新并形成一种资源创新的激励机制,个体要有资源创新和团体的意识,个体不仅是资源的使用者,也是资源的贡献者;再次,要进行校本研究,总结出教学资源使用过程中出现的问题,要根据学校的教学需求和师生的教学和学习特征开发合适的教学资源;最后,要提高资源开发人员的信息素养、媒介素养和视觉文化素养以提高他们的教学资源开发能力,根据本校的教学情况、教学理念、校园文化等创建出个性化的、适合师生需求的、具有本校特色的教学资源,以促进校内外人员对教学资源的共享和利用。最终形成具有小组、班级、学科、学校乃至区域性特色的教学资源,提高不同团体层次的资源竞争力,促进各层次和学校的教学资源共生。

(五)教学资源建设的过程

学校的教学资源建设包括教学资源的共享和管理、教学资源的反思与共建、教学资源的解读与内化、教学资源的创新与共生四个过程,四个过程分别依据了知识管理中知识的集成化、知识的同化、知识的内化、知识的外化四个知识转化过程的原理。教学资源建设的四个过程相互联系、相互影响,教学资源的共享与管理为教学资源的解读与内化、教学资源的共建与反思提供了基础,教学资源的反思与共建为教学资源的解读与内化提供了路径,教学资源的解读与内化为教学资源的创新与共生提供了保证;同时创造出新的教学资源又会再次进入教学资源的共享与管理环节,进行合理的资源组织,通过这样不断的循环过程促进学校的教学资源在更大程度上共享乃至共生,最终形成了如图2-9所示的教学资源建设流程图。

学校的教学资源建设应该是师生共同参与的资源共享、共建最终到达创新与共生的一个过程,不仅涉及校内组织内和组织间的资源共享与协作交流,也涉及校外的资源共享和协作交流。它不是一个简单的资源累积和提取过程,而是需要对学校所拥有的各种资源按照一定的方式进行组织管理;同时,需要明确教学资源建设的当前情况和目的,弄清楚学校拥有哪些资源,缺乏哪些资源,进行师生需求分析,开发出符合师生需求、具有本校特色的教学资源,还要最终提高校内外对本校的教学资源的共享程度和教学资源的利用率。

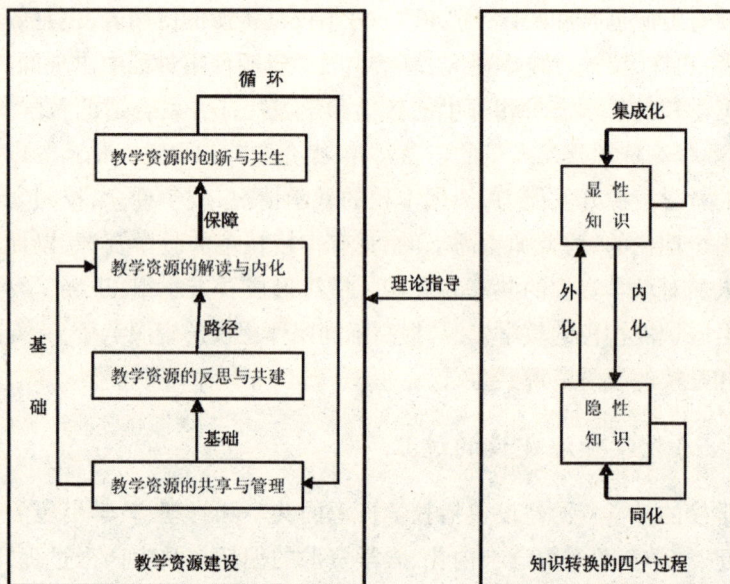

图 2-9 教学资源建设流程图

五、以知识管理促进校本教研

校本教研是"以校为本的教学研究"的简称,它是指以学校为基地,以学校内教学实践中的实际问题为研究内容,以教师为研究主体,以促进师生共同发展为研究目的,所开展的教学行动研究活动①。"校本教研"不仅仅是一种认识、研究方法和实践活动,更是一种"唤醒"、一种"体验",是一种"视界融合"和"对话文化"。从认识论的角度来看:校本教研是一种以校为本的教学研究制度。其内容涉及三个重要概念,即"为了学校"、"在学校中"和"基于学校";从方法论的角度来看:是一种研究方式,是行动研究,强调研究主体的观念、价值、目的,相信教学本身就是一种研究,研究具有情境性、非线性、多元生存性,是在行动中不断改善行为的过程。它借助于观察、反思、行动三要素以及它们之间不断的循环来实现行为的改善;从实践论的角度来看:是教师改善自身行为的反思性实践和专

---

① 王慧.开展校本教研 促进教师专业成长[J].中国石油大学胜利学院学报,2008(3):83-84.

业成长的过程。[①] 教师从事的实践——教学就是研究,教师面对着复杂的充满情感和想象力的不同个体——学生,要使教学真正促进每一个学生的成长,教学必须是研究。

(一)校本教研是教师专业成长的有效途径

校本教研的基本理念包括:学校是教学研究的基地,教师是教学研究的主体,促进师生共同发展是教学研究的主要目的。

校本教研促使教师角色的转变,由实践者转变为研究者,由管理者转变为引导者,由知识传授者转变为知识批判性分析者,由教案的执行者转变为教学智慧的创造者。[②] 教师个人、教师集体、专业研究人员是校本研究的三个核心要素,他们构成了校本研究的三位一体关系,教师个人的自我反思、教师集体的同伴互助、专业研究人员的专业引领是开展校本研究和促进教师专业化成长的三种基本力量和行为方式,缺一不可。

1. 自我反思

反思不是一般意义上的回顾,而是反省、思考、探索和解决教学活动中存在的各个方面问题,具有研究的性质。反思是教师以自己的职业活动为思考对象,对自己在职业活动中的行为以及由此产生的结果进行审视和分析的过程,内容是反思师生在课堂上教与学行为的得失。反思分为教学前、教学中、教学后三个阶段:教学前的反思是凭借以往的教学经验,对新的教学活动进行批判性的分析,并作为调整性的预测;教学中的反思,是指对发生在教学过程中的问题及时发现、自动反思、迅速调控;教学后的反思,是在某一教学活动告一段落后,在一定的理念指导下,去发现和研究过程中的问题,或者对有效的经验进行理性的总结和提升。反思的内容包括:教学目标是否达到;教法与学法是否科学;教学中出现哪些教学灵感与顿悟;学生出现哪些意想不到的障碍和"闪光点";这堂课最大的成功之处和失败之处在哪里;这堂课今后在备课和教学时应在哪些方面有待改进和创新。

---

① 王慧.开展校本教研 促进教师专业成长[J].中国石油大学胜利学院学报,2008(3):83 - 84.

② 闫东霞.走校本教研之路 引领教师专业成长[J].考试(教研),2011(3):81.

2. 同伴互助

同伴互助是教师与同行的对话,是校本研究的标志和灵魂。校本研究强调教师在自我反思的同时,开放自己,加强教师之间以及在课程实施等教学活动上的专业切磋、协调和合作,共同分享经验,互相学习,彼此支持,共同成长。同伴互助的类型包括组织型和自发型两种类型。组织型是指学校有目的、有计划组织的研讨活动;自发型是指教师本人主动与教学伙伴(或学校管理者或同仁或专家)进行研讨,这种研讨不拘时间、不拘地点、不拘形式,可随时发生,也可随时结束。同伴互助的实质是教师作为专业人员之间的交往、互动与合作,其基本方法、形式有对话、协作、帮助。对话主要指信息交换、经验共享、深度会谈和专题讨论。协作是指教师寻找伙伴共同承担责任完成对某个问题的研究任务,既有共同的研究目的,又有各自的研究责任。协作强调团队精神,群策群力,第一要发挥每个教师的兴趣爱好和个性特长,使教师在互补共生中成长;第二要发挥每个教师的作用,每个教师都要贡献力量,彼此在互动、合作中成长。帮助是指教学经验丰富、教学成绩突出的优秀教师,指导新任教师或教学能力需要提升的教师,发挥传、帮、带的作用,使其尽快适应角色和环境的要求。骨干教师通过"老带青"、"结对子"等教师之间日常的互相合作形式发挥积极作用,防止和克服教师各自成为战和孤立无助的现象,实现共同提高的目的。

3. 专业引领

专业引领主要是指各层次的专业研究人员对校本教研的介入。校本教研虽然是以学校教师为主体,是在"本校"展开的,但它不完全局限于本校内的力量。由于校本教研是在一定理论指导下的实践性研究,缺少先进理念的引领,就可能困于经验总结水平上的反复,甚至导致形式化、平庸化。专家、学者的指导,包括学校与大学建立伙伴关系,通过建立研究或实验基地,指导学校的教改实验和推行研究者的实验成果。校本是开放的,不是封闭的,除了大学与学校的平等合作以外,还要注意校际间的交流。

专业引领的主要形式有学术专题报告、理论学习、辅导讲座、教学现场指导以及教学专业咨询(座谈)等,每一种形式都有其特定的功用,有助于达到某种目的,但就其促进教师专业化成长而言,教学现场指导是最有效的形式,也是最受教师欢迎的形式。实践证明,专业研究人员与教师共同备课(设计)、听课(观察)、评课(总结)等,对教师帮助最大。

(二)校本教研的策略

1.“引领与激励”是校本教研制度建设的基本功能特点

校本教研制度每一条款的制定与实施,都是为了能够引领教师的教研行为走向科学化和规范化,激发教师的校本教研内需,促进教师积极主动地去实施校本教研行动,教师按照这样的行为来开展研究,能够解决自己关注的问题,取得实效并体会到校本教研带来的自我提升感、职业成就感。

2.“人人平等”是校本教研制度建设的基本文化特征

首先,在校本教研制度建设中,无论是条款的制定还是具体行为成效的检查评估,制度范围内没有例外。其次,在研究过程中,引领者和被引领者地位平等,言语权利平等,学术主张权利平等,研究过程是一种对话过程,而不是以引领者的强势来迫使对方接受自己的观点。

3.“人性化”是校本教研制度建设基本的底线要求

制度条款的制定与实施,应该考虑到教师的工作实际——包括教师的基本需求、时间、精力、硬件条件、文化背景等,体现对教师的一种人文关怀,从教师的基本实际出发,关注教师的情感实际、生活实际。要求的层次性、基本水准的渐进提高、评价的刚性与柔性结合并注重引导教师自我积极体验,是实现“人性化”的基本手段。

4.“体制转变、部门协调”是校本教研制度良性运行的外部保障

校本教研制度运行虽然是学校内部的事情,但是,离开了外部的保障便没有了必要的支撑条件。所以,要使校本教研制度良性运行,必须从更高的层面来解决“体制转变和部门协调”的问题。

(三)校本教研的实践

1.从案例入手——推动以即时案例为载体的个体反思研究

案例是教学理论的故乡,是教学问题解决的源泉,是教师专业成长的阶梯。教师在日常教学中应重视教学案例的搜索和积累。一个教师只有通过实践,见识更多的具体案例并对这些案例进行具体剖析,才能更完整、更准确地把握和驾驭教材,提高自己的辨别力、鉴赏力,才能真正提高自己的课堂教学水平。

2. 从课例深入——推动以课例为载体的课堂行动研究

规范"说课、上课、评课"三课制度。在教研活动中设置三个不同层次组成的课堂教学研讨体例:精品课——学科带头人、教学能手、优秀教师执教,展示优秀教师的先进理念和精湛的教学艺术。教研课——围绕某一课题而设,可按课题实际需要安排,主题明确,采用集慧式备课,或一人上一课,众人研讨,或多人上一课,博采众长。家常课——一般教师上课,旨在提供"原汁原味"的课堂,发现课堂中潜在的真实问题,共同寻找研究点,共同商讨、共享经验、共享成果。

3. 以互动研讨为主要形式——推动专题性研究

"骨干教师小专题研讨":利用骨干教师深邃的教学思想方法、娴熟的教学技能和实践水平,提高课堂教学质量、解决教学中的疑难问题,精心做好准备,组织教师开展交流,接受教师的咨询①。"专家型教师教研课题引导":利用专家型教师敏锐的学术眼光和较高的理论、实践水平,捕捉教学改革中的热点、难点问题,精心准备,组织教师开展课题研究,接受教师的咨询。

第五节　教师 BLOG:中小学教师网络教学新思路

一、什么是 Blog

Blog 全名 Web log,中文意思是"网络日志",后来被缩写为 Blog。Blog 是继 E-mail、BBS、IM 之后出现的第四种网络交流方式。Blog 可以说是网络时代的个人网络日志。它是信息技术时代下新的生活方式、工作方式和学习方式的代表。

---

① 马驰.校本教研实践策略的探讨[D].长春:东北师范大学,2006:14-21.

Blog 的形式有很多种，大体可以分为基本 Blog、协作式 Blog 和智库式 Blog 三个大类。基本 Blog 相当于一个个人的 Blog，是博主根据自己的喜好和想法就任何一个话题发表自己的观点和看法，形式比较简单宽松，没有特殊的要求。协作式 Blog 是由基本 Blog 发展而来，和基本 Blog 的不同在于，协作式 Blog 的编写可能不是一个人，而是一群人对同一事件发表不同看法的过程。因此，这就使得协作式 Blog 不是对单一的博主开放，而是对特定的一群人开放，不仅博主可以发表文章、评论观点，也允许对这一事件感兴趣的其他任何成员参与讨论和创作①。智库式 Blog 也叫做 K-Blog，这种形式的 Blog 主要针对大型的企业或者群体，使得企业可以有效地控制和管理那些原来只是由部分工作人员拥有的保存在个人设备中的信息实现共享，是知识管理广泛化的发展趋势②。

和传统网站相比，Blog 有着更大的吸引力。它可以在每次访问的时候都提供更新过后的可读、可视的新内容，也使得各成员之间的联系更加方便。从 1997 年 Blog 雏形出现至今，短短的时间里，Blog 的发展速度远远超出了最初的估计。在如今这样高速发展的信息时代，对于新闻媒体而言，Blog 作为一种新兴的信息传播媒介，有着传统媒体无法替代的作用。随着 Blog 技术的不断进步和发展，Blog 的应用领域也在不断地延伸。除了最先出现的娱乐功能，Blog 在商业领域和教学领域也在不断发展，了解并熟练掌握 Blog 技术，并将其恰当合理地运用在实际的教学实践中，已经成为未来教师专业成长所必不可少的新途径。

二、Blog 给教育教学带来的变化

随着现代教育技术和学科教学的整合，Blog 在教育中发挥的作用也越来越明显。与传统的课堂教学和网络自主学习相比，利用 Blog 的教学有着以下几点显而易见的转变。

---

① 魏霞. 基于 Blog 的网络协作式学习模式的构建[J]. 中国医学教育技术，2006(6):491 - 492.

② 刘艳，陈云辉，谢百治. 基于 Blog 支持的知识管理[J]. 中国医学教育技术，2005(2):159 - 160.

（一）课堂教学策略的转变

在传统的课堂教学之中,教师是课堂教学的主体,学生则是课堂教学的客体。即教师围绕着如何教,将需要学生学习掌握的学习内容通过客观讲授的形式传授给学生。学生作为知识的接受者,被动地接受知识。教学策略围绕着如何教而定,学生的主体作用不明显。利用 Blog 进行教学使得传统课堂上的师生关系发生了变化。学生通过积极主动的网络查找,自己获取将要学的知识内容。教学策略转变为如何学,学生的主体地位得到了凸显,因此教学活动就从教室的面对面活动转变为了人机互动、生生互动,使得学生有了表现自我的机会和空间,学生的学习欲望和学习积极性得到了极大的提升。

（二）教学组织形式的改变

利用 Blog 进行的教学使得学生的学习方式以学生个性化学习、在线学习以及小组交流为主。教学组织形式由传统课堂教学的面对面讲授转变为面向解决实际问题的探究活动,具有移动学习的意味,更加符合新课程改革的需求。

（三）教学评价模式的转变

在传统的教学过程中,对学生的评价是以考试分数决定的。这种单一的评价方式,只能得到单纯的结果却无法预见原因,即只能知道学习者最终的成绩优劣,却无法知道学习者成功和不足之处。这样的评价方式容易使得学习者对学习产生懈怠感和沮丧感。解决这种单一评价模式缺陷的方法就是采用面向学习者学习过程的评价方式。利用 Blog 进行的教学即采取了这样的过程式评价。在利用 Blog 进行的教学中,每位学习者都有自己的 Blog,学习者所在的小组、班级也都有着与之相关的 Blog,那么学习者就可以在自己个人或者小组班级的 Blog 中找到自己学习过程中的各种表现,从而便于学生发现自己的优点,在今后的学习中改正自己的不足。而教师则可以根据这种成长记录,并结合学习者在班级 Blog 中的表现和贡献率给出客观的全面的过程性评价,从而避免了单一考试带来的片面性评价。

三、Blog 在教育教学中的应用

结合 Blog 给教学领域带来的种种转变,Blog 在教学之中的应用也随之而来。结合各教育技术专家的理论研究,将 Blog 在教育教学中的应用归纳为以下几方面。

(一)作为学生个人电子文档系统

Blog 可以为学生的整个学习过程提供全程的记录,学生可以利用它写日记,收集和学习相关的资料,记录自己相关的灵感,记录读书笔记。而教师也可以通过学生的个人 Blog,了解学生的思想动态,学习情况。因此,Blog 教学可以和当前学生的电子档案袋相结合,作为学生的个人电子文档系统,全过程记录学生的成长变化。

(二)作为教师的个人电子备课本

Blog 在教育教学中的应用不仅体现在学生的身上,对于教师也有着极大的作用。Blog 可以记录教师的教学心得,作为教师的电子备课本。教师每年都会面对不同的学习者和学习环境,因此教学策略也不尽相同,不同的教师教学感受和心得也不尽相同。教师们可以利用 Blog 这样一个平台将自己的教学心得、备课体会等教学经验和大家分享,促进教师间教学资源的共享,更好地服务于教师行业。

(三)作为学生学习的信息过滤器

在信息技术高度发达、信息爆炸式增长的时代,网络上充斥着各种信息,其中无疑包含了众多有效信息,但冗余信息和不良信息同样存在。学生作为抵抗信息危害能力较差的学习者,很难在泛滥的信息之中挑选出符合自己要求的信息。针对这样的现象,教师可以利用 Blog 教学很好地将过滤后的网络信息传递给学生,以免学生受到不良信息的影响。学生则通过 Blog 将信息传递给其他的学习者,从而提高知识的获取效率。

(四)作为协作学习的开放平台

由于 Blog 的教学形式是一个较为开放的形式,更看重参与的过程而非结果,因此 Blog 教学为学生提供了更为开放的学习环境。教师可以以小组协作的方式为学生布置学习任务。学生在 Blog 开放的学习环境之下,可以自由积极地围绕教师的话题进行讨论。教师在讨论环节中可以适时引导,从而促进学生协作学习的效率,同时提高学习者的学习积极性。

(五)提供丰富的学习情境

与通常只提供参考资料的一般教辅网站相比,Blog 为学生提供了更为广泛的背景资料和模拟情境。在教师提供了一个具体的讨论问题时,学习者通过回帖和评论的方式进行讨论。在这个过程中,学习者的思维想法从最初的粗糙、不成熟逐渐被引导为细致、成熟。在讨论过程中,学习者是通过怎样的途径思考,一步步得出正确结论的过程都可以毫无保留地呈现。一方面使得学生真正掌握了解决问题的方法,另一方面也使得教师对学生的学习状况有了充分的了解,更加符合新课改对学生能力素质的要求。

四、微博在教育教学中的应用

微博(Micro-Blog,微型博客),是一种基于互联网用户关系的信息传播与信息共享平台,用户可以通过浏览器、手机、即时通讯软件及外部应用接口等多种渠道发布 140 字以内的信息。由于微博所具备的即时性、碎片化、聚合性的传播特性,使其成为引领当代信息社会微革命的领航者①。

作为当代信息微革命的领航者,微博在这场信息革命中最鲜明的特点就体现在它所提倡的即时性、平民性等理念,这给当代信息界带来强有

---

① 温淑霞,李隆庚.基于教育 BLOG 的协作学习研究[J].教学与管理,2006(21):141 – 142.

力的冲击,也同样为传统的教学理念注入了新的元素。和传统媒介相比,微博有着简单易用、即时性、现场感、互动性强的特点。不仅降低了对用户的相关要求,节约了时间成本,更加契合现代社会快节奏的生活方式,而且以其强有力的交互性被更多媒体所青睐,同时也越来越多地被引入到社会生活生产的各个方面。随着微博的不断发展,微博应用于教育教学领域已成为一种必然,结合微博的功能特点,微博在教学中的应用体现在以下几个方面:首先,改变了教师的教学组织理念。教师利用微博组织学生进行网络学习,学生在教师的指导下结合自己的学习情况自主选择进行独自学习、小组学习还是教师辅导学习。从某种程度上说,教师不再将自己的教学组织局限于单纯的课堂教学模式,而是将学习拓展到了除教室之外的第二课堂,引导学生在微博中开展一种广义的混合学习。其次,改变了教师的教学模式理念。传统课堂上,通常采用的是以教师为主体的教学模式。知识的传授主要通过老师的讲授来进行,相关的教学辅导也是通过课堂上面面对面提问解答来解决。在教学中引入微博,使得教师的教学更多的以学生作为学习的主体,更大限度地激发学生在学习中的主观能动性,采用以学生为主体、教师为主导的教学模式。让学生在微博平台上根据老师的引导自主讨论、共享资源,促进了学生自主学习的形成,也使得教学更加符合现代的自主学习理念。最后,改变了学生的学习理念。由于微博的即时性、平民性的特点,使得每一个创建微博的人都以当事人的身份参与其中。这样的转变,很大程度上使得学生以一个积极的参与者而不是单纯的信息接受者身份参与到学习之中,为广大的学生提供了一个平等开放无差异的学习环境。这不仅极大地提高了学生学习的主动性和积极性,更照顾到了不同学习者的特征,使得不论内向还是外向的学生都可以无障碍地在同一个平台进行学习交流[①]。

　　作为新兴的传播媒介,除了在教学理念上给教学带来新鲜的血液,功能丰富的微博作为工具出现在教学中,为教学提供了更多的便利。这里以新浪微博的相关功能为例,从五个方面阐述微博作为工具在教育中提

---

　　① 张慈珍. 基于 Blog 的网络协作探究学习模式在教学中的应用[J]. 中国教育技术装备,2009(24):130 – 131.

供的便利。

平民化的交流平台,拓展了课堂学习,为学生提供一个平等开放的学习环境。微博的申请与使用非常简单,对于用户的文字功底和操作技能也要求相对较低。所有学生都可以在这个平台上畅所欲言,有利于学生想象力和创造力的发展。教师在微博中通过参与话题讨论、回复疑问信息融入到学生的自主学习之中,一方面引导了学习讨论方向,另一方面保证了学生自主学习的效率。

多样化博文与收藏功能,为教学提供了丰富的资源。首先,微博支持多种形式的博文发布,不论是文字、图像、音频、视频,都可以无阻碍地在这个平台上进行发布交流。其次,微博所具有的收藏功能则可以根据用户兴趣选择将有用的信息收藏起来,方便下次的阅读使用。作为教学中的微博,这为教学提供了丰富多彩的资源,令微博不仅局限于交流平台的层次上,更作为一个资源平台,为学生的学习提供了多种形式的学习材料。

微群、粉丝功能,促进了小组协作学习的发展。微博作为一个开放的交流平台,可以通过互加关注的方式和其他学生保持相对的联系关系。使得具有同一兴趣爱好的学生可以聚集在一个开放平台中,通过相互交流、发布博文等方式共享学习资源。而在教学中,教师以群主的身份创建微群,将自己的学生加入到统一的微群之中,在微群中发动讨论。组织学生分小组对学习中的相关问题进行主题讨论,也可以就课堂上的重难点进行疑难解惑。这样,一方面强化了课堂学习的效果,另一方面则促进了课后学习和小组协作学习的进行。微博中的私信功能,可促进点对点辅导的深入进行,除了普通的发布博文和评论功能外,学生还可以同时和几个求助对象共同讨论问题,也可以单独询问自己想询问的对象而不被其他互加关注的人所知晓。这样,通过私信功能,学生可以在课后单独向老师或同学询问自己在学习上尚未掌握的问题,促进点对点教学辅导的进行,而不需要受上课地点、上课时间和授课老师的限制。

近距离接触教育名家,和教育学者共同学习进步。微博的名人堂和关注名人功能使得众多的普通学生可以通过这一平台近距离的和名人专家、学者教授接触。通过关注这些学者教授、专家名人和著名学校的网络公开课等公开微博,激发学生学习的动力,拓展学生的眼界,促进网络学习的效率。

转变教学评价方式,更新教学理念。首先,微博转变了教学评价观念。传统的教学中,教学评价一直是以教师为主的总结性评价,通常将学生的考试成绩和老师观察的课堂学习行为作为最终的评价结果。微博在教学之中的应用,使得学生的课堂在无形中得到了拓展。学生的学习不会只停留在课堂学习上,更多的也是第二课堂中得到了体现。这使得教师的评价也从课堂学习拓展到课外学习中,为教师的评价提供了更全面的观察角度,有效地解决了总结性评价中存在的只重结果不重过程的问题,促进了形成性评价在教学评价中的发展应用。其次,转变了教学评价方法。由微博带来的新形式教学第二课堂,使得教师可以将教学评价分成教师评价、同学评价和自我评价三个部分。教师在进行教学评价时,通过组织学生相互观察同学在微博话题讨论中的发言、评论和提出问题的频率、价值等情况对学生进行同学之间的互评。通过制定自我反思表,让学生对学习过程中的自己进行自我评价,而教师则作为教学活动的组织者,一方面通过学生的学习成绩,另一方面通过观察学生在微博上学习的情况进行综合性评价。从而从三个不同的角度对学生的学习进行全方位、多角度、更客观的评价。同时,这项基于微博的评价工作不仅仅可以放在学期末进行,也可以在每个主题学习中展开,让学生在每一个主题讨论结束时进行这种维度的评价工作,从而促进客观全面的评价方式的形成①。

综上所述,微博作为新型的传播媒介,可以同时促进教师和学生相关理念的转变,促进网络环境下的自主学习、协作学习的发展。而作为教学工具,微博则以其强大的功能体系为网络时代的教学带来了种种快捷和便利。在教学评价中,微博从不同的维度促进了教学形成性评价的形成,使得教学评价更加客观、更加全面。在不久的将来,微博作为新时代的信息交流工具,必将在教学领域带来更多的冲击和激励!

---

① 郭影强. 基于 BLOG 的协作学习行动研究[D]. 北京:首都师范大学,2005:15.

五、Blog 在教学中的应用案例分析①

将 Blog 整合到学科教学的尝试,其理论依据是"信息技术与学科整合"的思想。Blog 作为一种新兴的网络交流方式,其独特的文化性(思想共享)和"零技术性(无需专业的网络技术知识)",使得它可以在教育教学中应用,促进学科教学。

(一)积累教学资源

新课程《科学》有一个很明显的特点,就是教材中的文字内容变少了,而留给学生思考和探究的内容增多了。利用 Blog,学生可以将自己在网络或在其他地方搜集到的与学习有关的图片、动画、视频和文本资料等通过整理发布到固定的 Blog 空间中去,便于集体学习、共同进步;教师可以将自己的教案、课件和自己搜集的其他与教学有关的资源也发布上去,便于学生学习和与其他教师的交流。由于在 Blog 中,信息既可以按照时间顺序排列,也可以按照类别排列,又具有搜索功能,所以对于各种教学资源的查阅非常方便,省去了大量搜索资料的时间。

案例:

以浙教版八年级《科学》第三册"动物行为"的研究性学习课题为例:小明(化名)同学家里有一只小狗,他想给这只小狗取一个名字,通过叫这个名字小狗就会跑过来。所以他选择了"为小狗取名"的课题,接着他设计了一个训练的方案,并把这个方案放到了他的 Blog 中。教师和同学通过 Blog 首页可以找到并浏览他的方案,并对这个方案的可行性展开讨论,进行分析,然后以留言的形式发表。小明参考这些留言,对自己的方案进行修改,接着就按照方案对小狗的行为进行训练,并把训练过程中得到的小狗行为的变化等信息输入到他的 Blog 中。经过一个多月的观察、记录和分析,小明发现他的训练得到了成功,

---

① 杨松耀. Blog 在《科学》中的整合应用案例[J]. 中国远程教育,2005(3):62−65.

于是他总结前面写在 Blog 中的各种信息,写成了研究报告,并把这个报告也放到了他的 Blog 中。而在写这个报告的过程中,他又可以"求助"于同学和教师;在完成报告后,他又可以展开更深层次的交流,因为同学们选择的动物一样,但有的同学没有成功,于是他们在 Blog 中共同就成功和失败进行总结,从而得出动物的先天性行为是很难改变的,而对于某些后天性的行为却可以通过学习而得到。

在上面这个案例中,获得成功的小明和一些没有成功的同学都经历了"做"科学这个过程。同时,他们也运用了各自的方法,有的成功,有的失败,结果都使他们明白了科学假设、科学方法和科学分析的重要性,也同样使他们体会到了充满乐趣的过程,提高了科学探究的能力。

(二)进行思想交流

教学活动是教师和学生双边交流的活动,新课标《科学》要求重视"科学内容和科学过程"的结合,教师只有在平时多接触、多了解学生,才能知道学生在做什么、想什么。Blog 给学生提供了一个表达自己思想的空间,而这个空间又是公开的,所以教师可以初步了解学生的所思所想,便于展开个别辅导。同时通过 Blog,学生可以对某一个问题进行同学间的讨论,也可以和教师进行讨论,在学生和学生、教师和学生、教师和教师的讨论中,问题最终得到解决,从而可以让学生体会解决问题这个"科学过程"的乐趣。在上面这个案例中,小明借助 Blog 这个思想交流的平台,在整个研究性学习的过程中都与同学和教师保持着思想的交流,从而使他可以从同学、教师的留言中得到启发,及时修改方案并付诸实施,正是师生间的互动和交流,使小明的研究得到了成功,体会到成功喜悦的他会更加愿意与同学合作,从而使大家的交流能力和合作能力得到了提高。

另外一种思想交流形式就是教师自己有目的的网上学习。由于 Blog 内容具有"专业性",许多"博客"仅仅是对某个问题或某些方面进行研究和讨论的,所以在这些 Blog 中,教师可以在极短的时间内找到自己所需要的信息。以中国教育人博客为例,它设置有"语文教育"、"数学教育"、

"物理教育"、"化学教育"等各科教育分类,在相应的分类下,又有"教学理论"、"教学案例"、"教案"、"资源链接"等教师博客,还有教师对某一问题的探讨、浏览和讨论的过程同样是教师思想交流的过程。

(三)进行教学反思

教学反思是教师成长和自我发展一个必不可少的环节,新课标所提供的教学内容很大一部分需要我们教师自己去思考、去发现(也就是所谓的"教师即课程"),教师只有不断地进行教学反思,才能发现问题和解决问题,从而使自身得到发展。Blog 提供的是一个按照时间顺序排列的叙事式教学研究工具,同时又可以按照内容进行归类,适合教师进行教学反思。

下面是几位教师的谈话,他们从不同角度对 Blog 在教学反思中的作用做了分析:

> 甲(普通学科教师):我每天花几分钟的时间把学生在课堂中出现的问题记录到我的 Blog 中,进行初步反思,并在适当的时候对问题进行归类,做更深层次分析,找出原因所在。一个学期下来,我发现我积累了许多学生在学习中容易出现的问题,为我积累了许多"典型例题",而且这些资料查阅起来十分方便,不需要像以前那样在纸堆里翻阅许久才能找到;同时也为我积累了新课程教学过程中需要注意的问题,为我下学期的教学提供了必要的准备。

> 乙(刚上讲台的新教师):由于经验不足,在课堂教学和学生管理中总会出现一些小小的问题,借助 Blog,我可以把平时出现的种种教学失误都写到我的 Blog 空间中,加上我自己的感想即初步的反思,再由老教师根据我出现的问题和我本人的想法来分析产生失误的原因和应该注意的问题。经过一段时间的"网络会诊",我发现自己的教学能力和课堂管理能力都有了很大的提高。

> 丙(教学经验丰富的老教师):借助 Blog,对年轻教师的"传

帮带"我们可以采取更加灵活的方式进行了，由新教师先记录教学过程中出现的问题并自己分析问题，再将这些问题和分析都发布到 Blog 中，我们只要分析这些信息就可以对新教师进行指导了，没有必要像以前那样长时间地"蹲堂"指导；另外，通过新教师自己先分析问题，我们的指导会更有目的性，从而也就提高了"传帮带"的有效性。

Blog 作为新兴的学习资源和学习工具，在教育领域已经有了较多的应用，将其整合到具体学科教学中就是其中之一。新课标所倡导的"学生主体"、"伙伴式的团队文化"、"全面评价"和教师的"专业化"都可以在 Blog 整合应用中充分体现。

第三章　信息化的资源平台

"社会一旦有技术上的需要,这种需要就会比十所大学更能把科学推向前进。"

——恩格斯

"信息化资源平台是书本的一种延伸"。信息化资源平台的优化,必须以优质教师资源建设为核心,结合教学过程中的各个环节,充分发挥教学互动作用,实现教学资源的有效利用和共享。信息化技术越来越多地运用到"数字校园"建设中,通过与校园现有平台和资源紧密结合,建立学校、家长和学生之间互动、沟通与资源共享的信息化平台,尤其是建立了丰富的教学资源平台,给学生提供了一个广阔的学习空间,推进教育的均衡发展。

第一节　CAI 课件及其在教育教学中的应用

随着当代计算机技术的发展和普遍使用,多媒体教学已成为现代化教学手段的主要标志[①]。CAI 在课堂教学中的广泛应用,使传统的教学模式、教学思想、教学内容以及教学结构均产生了巨大的变化,并被人们誉为继文字出现、学校创立、活字印刷之后的第四次教育革命[②]。CAI 课件引入课堂,给教学改革注入了生机,调动了学生的学习兴趣和学习积极性。但究竟 CAI 课件在教学中的效果怎样? 如何完善 CAI 课件在教学中

---

① 沈茹.高校多媒体教学勿"喧宾夺主"[J].时代经贸,2007(6):176-177.
② 杨丽华,吴松岩.也谈课件与积件[J].呼伦贝尔学院学报,2008(5):103-104.

的应用？有待我们一线教师做进一步的探索。

一、CAI 与 CAI 系统

CAI(Computer Assisted Instruction) 是"计算机辅助教学"的简称,它是一种利用计算机的各种功能和特性,通过人机交互让学生实现有效学习。CAI 虽然被广泛译为"计算机辅助教学",但从目前的实践来看,其辅助教学的范围远远大于 CAI 的本义。CAI 系统是以计算机为基础,教授双方共同参与的教学系统,是计算机多媒体、网络技术在教育领域应用的成功典范,是现代教育思想、教学手段、教学方法重大变革的有力保障,是利用远程教育进行培训、学习,实施终身教育的基础平台,是社会现代化发展的必然产物[1]。CAI 系统包括以下三个部分计算机软硬件、教学内容以及课件,其中课件起到了重中之重的作用。在教学实践中,CAI 系统具有一定的优势,其体现在:[2]

交互性与个别化教学:在良好的人机界面导航机制作用下,由于 CAI 系统的交互性,可以充分发挥学生的能动性使其更加积极学习,主动参与学习过程。学生还可以自行选择学习内容,控制学习的步调和速度,因而,可以做到因材施教实现个别化教学。

内容的形式多样化:CAI 系统的教学内容的表现形式多样,不仅可以运用图形、文字及各种动态形象表达教学内容,还可以通过声音模拟进行教学,集图、文、声于一体,从而提高教学的效率和质量。

广泛的适用性:只要具备相应的软硬件,CAI 不仅适用于校园教育,还适用于家庭教育和社会教育,通过计算机网络,还可以有效地应用于远程教育。它不仅适用于各门学科的教学,还适应不同层次学习者的需要,具有极为广泛的适用性。

数据容量大,信息读写速度快:随着计算机技术的发展,大容量的存储器使得 CAI 系统能够存储大量的数据。CPU 运算速度和存储器读写速度的提高,使得 CAI 信息的读写时间极其短暂,能够及时提供教学信

[1]　程巍巍. 浅析网络 CAI 课件设计原理[J]. 电脑知识与技术,2009(13):3 571 – 3 572.
[2]　程巍巍. 浅析网络 CAI 课件设计原理[J]. 电脑知识与技术,2009(13):3 571 – 3 572.

息,并能及时测定和评价学生的学习效果。

能模拟可通信:随着计算机虚拟现实技术的发展,使用 CAI 系统来模拟教学实验过程、模拟训练、教学演示已成为现实,如果把 CAI 系统与通信设备进行连接还可以建立 CAI 网络,使学习者能够互相交流,共享系统资源,从而有效地进行远距离、大范围的交互式教学。

能将复杂问题层次化:科学的概念、定理定律并非通过简单的讲解就能被学生理解,如果能把所涉及的问题划分为若干个相互联系的部分,通过彼此间的逻辑关系就能把复杂问题层次化。CAI 课件通过控制图文显示的时间与次序、窗口切换等功能,可以达到控制教学过程,掌握教学节奏的目的,便于实施层次化教学。在教学过程中为了表现某种形式或关系,经常会使用静态图形,但静态图形无法表现出其中的动态联系,而 CAI 可以通过预先设计的程序,利用参数的变化实时绘制图形,动态描述静态图形的产生及图形的结构。CAI 还有跟踪或演示过程的功能,利用计算机高速处理信息的特长,能够跟踪演示某一高速过程,并且能自主地改变其发生速度,同时 CAI 还能保证安全环境下的化学变化过程的演示,变抽象为形象。

二、CAI 课件设计与制作

制作 CAI 课件目前可采用多种软件,较简单的软件如 PowerPoint,较复杂的软件如 Authorware、Director 等,效果不能一概而论,应根据个人的情况及课程要求选择相应的软件。CAI 课件的设计与制作是一个将各种信息融合的过程,它直接影响课堂的教学效果。目前在 CAI 课件内容的设计与制作上有以下几点需要注意:

(一)CAI 课件不应是教案简单电子化

课件内容的设计不能照搬教案,有不少教师看中 CAI 教学可以不用板书这个优点,将教案制成 CAI,上课时对着教案进行讲解。但这种教学方式相当枯燥乏味,文字太多,并没有充分利用计算机的媒体优势,教学效果差。基于此,课件的设计在内容上应以教案为依据,在形式上充分利用媒体优势来生动化、形象化教案内容。

（二）不能单纯追求媒体效果

我们在学校 CAI 展评中发现，有些教师的 CAI 课件过于华丽，动画过于复杂，纯粹是为观摩而作，不适于讲课。在实际的讲课过程中，重要的是媒体与课程内容相结合的密切程度。如果画面过于花哨，屏幕上与教学内容不相干的看点太多，则容易分散学生注意力，降低讲课效果。因此在画面的设计上应追求简练、典雅，可以让学生有一个稳定、祥和的心态，便于接受课程的内容。动画的制作是课件设计中任务较重的一个部分，如果制作过于复杂，不仅增大了教师的工作量，而且占用内存较大，程序调用时太慢，动画播放不连续，效果也不好。因此，CAI 课件的设计和制作应以简单、准确为原则。

（三）精心备课，精心制作

只有备好课，才能上好课。制作每一部分内容之前，都要按照先设计，后布局，再选材，最后核查这样一个步骤来进行。设计是指对所讲内容进行规划，确定哪一部分是重点，先讲什么，后讲什么，为满足每一个问题的讲解要求需要使用什么文字、图片和动画。布局指对屏幕上应出现的文字、图片和动画进行合理布置，规划好什么时候出现图片，什么时候出现动画，什么时候出现文字，考虑怎么样布置才能既美观、又清楚。一般要求一个主题内容应在一页中完成，这样既可保证学生听课时有一定的连贯性，又能前后对应起来。选材是指对选用的图片、动画和文字仔细斟酌，挑选合适的图片和动画。出现的文字也要简练，大部分内容要靠教师去口授，文字只用于表达主题思想，而不能把教师所讲的内容全部显示在屏幕上，否则学生抓不住重点。核查是指制作完后教师应反复试讲，一定要让屏幕上出现的内容和教师所讲的内容完全搭配起来。

（四）从学生角度审视媒体效果

由于制作的课件主要是给学生看，所以应从学生的角度来选择适合的背景颜色、字体大小以及图片等使之搭配，单调或刺眼的色彩会使学生产生厌烦情绪。在背景颜色上我们选择以消色为主，首先因为消色是视力保护色,长时间注视不容易引起视力的疲惫;其次,由于上课时教室透光比较多,屏幕上显示的颜色往往比计算机上显示的要淡,所以采用消色底色或其他暗色底色,可以保证在教室后排的学生能看清屏幕。在字体大小的选择上,应尽可能大,字体、字号应适当。在字的颜色、图片的颜色等的搭配上,应尽可能协调、美观,同时还应醒目,字的颜色一般选用绿色、黄色、红色等鲜亮的颜色,便于学生看清。图的颜色可多样一些用于调节气氛。正确使用与设计 CAI 课件,才能使 CAI 教学真正提高教学质量,提高讲课效率。

三、CAI 课件的使用

目前,在 CAI 课件的使用上主要存在以下两个误区:一种是盲目使用,不论什么课,什么内容一律采用 CAI 教学;另一种是将 CAI 课件放在教学手段的主体地位,教师起辅助作用。从而使 CAI 课件不但不能发挥应有的作用,反而适得其反。从 CAI 的教学实践中,我们认为有以下几个问题需要注意:

(一)使用 CAI 课件的必要性

CAI 教学有传统教学所无法比拟的优势,这点是毋庸置疑的,但也有其局限性。采用传统的教学方法,需要在黑板上绘制大量的工作流程图、结构图等,既浪费时间又枯燥,而且由于没有实物的对照,学生缺乏感性的认识,往往出现讲完课后到现场却不认识所讲的现象,而采用这种新的教学手段,能够将外形、结构和工作原理以图片和动画的形式展现出来,从而加深学生的感性认识。

但我们发现在教学过程中却并不是所有内容都适合 CAI 教学,尤其涉及理论推导时 CAI 的教学效果远不如传统的教学模式。针对这一情况,我们进行过深入的分析和比较,发现传统的教学模式有其不可忽视的优势,在进行有关公式推导时,传统教学方式可以边讲边推导,有一个逐步引导的过程,学生容易接受;而采用 CAI,由于公式或结果往往很快就显示出来,失去了这个引导的过程,学生很难适应。因此,在涉及这方面教学内容时我们可以采用黑板教学,以弥补多媒体教学的不足。所以,在制作 CAI 课件时,要客观一些,既要看清 CAI 的优势,也要知其不足,扬长避短,才能充分利用这个新的教学手段。

(二)处理好 CAI 课件与教师的关系

CAI 这种教学方式可以充分利用多媒体技术,在课堂上用声音、图形和文字等方式进行教学,甚至课件本身就可以完成讲课过程,那么到底应该把 CAI 课件摆到一个什么位置? 它能完全代替教师进行课堂教学吗?

有些教师在 CAI 的教学过程中采用带声音的课件进行教学,教师只在旁边起辅助作用,比如控制进度,或对难点进行解释、举例等;还有些教师在教学过程中一直坐在计算机前看着屏幕对学生进行讲解。教室里往往出现听见老师声音,却看不见老师的现象。这种教学方式增加了师生之间的距离感,减少了师生之间的交流和沟通,进而师生之间丧失了该有的默契感。而且对学生来说,单调地讲解,长时间注视屏幕,容易造成视力疲劳,注意力下降。传统的教学方式中,教师和学生彼此面对面,教师从学生的眼神中、从学生的反映上可以了解学生的情况。学生也可以从教师的身体语言、言传身教中领悟到知识、体会教师崇高的品质和职业美德,这种交流是有益的,教师和学生的感情就是在这种交流中产生的。所以在 CAI 教学中应重视这种可贵的沟通,教师还是应该在教学过程中起主导作用,在讲课过程中充分利用肢体语言和情感态度与学生进行交流。CAI 课件只能作为教师在教学过程中利用的手段,它不能取代教师。

(三)控制教学进度

在 CAI 教学过程中,对于学生来说,最大的问题莫过于笔记难记。由于采用了先进的教学手段,使以前需要在黑板上画的图、写的文字直接就可以出现在屏幕上,节省了时间,讲课节奏也快了,使学生几乎没有记笔记的时间,或者只能在教师讲的时候记笔记,无法集中精力听教师讲课,反而使讲课效率下降。所以在 CAI 教学中一定要注意控制教学进度,尽量采取各种措施保证学生既能听好课,又能解决记笔记的问题。对此采取的措施主要是:首先放慢讲课速度,图和文字出现并讲完后,都留给学生一定时间记笔记,同时要求学生先注意听,听懂之后再记笔记。课件可以提供给学生,以供复习或补遗。

四、多媒体课堂教学的优势、影响因素及策略

(一)多媒体教学的优势

多媒体教学与传统教学相比,具有很多独特的优势,主要体现在以下几方面[①]:

(1)教室没有改变师生已经熟悉和习惯的课堂教学形式,教、学双方很容易适应,不会造成心理压力;

(2)直观性,能突破视觉的限制,多角度地观察对象,并能够突出要点,有助于概念的理解和方法的掌握;

(3)图文声像并茂,多角度调动学生的情绪、注意力和兴趣;

(4)可重复性,有利于突破教学中的难点,并有助于克服遗忘;

(5)信息量大、容量大,节约了空间和时间,提高了教学效率;

(6)通过多媒体实验实现了对普通实验的扩充,并通过对真实情景的再现和模拟,有利于培养学生的探索、创造能力;

(7)多媒体智能交互的特性,强化了素质教育和技能、智能的训练;

(8)多媒体操作方便、控制灵活,为多种媒体组合教学带来生机与活力;

(9)可复制性与随机性,为更新知识、增补内容提供了极大的便利,有利于教师备课和进行教学设计。

(二)影响多媒体教学质量的因素

作为一种新的教学手段,影响多媒体教学质量的因素很多,笔者将主要因素归纳如下[②]:

(1)教学环境:多媒体教室空气不好、光线差、音质低、声音小、有回

---

① 刘和海,王清.高等学校多媒体教学现状的调查与研究——以安徽师范大学为例[J].教育与现状化,2006(4):40-45.

② 刘和海,王清.高等学校多媒体教学现状的调查与研究——以安徽师范大学为例[J].教育与现状化,2006(4):40-45.

声等问题。这从客观上导致多媒体课堂教学效果的下降;从教学设备角度来看,多台设备连接起来使用较为方便,但设备连接得越多操作就越复杂,也可能会在设备使用过程中出现不可预测的故障。

(2)授课教师:大部分教师由于缺少真正意义上的现代教育技术理论和信息技术的培训,从而缺少对多媒体软硬件系统的了解和教学相关理论的指导,仍然以传统的教育观念和方法对待现代教育媒体,从原来的人灌变成现在的机灌,甚至人机共灌。通过调查发现,大部分教师的课件仅是其课本的电子翻版,存在着信息量过大的缺点,由于其信息量大于学生正常的笔记能力,学生跟不上教师的步骤,进而影响了课堂教学质量。

(3)教学管理人员:由于什么时间、什么地点、上什么课、有多少人和使用多大的多媒体教室等,都是由教学管理人员安排的,故教学的效果与他们有很大的关系。有些课程内容不宜用多媒体进行教学,用传统方法讲授,效果反而会更好。

(4)媒体教室的管理与维护:例如,经常出现有图像无声音或有声音无图像的现象,因多媒体设备不符合需求而导致有些教师自带相关设备上课,计算机因病毒而导致死机及瘫痪或 U 盘不能使用等,这些问题的出现,或多或少地降低了教学效果。

(三)教师应用多媒体课堂教学的培训

对教师进行现代教育技术培训是实施多媒体教学、提高教学质量起着至关重要的作用。因为教师是多媒体教学的直接操作者,他们对设备的功能的了解多少和操作的熟练程度,决定了多媒体教室发挥效能的高低,同时对课件制作与现代教育技术理论的理解程度也影响教学效果的好坏。通过调查分析我们认为,对教师的培训可以包括以下四个阶段:

1.设备使用方法的培训

了解设备的基本使用方法是教师使用多媒体教室的前提条件,主要培训教师对多媒体设备功能的了解及常用操作,了解多媒体软件在计算机上的使用方法,让教师对所用设备的功能心中有数。培训中应当教会他们解决在多媒体使用过程中容易出现的问题的方法及其对设备的维护与保养方法,等等。

2.制作多媒体课件的培训

多媒体课件是在一定的学习理论指导下,根据教学目标设计的,反映某种教学策略和教学内容制作的计算机软件[①],它包括文字、图片、声音、视频和动画等多种素材。它不只是各种形式素材的简单集成,而是具有一定智能和交互性的计算机软件。当前多数教师的课件制作能力有限,教学中使用的课件或多或少地存在一定的问题,这就需要对教师的课件制作做精心的培训与指导。

3.使用课件进行教学设计的培训

第一,使用多媒体课件要适度:在课堂教学中,要根据教学内容的需要,恰当地利用多媒体课件来教学。如微观的、运动的、抽象的、难理解的内容,且能用多媒体课件表现的,应该使用多媒体课件来辅助教学,以充分发挥多媒体特有的功能和作用,否则宁可不用。第二,多媒体课件需要教师灵活运用:多媒体课件要发挥辅助教学的功效,离不开教师对教学内容的精心设计和细致安排,如学生何时看,看何内容,教师何时讲解等。要恰当利用课件提供的信息,适时调动学生学习的积极性和主动性。第三,多媒体课件不要完全代替书写:教师在实际教学中,经常给学生写一点东西,能起到点睛作用,突出中心与重点,将会给教学带来生机与活力。第四,要合理使用共享课件:网上可以下载很多课件,但不是所有的课件都适合使用,因为每个教师在课件的创意和制作过程中,都会根据自己的教学风格、学生的实际情况进行制作。所以,对于外来课件教师应作必要的修改,以适合自己使用。第五,不要忽视师生双边交流:教学就是教与学的完美结合与和谐统一。课堂教学的过程就是师生双边交流的过程,就是教师教与学生学交互作用、循环往复的过程。教学不单是认识活动,同时也是情感活动,和谐亲密的师生关系是教学成功的重要因素之一。

4.运用多媒体进行课程整合教学培训

信息技术与课程整合是将信息技术作为一种工具、一种媒介和方法融入到课程的整体中去,从而借助于现代信息技术,彻底改变课程的内容和结构,变革整个课程体系。这就要求各学科教师要很好地把信息技术

---

① 汪红烨.谈 CAI 教学模式在心理学教学中的运用[J].教育探索,2006(7):71-72.

和本学科内容相结合,摸索出一条适合该门学科的教学规律、方法,只有这样才能真正提高教学效率,优化课堂教学质量。为此,学校需要建立相应的教育技术专业教师与各学科教师相结合的有关规范性制度与激励措施,要求并鼓励进行课程整合;同时要大力开展以各学科整合为主的校本培训,以提高各学科教师的课程整合能力。

信息技术和现代教育技术的发展,要求教师必须学会运用信息技术,并提高运用现代教育技术的能力。在多媒体实践教学活动过程中,只有用现代教学理论和学习理论武装过的教师和教学管理人员才能很好地发挥多媒体教学的优势,避免多媒体教学给学生带来的负面影响。在实际教学过程中,教师应根据具体的教学内容和教学目标,扬长避短,适当选择和运用教学媒体,充分发挥各种教学媒体的特性,以达到教学效果的最优化。

五、CAI 课件应用中的问题与改进

CAI 课件应用中的问题主要反映在以下几个方面[①]:首先是 CAI 课件的质量:实践中发现,有的教师使用的所谓 CAI 课件只是将教案搬上屏幕。这不仅浪费了先进的设备资源,也收不到预期的效果。学生反映听课效果还不如用传统的教学手段——粉笔和黑板效果好。另外,有的CAI 课件过于完整和花哨,设有片头、结束语等,使用时中间不能断开,缺乏灵活性,而且浪费时间;其次是 CAI 课件的使用:由于 CAI 课件是在课前将大量的教学内容编制在软件中,教学中增加了单位课时内向学生提供的信息量,教学进程快。这固然好,然而也带来了负面影响。学生反映屏幕上的内容一闪即逝,不利于做笔记,有时忙于机械地做笔记而不能理解课程内容,影响了听课效果。另外,不是任何课程的任何内容都适合使用 CAI,如公式的推导就不适合使用 CAI 课件进行教学。学生反映前面的内容没记住一闪就过去了,后面的内容就不容易理解,没有传统的黑板和粉笔这类教学手段效果好,甚至长此下去会养成缺少思考的坏习惯;再

---

① 刘强,倪新春. CAI 多媒体教学在航管专业课中的应用[J]. 学理论,2010(22):230 -
231.

次是教师的素质 L 教师的素质包括两方面：一方面是教师的职业态度和教学水平，它决定了教师能否认真研究和组织教学、认真备课、合理地编排和运用 CAI 课件；另一方面是教师的计算机操作水平。课上遇到一些小的故障不能及时处理，影响了教学的正常进行，直接影响了授课的效果；最后是 CAI 的使用环境：CAI 的使用环境即它的使用条件，包括软条件和硬条件。软条件是指课件的质量、教师的计算机应用能力与操作水平；硬条件主要指 CAI 所依托的设备，包括计算机及其配置的质量，屏幕、教室、供电保证和相关维护的技术支持等。调查发现，学校多媒体设备的质量差、计算机的配置低、屏幕效果不理想、音响效果差，有的教室光线条件、屏幕的位置及教室的空间不能达到理想教学要求，这些因素都直接影响了 CAI 课件的使用效果。

（一）CAI 课件是工具和手段

CAI，即计算机辅助教学，只是一种工具和手段，它是为教学服务的，而不是教学本身。它的优势在于可以将图形的、影像的、微观的和抽象的知识表述变得直观、易懂。CAI 课件的使用是为了丰富课堂教学，使课堂教学更生动更形象。因此，CAI 课件的制作需要在教学理论指导下设计制作，并在教学实践中反复使用、不断修改，才能使制作的 CAI 课件符合教学规律，取得良好的教学效果。CAI 课件应该是内容的精排细选，设计和制作的精心细致，而不应是课本的电子版。CAI 是现代化的教学手段，先进的教学工具，但绝不是万能的，能否发挥它的优势取决于如何使用它。教学过程中要不要使用多媒体？要不要使用网络？甚至要不要使用计算机？应该完全由教学的需求来确定，不应该有丝毫的勉强。因为教学思想和教学观念的现代化才是真正的教育现代化。现代化的教学手段永远是为了更好地满足教学的需求而存在的。只有将 CAI 课件真正融于教学过程之中而不是将课件生硬地嫁接在课堂教学之上，形成完整的教学设计，才能体现出 CAI 的真正作用。只有适时地、适度地、有选择地使用 CAI 课件，才会更有效。

（二）教学是教师传授与学生学习知识的共同活动

在构成教学活动的四要素（教师、学生、教材、教学手段）中，人（教师、学生)是核心。在教与学的活动中,师生是活动的主体,然而,在教学过程中过分依赖 CAI 课件,往往削弱了师生的主体地位[1]。教学过程是动态的,同一部分课程内容,由不同的教师来讲会有不同的讲法,即便是同一位教师在不同的时间给不同的学生讲也会有不同的讲法,即可谓是"教学有法,教无定法,贵在得法",而过于完整的 CAI 课件左右了教师的教学思路,使教学模式雷同。教学是一门艺术,教师既是导演又是演员,每一个深受学生欢迎的教师都会有自己的教学方法和教学特点,教学中教师的人格魅力和富有情趣的讲解是任何形式的媒体所不能代替的。课堂教学的精髓是师生的相互交流、相互影响。而完整的 CAI 课件的机器操作替代了教师与学生的交流,僵化了课堂教学的气氛,也限制了教师与学生的个性发挥。将教师和学生的主体作用限制在已经设计好的教学流程之中,自然影响了教学效果。任何人机之间的交流也代替不了人与人之间的语言、思想和情感交流,这种将人机之间的关系的不对称以及用机器来代替人进行的教学不是我们制作 CAI 课件的本意。

(三)CAI 课件应与传统教学媒体有机结合

CAI 课件不是万能的,即使在采用 CAI 课件的教学中,传统教学媒体的许多优势如黑板、粉笔、模型的作用依然是无法取代的。我们只有将传统媒体和现代媒体紧密结合起来,优化地选择、组合、使用,充分发挥它们各自的功能,为教学服务,才能产生综合媒体的效果,才能获得最佳的课堂教学效果[2]。

(四)CAI 课件制作与应用需要加大投入作为支撑

CAI 教学是计算机技术应用于教学领域的先进的、有效的教学手段之一,它的制作和有效使用离不开相应的设备配置。随着科学技术的发展,这些设备的更新换代很快,如果不及时配置、升级多媒体设备势必影响 CAI 教学效果,大量的教学实践已经证明了这一点。CAI 课件的制作

---

[1]　王思平,郭海丰,王培,姜丽华.CAI 课件的应用与教学效果分析[J].沈阳建筑大学学报,2005(1):65－67.

[2]　刘文,聂晓妮.多媒体教学的新发展——CAI 平台[J].信息技术,2006(2):73－76.

是创造性的、浩繁的艰苦工作,这需要大量的人力与物力投入,CAI课件的使用同样需要有与之相匹配的设备(计算机、投影仪、屏幕、专用教室等)和技术人员(设备维护、管理人员)作支撑。该项资金的投入是较大的,当然,其回报的意义也是无法估量的。加大对多媒体设备的投入与加强对其管理的力度是应用CAI课件、提高教学质量的物质保证。

(五)CAI课件应向积件、素材库发展

CAI课件在教学中的工具、服务作用决定它的功能应该是使用起来越方便、越灵活越好,而不是越完整越好①。其不可拆分和不可重组性制约了师生的思维空间,也造成了它的致命缺陷。教学实践证明,完整的CAI课件使用起来并不方便,它的固定模式和完整的逻辑关系限制了教师和学生这两个教学主体的能动性,使应用课件的教师和学生完全按照课件设计者已经设计好的结构进行教与学,限制了教师的教学思路和个性的发挥,也限制了它的使用。CAI课件应向使用方便、灵活的积件和素材库方向发展,以充分发挥它的真正优势②。CAI课件积件、素材库的制作应是有选择的,并且是经过精心设计与构思的,为了充分体现出CAI课件的特点,应尽可能将课件制作得生动但不花哨,准确、精致而不空泛、粗糙,力求集知识性与艺术性于一身(包括形式、格调、品位等),使这个高科技的教学手段更易于人们接受,从而更有效。

(六)提高教师素质是提高CAI课件使用效果的关键

CAI课件是教学思想、教学内容、教学方法、教学设计的体现,但教学手段的发展不可能代替教师的主导作用。CAI课件的制作与使用都是由教师来完成的,教师对使用CAI的态度、对CAI课件的认识及对计算机多媒体的运用水平直接影响着CAI的教学效果。因此,提高CAI课件的使用效果首要任务是培养和提高教师的现代教育意识,改变陈腐的传统观念;其次,对教师进行现代教育技术能力培训,要让教师们真正把计算机

---

① 蓝瑞生,翟彦博.对CAI课件开发、应用及高校教育技术工作定位的探讨[J].高等建筑教育,2002(2):26-28.

② 姚孟君.从课件到积件[J].开放教育研究,2002(2):41-43.

当作自己教学、工作甚至生活的工具,把计算机技术融入到教学与工作中,就像使用黑板、粉笔、纸、笔一样自然、流畅,只有这样才能真正让计算机在教学中充分发挥作用。

第二节 网络资源与平台

20世纪90年代,随着计算机网络技术的发展与应用,出现了以Internet为基础的网上学习,教学网络资源库建设也日趋完善。目前,许多教育机构或组织已经开始着手建设自己的资源库,为学科教学网络资源库平台提供各类学习内容,为各类使用者提供方便快捷的存取功能,为教学管理者提供资源访问和效果评价分析。这些资源库提高了教学资源的利用率,促进了教学资源更好地为教学服务,在某种程度上对促进教育教学的发展及推动学校现代化进程起到了较大的作用。当前许多大型的教育软件开发公司完成了通用性强的教学资源网络平台,但这些资源在很大程度上不能适应各学校教师自己的教学特点,所以教师们迫切需要一些适合自身教学的资源库。也有很多学校有一些教学资源,因不能为教师所用或方便地使用而浪费。所以建设 个切合学校本身需要的网络资源库以及使用平台是我们当下必须解决的问题。

一、网络教学资源与网络教学资源库

在AECT'94定义中,教学资源包括教学材料、支持系统和教学环境等。

"教育资源是旨在开发教育对象的创造潜质,作用于经济社会发展和社会进步的物力和人力的优化组合与合理开发"[①]。

数字化教学资源是指经过数字化处理,可以在计算机上或网络环境下运行的多媒体材料或教学系统[②]。它能够激发学生通过自主、合作、创造的方式来寻找和处理信息,从而使数字化学习成为可能。数字化教学

---

① 赵呈领,程云,王艳丽.农村中小学现代远程教育工程资源建设与开发的策略研究[J].中国远程教育,2007(6):61-64.
② 徐红彩.数字化教学资源的设计与开发[J].开放教育研究,2002(6):41-43.

资源包括数字化视频、数字化音频、多媒体软件以及各种教育系统,如CD-ROM、网站、E-Mail、在线学习系统、计算机模拟系统、在线讨论社区、数据库及数据文件等。信息化学习资源是数字化学习的关键,它可以通过教师开发、学生创作、市场购买、网络下载等方式获取。信息化学习资源具有切合实际、及时可信、可用于多层次探究、可操纵处理、富有创造性等特点。

(一)网络教学资源

网络教学资源主要指的是基于互联网运行的信息化教学资源。能适合计算机网络传输的特点,是网络教学资源与一般信息资源的不同之处。网络资源主要类型有[①]:

1.学习材料

是指为教学目的而专门设计的信息化教学材料,是对学习者学习过程直接作用的客体。具体指符合一定教学目标和教学要求的经过筛选的可用于教学、促进学习的一切信息及其组织。如各种多媒体素材、简单的网络课件、网络课程等。学习材料是网络资源库系统的"血和肉",是学生进行网络学习、实现意义建构的对象。学习材料的丰富性和对教学需求的适应性决定了网络资源系统受用户欢迎的程度。

2.支持系统

是指由各种信息传播媒体及配套运作软件组成的媒体化教学环境,它是支持学习者有效学习的内外部条件的综合。主要功能:(1)为教学系统的构成要素(教育者、受教育者、学习材料)提供沟通渠道;(2)呈现媒体教材中所包含的教学信息;(3)为使用者提供对媒体进行有效控制的界面。网络支持系统设计得是否合理,直接影响用户获取资源的便捷性,同时也就影响到用户对资源系统的满意程度。

3.学习环境

指集成了学习材料、支持系统的网络化教学系统,它不只是指教学过

---

① 陈卫春.新课程理念下初中物理网络资源建设的理论与实践探索[D].南京:南京师范大学,2004:10-11.

程发生的地点,更重要的是指学习者与教学材料、支持系统之间在进行交流的过程中所形成的氛围,其最主要的特征在于交互方式以及由此带来的交流效果。学习环境的建构方法体现了教学理念的先进性。

(二)网络教学资源库

1.网络教学资源库的相关概念

网络资源库设计要素,除了传统意义上的文档、图片、视频外,还包括通过平台与技术手段联系起来的教师、学生、科研人员。因此,基于网络的教学资源是一个动态的、交互性的资源,它体现了一定的组织思想,具有复杂性、多变性和多样性。由于具有这些特点,网络资源库的建设与应用不仅仅是一个技术的实现过程,还是一个开放性的组织发展过程,其目的是整合教育资源,提高应用效率,实现教育信息化

2004 年 AECT 对教育技术中的资源的新界定是:

(1)资源:指系统、具有专长的人、材料与工具。

(2)资源库:"库"意味着堆积、组织,意味着具有一定的数据量。从学习资源的 AECT 定义来看,学习资源和学习资源库的概念在实际运用中可以相互通用。

(3)网络教学资源:可以通过计算机网络获得并能用于教学中的各种信息资源的总和。网络教学资源具有教学内容自主化、信息形式的多样化、教学过程的动态化、教学方式网络化、教学对象个性化等教学特点,为学生创造性、个性化、协作性等的发挥提供了必要的物质基础。

2.教学资源库的发展现状

以多媒体技术和网络技术为代表的现代化信息技术的飞速发展,为现代教育赋予了新的概念和内涵,并为现代教育带来了强大的生机和活力。多媒体网络教学是一种先进的教学模式,它充分利用网络通信和多媒体技术,为学生创设一种崭新的教学情境,实现学生的自主学习。它已经成为现代信息技术在教育教学领域的一种具有代表性的应用①。

教学资源库的含义很广,一般将教学资源建设分为四个层次:一是素

---

① 王艳军.网络教学资源库的构建研究[D].上海:上海师范大学,2006:17.

材类教学资源库建设,主要分为素材库、课件库、案例库和题库;二是网络课程库建设;三是教育资源管理系统的开发;四是通用远程教学系统支持平台的开发。另外根据目前教学应用来说,还应该包括各类虚拟实验教学工具平台。现今基础教育中的多媒体网络教学发展蓬勃,为多媒体网络教学提供了现实的物质基础和技术支持,而大规模推广应用层次上的多媒体网络教学则需要建设大型的网络环境下的多媒体资源库,因此构建多媒体教学资源库已成为网络教学的首要任务,也成为教育技术网络应用的重要课题。

3.网络教学资源库的特点

网络教学资源库是网络教学系统的重要组成部分,是网络教学系统中的信息体系,是实施网络化教学的前提和基础。建设网络教学资源库的最终目的是为网络教学服务,便于教师组织网络教学材料,便于学生在网上自主地进行学习,便于教学管理人员对教学效果进行跟踪与评测。因此,网络教学资源库应该具备科学化、标准化、结构化、动态化、共享性的特征①。科学化是指教学内容要科学、准确;标准化是指要遵循一定的标准,从而保障网络教学资源的广泛共享;结构化是指资源结构要合理,从而确保网络教学资源的合理性、易用性和扩展性;动态化是指网络教学资源可以不断更新与维护,保持其持久的生命力。网络教学资源与课程整合,是在各学科教学过程中广泛应用信息技术手段,把信息技术融合在各学科的教学中。显然,要实现信息技术与课程整合,拥有适合于各学科教学需要的教学资源就成为其前提和保证。没有相关的教学资源,课程整合就是无源之水,无米之炊。而要使教学资源适合各学科教学的需要,符合现代教育思想和教学观念的要求,那么信息技术所创设的资源环境必须是一个蕴涵了丰富资源的多元化和开放式的学习空间②。一方面教师可以借助信息资源创设情境、引出问题,激发学生的学习热情,另一方面学生可以在教师的指导下获取、分析、处理和利用资源,以实现对知识的意义建构,从而培养他们分析问题、解决问题的能力。

---

① 王馥琴.基于网络的教学资源库系统设计与开发[D].济南:山东师范大学,2005:11.

② 何克抗.信息技术与课程深层次整合的理论与方法[J].电化教育研究,2005(1):7-15.

对于网络化教学而言,网络教学资源库有如下的特点:首先网络资源库设计及其在课程整合中的应用的多样性、丰富性和检索信息的快捷性、方便性是传统教学环境不可比拟的;其次是学习不受时空和地域的限制,学习模式也可灵活选择,既可以实现个别化的学习模式,又可以实现协作式的学习模式。有了丰富的网络教学资源,才可以通过科学的组织,把相关的资源组织成功,完善网络资源库①。而且网络的教学资源库是按照符合人类思维特点的超文本结构组织起来的,它为教师提供丰富的教学材料,为学生提供进行"自主发现、自主探索"式学习的途径,这样就为学生创造性思维的发展和创新能力的培养提供了可靠的保证。

4. 网络教学资源库的几个层次

从国内外各种教育资源库的组织情况来看,教育资源库有如下几个层次②:

(1)国家级教育资源库:各个国家一般都有自己的国家级教育资源中心,如美国的国家教育资源库主要以搜索为主,它集各地方或单位的教学资源为一体,完成强大的快捷的检索功能,供使用者快速搜索和下载。我国的国家教育资源库现正在建设,即以中央电教馆为主要研发单位的中央电教馆教育资源库,现也有大量免费资源可供使用,但是由于信息量大,检索不方便,使用者要在大量的资源中去慢慢寻找可用资源,故而使用的频率还不高。

(2)分类教育资源库:分类教育资源库按教育领域划分为不同的教育专业服务,如中小学教育、高等教育、特殊儿童教育、职业教育等。一般由各个协会、学会主办,或者由各学术领域的机构组织开发。如全国高校理工医农各 CAI 协作组开发建立的教育资源库。它的资源大多专业、适用,但资源的检索和下载管理严格,大部分优质资源不能免费获取,这就给学生学习或教师使用带来很大的不便,从而阻碍了交流与发展。

(3)学校、公司、个人网站:具体某个学校或某个公司乃至个人的教育网站,其设立目标或为特定对象服务,如为本校师生家长,或提供某个

---

① 徐万胥.信息技术与课程整合的理念与策略[J].电化教育研究,2003(2):54-57.
② 王立珍.教育资源库现状分析与建设策略[J].中国现代教育装备,2006(4):89-92.

特定专业,如数学。这类资源库的内容相对来讲更贴近特定的用户群需要,多媒体信息丰富,也不乏珍贵资源。但作为公司开发的资源或资源库管理平台,通用性强,不一定能全部符合学校的校本需求。针对具体的一个学校而言,如想有针对性地体现学校特色,需进行二次开发。而这些平台如非专业人员,二次开发难度大,且仍可能存在资源实用性问题。

二、网络教学资源库系统平台的构建

(一)网络教学资源库平台的设计思路

网络教学资源库是由网络来传递的数字化资源库,具有实效性快、互动性高等优点,运用这一优势可以提高教师备课和教学效率①。网络教学资源库,改变了传统的教学资源获取及查找方式,使教学资源已不再局限于纸本的资源,或是单独的 CAI 软件,而是扩展到以网络为载体的多种类型的教学资源和素材。构建网络资源库的主要目的是为了让教师将多媒体资源组织成教案进行教学,让学生通过多媒体资源的查阅浏览来学习相关知识。网络资源库应具备检索方便、素材下载简单容易、运行流畅、兼容性强、便于维护和更新等特点。网络资源库的建设目标应充分考虑课程的教学特点,在重视教学内容和教学设计的前提下充分发挥计算机和网络等先进教学辅助手段的特点,为广大教师提供高质量、高水平、丰富实用的教学基本素材与优质的教学示范课程,并通过不断维护、更新、扩充和吸收等方式,保持其先进性、科学性和权威性。

网络资源库构建的指导思想有以下几点:首先是与教学内容紧密集成,实施一体化管理:一体化的管理可以使教学资源管理真正符合教学要求,避免了不同系统间的来回切换,降低系统的复杂度及学习的难度。其次是开放性包括两个方面:一是系统能够容纳各种形态的网上教学资源,不仅仅限于支持某些专用工具开发的教学内容。二是教师在浏览资源库时可以方便地随时下载需要的资源,同时也可以发布自己开发的资源。

---

① 陈素清.知识管理技术在教育资源库建设中的应用研究[J].沈阳航空工业学院学报,2004(2):91-93.

最后是体现人文、服务的思想：把为使用者服务的观念放在首位，这样设计出来的平台才具有服务的理念和便于使用者操作的特点。

网络资源库应该包含三部分：教学资源数据库（包含媒体素材、题库、课件、微教学单元等教学素材）；用户管理（一般用户和管理员可分别通过不同的通道实现查询、下载、共享教学资源等功能）；资源管理（包括资源入库、用户管理、系统安全管理等）。

（二）网络教学资源库系统平台的总体设计

由于网络资源库中包含的信息量比较大，故为了便于检索，必须细化课程内容，认真设计资源库的系统结构①。系统中不仅包含资源查询、下载、上传等模块，同时根据积件思想以及积件系统的特点加入了示范课件、试题库、讨论交流等模块，使得系统更加人性化。用户初次登录系统需要进行注册，注册成功之后的用户信息就会保存在数据库中，当注册用户再次登录时就能够使用系统中的资源了。系统中的多媒体资源库设置了资源查询和资源上传等模块，用户可以方便地查找、浏览、下载自己所需要的资源。在教学交流上，教师可以探讨教学心得，所有记录也都存储在数据库中，方便教师在需要的时候参考。留言簿的设置是为了让用户在使用系统的过程中对系统提出意见和建议。系统的管理模块设置主要是面向系统管理员的，系统管理员可以对系统用户、系统资源等信息进行维护管理。除了上述模块之外，系统还应设置示范课件模块，将优秀的课件提供给用户，不仅可以供远程教学使用，同时也提供一个完整的系统供教师借鉴、修改使用。习题库不仅提供了大量的习题，同时给出了各个习题的详细解答过程及结果，供教师教学之后检验教学效果使用和学生自我检测。

1. 用户模块

从用户的角度来看，资源库系统按照用户分为三种角色，即普通用户、资源管理员和系统管理员。普通用户是网络资源库最大的使用群体，拥有资源检索、资源上传、资源下载、资源评价等权限。普通用户可以通

---

① 罗秀.网络教学资源库建设的思路和方法[J].中国市场,2007(22):86.

过关键字、类别等检索方式实现资源检索,并且可以将检索到的资源下载(批量下载)到本地进行修改、加工和重组,用户还可以将自己认为优质的资源上传到临时资源库,经资源管理员审核后转入正式的资源库中。

资源库的建设是一个动态平衡的过程,用户对素材资源的评价对资源库的建设是非常必要的。故允许普通用户发表评论,并查看他人的评论信息。资源管理员拥有资源维护、资源批量上传下载、资源审核、对资源评论的管理等权利。资源管理员主要职责在于根据需要对有问题的资源进行修改或删除操作;把本资源库中的资源导出成符合规范的 XML 文档;把其他资源库导出的标准化资源成批量地导入;审核普通用户上传资源的规范性、准确性,对不符合要求的资源可以直接删除或发回上传者修改;统计最受关注的、受用户评价最高的资源并向用户推荐。系统管理员拥有用户管理、系统设置、统计分析等权利①。其主要有修改用户的注册信息、状态信息;停用某些非法的用户;根据需要赋予不同用户不同的权限;设置系统中的一些基本信息,如学科知识点、资源库中涉及的知识、学习资源的类型等;跟踪记录用户行为数据;统计资源库中的资源的分布情况。

2. 资源管理模块

从资源管理的角度出发,网络资源库的核心部分为资源的存储、收集、维护和使用。首先,资源的存储:网络资源库的建设是以知识单元素材为主,媒体素材的建设和收集为辅,依据知识单元素材的类型同时遵守高等教育教学资源库建设的统一要求分类入库存储。其次,资源的收集:网络资源库中资源的来源主要有两个途径,一是购买的资源,二是用户上传的没有版权限制的资源。对于一般高校来说,很多学校没有能力一次性购买足够的资源,所以鼓励普通用户上传资源是一种很有效的收集资源的方式。之后,资源的维护:对资源能够进行增、删、改的功能。最后,资源的使用:建设资源库的最终目的是为了使广大用户能够使用它,这也是设计者首先要考虑的问题。从用户的角度来说,首先要能够方便地找到资源,即资源的检索,其次要能够方便地下载它,最后提供一个编程接

---

① 徐英卓. 基于 B/S 的教学资源库模型的研究[J]. 电化教育研究,2003(7):37–39.

口,使其它的工具能够直接利用这些资源。

(三)网络教学资源库系统的各子系统的设计

在积件思想的指导下,以"积木"的形式把教学实践过程中制作的每一个教学素材资源链接起来,克服以往传统"软件包"形式的课件不能共享、修改的不足,提高了教学资源的利用率。教师和学生可以在任何时候,任何网络终端通过 Internet 网络来访问资源库,进行教学的探讨和巩固性学习,开阔学生的视野,激发学生的求知欲望,同时也培养学生的创造意识①。

按照模块功能的不同,可将网络资源库系统划分为三个子系统,即教学子系统、辅助子系统和管理子系统。

1. 教学子系统的设计

(1)多媒体资源库:多媒体教学资源库是以知识点为基础,按照一定的分类规则和检索条件来组织材料,运用文本、图片、动画、音频、视频等多维信息来表达知识点构建的资源库②。目前我国多媒体教学的发展处于起步阶段,建立多媒体教学资源库的关键不仅是要制作精良的多媒体素材,更要合理地利用现有网络中的素材,同时应该明确规则和标准,在保证资源库量的同时更应该注重质的要求。多媒体资源库中的资源并不是用户直接上传就可以使用的。随着教学需要的发展教学资源必然会日益增加,而不经过管理员审核就添加的资源必然会降低资源库的质量。因此需要设置一个临时资源库,这个库中保存着大家上传的待审核资源,经过管理员审核评定合格的资源将被转入正式的多媒体资源库。

(2)示范课件:面对众多的网络课件很多教师会感到不知如何选择,因为每个课件都有各自的特点和值得借鉴的地方。为此,需在网络资源库中添加一个优秀示范课件模块,要求该模块中的课件具备完整的内容体系结构,既可以用于远程教学,也可以让学生通过课件进行自学,最主要的是能够成为教师制作符合自身要求课件的模板。

---

① 首鸿燕,陆国栋.基于"积件"思想与网络资源库实现与研究[J].机械,2004(5):8-11.
② 首鸿燕,陆国栋.基于"积件"思想与网络资源库实现与研究[J].机械,2004(5):8-11.

（3）习题库：学生在对课程知识进行系统地学习之后需要运用习题对所掌握的知识进行检验，教学子系统中不仅包含了讲授课程知识，还配有相应的习题，以便对学生掌握知识的情况进行检测和评估，如此，不仅可以加强学生的实际动手能力以及对知识的灵活运用能力，还可以增加师生之间的互动。

2. 辅助子系统的设计

辅助子系统中包含：资源呈现方式库、教与学策略库、留言簿。

（1）资源呈现方式库：为了便于专业教师掌握计算机中资源的表达方式，在资源呈现方式库中有针对性地讲授了素材表达方式供教师选用。目前在计算机辅助教学中教师常用的教学信息呈现方式有：文字移动、变大、变小、反白、闪烁等，将这些呈现方式概括总结归纳分类放入库中，设计成供教师调用的图标，就形成了教学资源呈现方式库。

（2）教与学策略库：教与学策略库提供了一个供教师之间进行教学交流的平台，便于教师交流教学经验，以促进优秀的、先进教学方式的普及推广。课堂的教学模式、方法和策略多种多样，其中最为常用的为：陈述、问答、记忆背诵、习题测验、实际操作等。[①] 一个教师的能力是有限的，其授课方式也可能比较单一，而在教与学谋略库中大家可以群策群力，互相交流好的教学方法和经验，共同探讨解决在教学过程中遇到的困难。对于学生，他们可以在讨论区中提出自己的疑难问题并得到教师或其他学生的解答，同时也可以对教学过程提出好的建议。在教学的整个环节中学生不再是被动地接受知识，而是主动地参与到教学准备过程中，通过提出适合自己的教学方式，将过去的应试教育变为现今的素质教育，进而大大提高了教学质量。

（3）留言簿：设计留言簿是为了让用户对资源库的建设提出宝贵的建议和意见。系统将这些留言储存在数据库中，以便管理者和浏览者观看。管理员根据使用者提交的建议、意见对资源库结构、内容等进行合理的调整，保证资源库的时时更新，适合教学的需要，也满足广大师生的要求。使用习题的用户可以在该模块中对系统提出意见和建议，便于管理

---

① 首鸿燕,陆国栋.基于"积件"思想的网络资源库实现与研究[J].机械,2004(5):8–11.

员更好地维护管理系统。

3.管理子系统的设计

管理子系统是面向系统管理人员的系统,系统管理员对多媒体资源库平台具有所有权限,并负责资源文件物理存储的透明性定义、资源文件的分类、资源文件的一致性和冗余性检测等,实现对资源库的组织、资源内容的增加、删除、修改、分类定义以及信息的发布。系统管理员同时可以对用户进行管理,包括修改用户是否为管理员、修改用户是否被禁用、删除用户等。

(四)网络教学资源库平台的实现技术

1.网络教学资源库平台体系结构设计

基于 B/S 模式开发的计算机辅助教学系统能在互联网或局域网上发布,其本质是一种 Web 应用程序。目前发布的网络课件一般都是网页型的。由于网页具有多媒体超文本实现能力,并且有良好的交互性和动态性,所以借助于 B/S 来实现计算机辅助教学和远程教育已开始得到大力地推广。

根据资源库管理系统的基本要求,我们采用 B/S 模式的体系结构,在客户端除了操作系统自带的 Web 浏览器外不需要安装其它的应用程序。系统中的所有应用程序以及数据信息都放在服务器端。在客户端所看到的一切系统信息均由服务器应用程序处理完成并将结果发送到客户端浏览器中,客户机和服务器之间传达的数据仅仅是计算的条件和结果,加快了访问速度。另外,前台客户端采用浏览器,中间服务器是 Web 服务器,后台为数据库服务器,由客户端在 Web 页面发出请求至 Web 服务器,然后再由中间服务器对数据库服务器发出请求,客户端与数据库服务器不直接联系,保证了数据的安全性,适合数据信息的发布和查询,具有跨平台、界面统一、操作简单等优点。用户通过可定制的门户享受各类资源信息服务,用户可以在模块化的服务项目中挑选所需的模块,访问相应的内容,而各模块化的服务项目则是由下层的各功能子系统所支持,提供数据并完成管理内容。

2.网络教学资源库平台数据库设计

数据库对象是实现数据库的实体,是一个数据库的逻辑组件,其中不是包含数据,就是用于与数据交换。这些对象主要包括:表、视图、角色、索引和存储过程。了解掌握了数据库对象,在设计数据库时就可以灵活地使用各种对象,提高系统的安全性和访问效率。现以网络教学资源库中的多媒体素材库为例进行数据库的设计分析:基于关系数据库的多媒体素材资源管理系统提供访问数据库的统一接口,使多媒体资源的管理独立于具体的数据库并能够支持远程访问,而数据库中存储的只是多媒体素材资源的描述和索引信息,媒体文件本身仍存放于文件系统中。

多媒体素材库中的数据可以分为三类:系统信息库、文件索引库、媒体库。系统信息库是用来存放系统管理相关的全局数据,如:用户账号、系统日志、共享资源信息等。系统信息库中包含用户表、用户组表、系统日志表。系统信息库要实现如下功能:用户组维护:新增用户组、删除用户组、添加删除组成员、组角色授权;用户维护:增加、删除用户、修改用户口令,修改用户所属组;角色维护:新增角色、修改角色权限,角色权限变动时修改用户权限;检测某用户是否具有某种权限的接口函数;操作日志接口函数。文件索引库用来存放媒体库中各种多媒体资源数据在文件系统或者网络上的位置信息,主要包括:文件索引表、虚拟路径表、主题表、文件主题表。文件索引表存储多媒体资源的公共属性,并通过唯一的 ID 与文件存放的磁盘位置对应;虚拟路径表来实现对文件路径的管理。媒体库中存放各种类型的多媒体资源的分类信息和属性信息以及与各种媒体相关的人员信息。属性数据表中对于不同的媒体根据侧重点进行对应的属性描述。可按照多媒体的类型进行描述,也可以按照资源素材所属知识单元知识点进行描述。用户首先通过某一统一资源定位符(URL)连接到 Web 服务器。Web 服务器将驻留在其上的数据库应用程序借助超文本传输协议(HTTP)传送到 Web 浏览器,并以 HTML 页面的形式显示出来。当用户想要访问数据库时,可通过填写 HTML 表单的形式向 Web 服务器发送静态或动态的结构化查询语言(SQL)查询请求。Web 服务器中有专门负责提供它与数据库之间通信的应用程序,被称为中间件。它可以进行查询,并将查询传递到数据库之后输出编排成 HTML 页面。然后再由 Web 服务器将 HTML 页面返回到 Web 浏览器，从而将信息显示给用户①。

三、多媒体教学资源库系统在教学中的应用

教学信息资源网络系统的建立，突破了单台计算机的界限，扩大了多媒体教学的规模，充分发挥了人及设备的潜力和整体效能。各学校教学信息资源库网络系统的建成和应用对丰富教学内容、促进教学改革、提高教学质量、实现教育技术现代化起到了积极作用②。

在多媒体教室环境下，教师通过教学终端调用服务器上的教学资源，包括多媒体课件、视频影像、电视教材以及各种多媒体素材，以大屏幕投影的方式进行教学。通过多媒体计算机上安装的浏览器或播放器还可交互性地检索和控制服务器上硬盘中的视音频信息，对其进行快进、静止、倒退、控制音量等操作，这就摆脱了过去学生被动地坐在电化教室里观看教学片的形式。这种教学方式赋予教师对教学媒体控制的更大的灵活性，充分展示了多媒体教材的知识集成性和图、文、声、像并茂的特点，通过多层次、多角度地呈现教学内容，创造立体性的教学空间，便于学生理解和掌握，从而提高了教学质量。

由于多媒体网络教学信息资源库系统上的任何一台终端都可共享教学信息资源，这就为个别化教学和学生自学提供了极大的方便。学生利用网络上的终端可在多媒体教室、实验室、电子阅览室等场地进行独立的学习，既可按照教师的要求也可根据自己的需要从网上选择学习内容，如：可以各自交互式地使用多媒体课件、查阅教学影像资料等。另外通过网络通信工具软件，学生之间可以讨论问题、交流经验，也可以给教师的计算机发信息，以获得教师的个别辅导，这样进行的小组协作学习，可使学生获得最大的主动性和多方位的帮助，培养学生理解、分析问题的能力，激发学生的创造性③。

---

① 贾雯.多媒体资源建设及应用现状分析[J].科教文汇(中旬刊),2009(3):116-117.

② 张淑玮,张京生,王巍.多媒体教学网络信息资源系统的建立与应用[J].齐齐哈尔医学院学报,2005(2):183-184.

③ 梁宏耀.多媒体教学资源库的设计与实现[J].科技资讯,2007(18):104.

教学准备、教学资源共享是教学资源库网络系统建设的一大优势,教师可以自由搜索搜集资源库中的图、文、声、像媒体素材,优化教学设计,提高备课效率,也可以通过浏览网上的教学站点,查询和课题研究相关的资料,通过 Blog、校园 BBS、E-mail 进行教学经验的交流,共同讨论学术问题,另外,教学资源库系统为教师和学生提供了一个良好的多媒体教材制作、研究、开发的环境。多媒体教材的开发制作是一项繁重的、要求多个制作人员协同工作的过程,先期不同的创作人员可充分利用网上丰富的多媒体素材资源进行独立制作,最后通过网络把各位制作人员制作的程序模块汇总、打包形成产品,并及时把制作的多媒体教材补充到信息资源库中,这样,就大大缩短了多媒体教材的制作周期,而且有利于把优秀的教学经验和内容集中起来应用于教学①。

实时的双向音视频信号传输,使客户端师生既可以看到优秀教师教学过程中的风采,还可以与名师实时交流与学术研讨,从而提高教学、学习质量。教学信息资源库网络系统还可以通过连接综合业务数字网(ISDN)或卫星数据通信网(VSAT)等外部网络进行远程教育教学,和国内外知名学校进行学术交流,提供实时丰富的视音频信息资源为各种远程教学活动的开展奠定了技术基础,扩大了该系统的应用范围,充分发挥了现代教育技术的重要作用。

多媒体网络教学资源库系统的建立对促进现代教育技术的变革与发展起到巨大的推动作用,使教育教学迈入网络时代,实现教育教学的社会化和远程化。现代信息技术构建的网络教学资源库系统将为我国培养和造就优秀的科技人才发挥积极作用。

第三节　专题学习网站建设与设计

21 世纪人类正以惊人的速度步入信息时代,信息时代的到来不仅极大地改变着人们的生产方式和生活方式,而且极大地改变着人们的思维方式和学习方式,并促进学校教育越来越走向网络化、虚拟化、国际化和

---

① 龚玉清.基于软件工程的多媒体课件开发研究[D].上海:华东师范大学,2004:22.

个性化。随着全球信息化水平的突飞猛进,各类网站也应运而生,教师的教学方式也因此而发生着变化。网络化的教学及学习方式正日渐流行起来,但其中通用资源网站有一定的局限性,如信息过载、冗余、难以快速获取信息、影响学习效率等,而专题学习网站则具有专题性、综合性、开放性和实践性等特点,可以对学习内容、学习资源进行结构化处理和扩展,还可在网上进行专题讨论和评价,在教育教学领域有较高的应用价值和广阔的发展空间。这对传统的教育方式既是严峻的挑战,又是千载难逢的机遇。面对这种日新月异的数字化生存环境,中小学校如何进行学与教是关系到新世纪创新人才的培养,关系到教育能否跟上信息时代的发展步伐的重大课题。

在我国,现代信息技术环境下学与教的问题研究,已经取得了良好的开端并且具备了一定的基础,随着"班班通"工程的进一步实施,不远的将来,数字资源履盖的中小学师生都能共享网上教学资源,在中小学校开展信息技术教育以及将信息技术与各学科教学进行整合,这已经成为教育教学改革的重要内容。中小学专题学习网站项目的研究适应了信息时代的要求,探索构建信息技术与课程整合的新型教学模式。作为一种信息时代学习方式的代表——专题学习网站的建立能够充分体现出新时代的学习特点和学习需要①。

一、专题学习网站

国内外的一些著名的教育技术专家对于信息技术与课程的整合,基于互联网的现代远程教育,以及校园网如何用于教育教学提出了大量的理论著作与实践支持,这对于进一步研究学习者主体地位的发挥,探讨自主学习,构建终身学习体系创造了条件,提供了丰富的实践经验。在这样的时代背景下研究开发中小学专题学习网站及其创设的新型教学模式是一种全新意义上对教与学改革的研究,是信息时代信息技术与课程整合的体现,是一种综合学习的思想,是关于学习的革命。

专题学习网站是在网络飞速发展的情况下产生、发展起来的,概括

① 宋景刚.信息技术与学科课程有效整合的应用[J].中国教育技术装备,2010(34):196.

为:在互联网络环境下,围绕某门课程与多门课程密切相关的某一项或多项学习专题进行较为广泛深入研究的资源学习型网站①。从定义可以看出专题学习网站关注的是:帮助学生对某一知识进行系统化的学习。其本质是一个基于网络的研究性学习系统,它通过在网络学习环境中,向学生提供大量的专题学习资源和协作学习交流工具,让他们自己选择和确定研究的课题或项目的设计,自己收集、分析并选择信息资料,应用知识,去解决实际问题。它强调通过学生主体性的探索、研究、协作来求得问题解决,从而让学生体验和了解科学探索过程,提高学生获取信息、分析信息、加工信息的实践能力和培养良好的创新意识与信息素养。专题学习网不同于一般的网络课件或网络学校,它的重点是为师生提供实现研究性学习的学习资源及协作研究学习平台,让学生可以像"科学家进行研究工作"一样学习。在学习内容上,它是开放式、可共享、按专题进行组织的信息化学习资源;在知识获取上,它提供多样化的信息获取与加工工具,学生可通过多种方式实现知识的建构;在学习方式上,它是基于网络的协作化小组学习,学习者之间相互帮助、相互促进;在学习评估上,包括学习过程和成果、技能与知识等,评估的目的是促进学习知识的建构与培养学生的数字化学习能力。

专题学习网站是在因特网环境下,围绕某一专题进行较为广泛深入研究的资源学习型网站,网站构建的目标是要培养学生获取信息、分析信息、加工信息和应用信息的能力,培养学生的创新精神与实践能力。中小学专题学习网站是围绕培养中小学生的自主学习能力、协商学习能力与拓展学习能力而设计开发的非通用网站,每一个具有独立专题的学习网站都拥有相对独立的可拓展性资源库。我们可以从以下几个方面来界定专题学习网站:

首先,它是信息技术与课程的整合:创建新型教学模式、研究专题学习网站最重要的目的是探讨在信息时代下学习者如何基于互联网开展自主学习,实现信息技术与学科课程整合,将学习者培养成适应信息时代要求并具有信息素养的人才。

---

① 谢幼如,尹睿.专题学习网站的教学设计[J].电化教育研究,2003(1):34-38.

　　其次,是资源学习型网站:与通用平台不同,专题学习网站是围绕某一专题进行的详细而深入的学习资源建设,并运用教学设计理论、学习理论、系统设计理论对各种资源进行设计与开发。教师可以利用网站组织学习者对该专题进行全面学习,并使用网站所提供的资源,在网站创设的情境下(如教学活动、各种问题情境以及虚拟实验,甚至游戏)分析信息、利用信息,培养学习者的观察、思维能力。学习者也可以利用专题学习网站开展自主学习,主动进行知识的意义构建,掌握自主学习的方法,促进知识的内化与迁移,形成内化的学习策略。专题学习网站采用资源型学习网站的设计思想,目的是促进学习与学习资源建设。其中,教与学资源并不是简单地呈现教学内容,而是经过教学设计专家精心设计,符合学习者认知发展规律的知识体系的科学集合。具体地讲,专题学习网站为学习者提供数字化的环境,使学习者能够借助互联网进行协作学习、主动学习,创造大量的机会让学习者能够主动表达创造性的观点和思想,构建系统的知识结构,尝试创造性的实践。它是围绕单一的专题而设计制作的、具有大量拓展资源支持的、可交互的超文本链接的组合。其基本特点可以描述为:内容相对固定、资源追求丰富、交互方便和注重学习方法的传授等。专题学习网站与通常所说的平台不同,平台有很多种分类,如操作系统平台、应用软件平台,网络信息管理平台等。简单地说,平台是一个框架,是支持信息运行的大型应用程序。平台本身不具有什么知识内容,它只对内容的可操作性提供支持,其最大特点就是灵活性与可操作性,使用者必须学习如何操作平台,利用平台来完成作品或是某项任务。而专题学习网站是直接将制作好的知识性资源呈现给使用者,比较直观,无需进行复杂的操作,让使用者在专题学习网站创设的情境下,利用网站中大量的资料进行知识的重组与意义构建,实际上是对专题学习网站中知识与资源的操作。当然,在专题学习网站中也要为学习者提供一些工具,这些工具是围绕学习者进行学习准备的,与平台不相关联。目前,许多高校教育技术研究机构和教育科技公司设计研发的网络应用软件多为校园网服务平台,如管理平台、教学平台、信息平台等,这些应用软件与本文所指的专题学习网站在设计思路上不同①。

---

　　①　葛敬义.专题学习网站设计与学生自主学习能力的培养[J].中小学电教,2006(9):40－41.

再次,它面向的对象是全国的中小学生,体现自主学习:中小学专题学习网站面向的是基础教育,它的服务对象是全国的全日制中小学生,它的应用是为基础教育的改革以及为素质教育的开展寻找新的途径①。《中共中央国务院关于深化教育改革全面推进素质教育的决定》中明确指出:"全面推进素质教育,要坚持面向全体学生,为学生的全面发展创造相应的条件,尊重学生身心发展特点和教育规律,使学生生动活泼、积极主动地得到发展。"②专题学习网站在这样的背景下建议与发展,目的是创设在互联网环境下学习者的自主学习与协作学习的新环境,因此,在网站的设计上要符合中小学生的认知心理,突出学习者利用资源对某一专题知识进行系统性自主学习的特点。

最后,专题学习网站的选题核心在"专题",而非单纯的知识点或是课程。教育部提出"调整和改革课程体系、结构、内容,加强课程的综合性和实践性",目的是适应信息时代的要求,将信息技术与各学科课程教学整合。因此,如何将信息技术和各学科教学进行整合是问题的关键。专题学习网站是通过某一专题作为联系学科教学的纽带,实现信息技术与各学科的整合,因此设计人员在进行专题学习网站的设计时最重要的是选题。专题并不是单个的知识点,它是具有相关知识特征的知识点的集合与延伸。例如:通过"丝绸之路"这一专题,将语文、历史、地理等各学科与丝绸之路相关的知识串联起来,系统地呈现给学习者。且专题与课程不同,课程在内容上有系统性、完整性、教学性,而专题的内容相对具体,更加针对一系列具体的知识内容。

二、中小学专题学习网站的基本设计思想

专题学习网站强调学习资源的建设与协作学习方式的提供。专题学习网站建设最重要的内容是学习资源的收集、整理、分类,为学习者提供大量的数字化学习资源。而基于网络的协作学习平台是保障师生广泛参与专题建设与专题学习的基础,也是实现网络化协作探究教学模式、培养

---

① 刘玉平.中小学专题学习网站建设与应用的有效策略研究[J].新课程研究(信息技术教育),2009(2):146-147.

② 朱智勇.科学教学与课程整合的一些尝试[J].新课程(下),2011(3):17.

学生创新精神与实践能力的重要手段。专题学习网站包括四个组成部分①:(1)结构化知识展示:展示与学习专题相关的结构化知识,把与课程学习内容相关的文本、图片、图像、动画等知识结构化重组;(2)扩展性学习资源:将与学习专题相关的扩展性的学习素材资源进行收集管理,包括结合学科特点的不同学习工具(如:字典、词典、计算工具、作图工具、仿真实验室等)和相关资源网站的链接;(3)网上协商讨论空间:根据学习专题,构建网上协商讨论、答疑指导和远程讨论区域;(4)网上自我评价系统:收集与学习专题相关的思考性问题、形成性练习和总结性考查的评测资料,并将其设计成基础性强、覆盖面广、难度适宜的题库,让学习者能进行网上自我学习评价。四个部分从学习内容、学习策略、学习方式等角度相互补充、相互配合,从而完成学习资源与学习过程的整合,以实现教学目标。专题学习网站是一种整合了学习资源与学习过程,旨在培养学生的学习能力、创新精神与实践能力,提高学生信息素养的网络学习软件。它的应用模式是:"教师主导—学生主体"的网络化探究教学模式,即通过网络,在教师的指导下,学生形成不同的学习小组,通过对专题学习资源的阅读、探索、讨论等,形成自己的见解、报告等,并实现自我评价。此外,我们还应该考虑到,中学建设专题网站的目的主要是丰富和培养学生的创新性思维,扩大知识面,以及培养学生在数字环境下进行收集、获取、分析、处理信息及进行协作性和研究性学习的能力。因此,在专题学习网站的开发过程中,我们始终本着边建边用,边用边建的原则,在建中用,在用中建,没有把网站建设成一个资源中心,而是使网站具有综合性、开放性和可持续发展性,努力探索专题网站环境下行之有效的教学模式,极大调动师生的主动性和创造性,尽可能地发挥网站的最佳效益。

依托专题学习网站开展的学习活动,我们可以归纳出三种主要的模式②:(1)研究性学习模式:是指学生在教师指导下,选择问题进行研究,在研究中主动获取知识、应用知识、解决问题,从而培养创新精神和实践能力的一种学习活动。如在"博大精深的中国传统文化"这一综合性学

① 谢幼如,尹睿.专题学习网站的教学设计[J].电化教育研究,2003(1):34-38.
② 陈怀亮.高中数学研究性作业的几种有效形式[J].科学教育,2006(2):46.

习中,学生通过阅读网站,以小组为单位选定感兴趣的小课题,每个人又确定自己的小题目,从网站中下载资料、图片,制作成文档或演示文稿,上传到网站,在网上浏览、交流,并在论坛上发帖子,对作品进行评价。(2)主题性学习模式:就是依托于某一版块进行的专题学习。如:以"地理风貌"为主题的学习,就是一个运用网站的阅读、交流式学习。通过学习,学生掌握了青州独特的地理位置、地形地貌、自然资源及气候条件等,增进了学生对家乡地理知识的认识和了解。(3)情境式学习模式:是指在某种特设的情境下开展的学习活动。如在美术课中,学生在网站中欣赏安徽徽州优美风光的过程中,感受到了徽州文化,激发了他们创作的欲望,并将他们创作的作品发布到平台上。

三、专题学习网站的选题

网站的选题是网站设计的关键,也是网站开发所面临的首要问题。有老师说,"好的选题是网站开发成功的一半",虽然有些夸张,但并不是没有道理的,也更说明了选题的重要性。网站主题的选择要体现专题的特点,可以涉及与中小学学习有关的学科知识、人文社会、自然科学等方面。专题学习网站不同于一般的学科教学网站,它不设置"教育新闻"等栏目,不是对某一学科知识点的罗列或泛泛而谈;它不同于针对某一知识点的网络课件,而是以专题为轴心,将与专题相关的各学科知识点"串接"在一起;它不同于网络课程,课程在内容上有系统性、完整性、教学性,而专题内容相对具体,针对一项具体的知识内容研究得更加深入,它不仅可以跨学科,还可以跨年级,不同年级的学生可以对同一专题共同研究学习。专题学习网站具有更大的开放性,其资源管理库中的学习资源可以"拿得出、装得进",供学习者随时上传、下载相关专题资源,其协作学习平台中的研究性学习选题完全由学生自己根据专题学习内容设计与实施。因此在选题时应注意以下几个原则①:(1)教育性原则:专题网站的选题首先要具有教育性,要符合中小学教育教学的特点,符合学习对象的特征,选题内容要有教育意义,有利于学生对系统知识的学习与创造性思

---

① 何芳,张新华.专题学习网站《丝绸之路》的开发[J].中国电化教育,2002(4):72-73.

维的培养,有利于学生信息素养的提高。(2)科学性原则:选题内容正确、逻辑严谨、层次清楚、扩展资源内容健康、分类合理,突出专题特征。资源库要符合国际上目前的通用技术标准,协作学习研究活动要具有一定的科学性和可行性。(3)综合性原则:选题要在专题范围内自成体系,各相关知识点要围绕专题设立,知识的范围不仅仅局限于中小学教材的内容,提倡在该专题涉及的范围内涵盖相关学科,体现一定的学科综合。一般的专题以某一学科为主,综合其它学科内容,如"丝绸之路"专题学习网站就是在初中历史学科知识基础上综合了语文、地理、政治等学科知识。(4)创新性与实践性原则:创新精神和实践能力是素质教育的核心,中小学专题学习网站开发与应用研究应重在学生的创新精神和实践能力的培养。要培养学生在实践中运用网络进行专题研究性学习的能力,取得对事物的亲身体验,掌握发现问题和解决问题的方法。① 因此在专题研究的选题设计中,要注意发挥学生的创造性,使他们勇于独立思考,标新立异,掌握从不同角度观察、思考和解决问题的办法,起到启发学生创新意识的作用。

在选题时还应注意几个方面:首先,题目要小而精。定位要小,内容要精。题目大了,就不容易做得"精",也就是"专",专题学习网站一定要体现"专"的特点。专题不要追求大而全,选择的题材要以实用为主,要有内容才可以"小题大做";其次,选题应具有一定的独创性、新颖性、可探究性:当前有部分教育网站是文字和图片资料的简单堆砌,表现手法简单、机械,没有创新性,书本搬家、黑板搬家等的现象极为严重,因此,专题学习网站要做出自己的特色来,才会有生命力;再次,专题学习网站是一种以学生为中心的新型学习媒体,在充分利用网络多媒体技术优势的基础上,选题应具有丰富的知识性与趣味性,要有利于提高学生的学习兴趣;最后,选题要发挥自身优势,使教学试验与内容建设相结合:学校确定选题时最好能在自己的教学实验项目、特色教学学科、资源库建设项目等的基础上,精心策划,充分发挥自身已有的优势,提高项目研发的成功率。网站

---

① 秦建波,王利.综述专题学习网站的设计、开发和应用[J].中国教育技术装备,2010
(9):78-79.

的建设主要是为了更好地服务于教学,选题还要考虑到网站建成后的教学应用价值与教学研究相结合,专题的相关知识点要将相关学科联系起来。

四、专题学习网站的活动方式

设计专题协作学习环境的目的是为了在学习者学习与掌握结构化知识的基础上,利用因特网通过小组协作的方式进行研究性学习实践,进一步完善和深化对主题的意义建构,以达到对教学内容更深的理解与掌握。与个别化学习①相比,协作学习有利于促进学生认知能力的发展,有利于学生健康情感的形成,有利于学习者协作精神的培养。基于因特网的协作学习模式有两种形式:一是以协作、互助学习小组身份登录网络,参与协作学习;二是以个体身份登录网络,参与协作式学习。本研究设计开发的专题协作学习平台属于后者。协作学习活动的基本方式主要有六种,分别是竞争、辩论、问题解决、伙伴、设计和角色扮演。

根据网络协作学习平台的不同目的,教师可以选择其中的一种或几种协作方式来支持具体的教学过程。下图是以研究性学习为主要学习过程,其中采用了角色扮演、问题解决、伙伴、设计等协作方式。

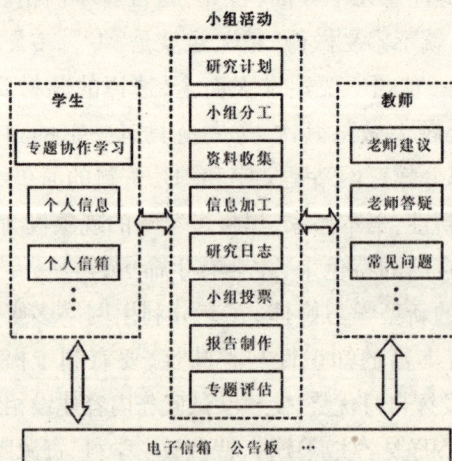

图 3-1 研究性学习为主要学习过程

① 杨红,黄生训.基于协作探究学习的"兴的干涉"教学设计[J].职业教育研究,2008(7):80-81.

五、专题学习网站案例①

(一)选 题

《丝绸之路》是初中一年级中国历史(人教版)第八章第三节的教学内容。

(二)适用对象

初中一年级学生。

(三)教学目标

要求学生掌握西域的范围(狭义),张骞两次出使西域的时间及简要经过,班超经营西域的时间及主要活动,丝绸之路上的主要地名;让学生认识到张骞出使西域和班超经营西域不仅加强了汉族和西域各族的经济文化交流,而且促进了中外交通和经济文化的交流;让学生通过学习,归纳张骞和班超对维护多民族国家统一所作的主要贡献。

(四)网站设计思路

众所周知,丝绸之路是一条古代商业通道,它开辟了中外陆路交通的新纪元,成为古代中国同西亚、欧洲、非洲的经济文化交流的友谊之路,是连通东西方最长的国际商道,为中西方文化和经济交流起到不可估量的作用,设计宗旨是让学生了解丝绸之路的相关知识,(不仅仅是历史知识,还包括地理、人文等知识)。通过学习,激发学生的爱国热情,通过张骞两次出使西域的经过,使学生明白做人的道理,有助于学生良好思想品德的养成,收到学史育人的功效。

本网站的结构设计为以下四个部分:

1. 丝路概况

这是该网站内容的核心部分,从四个主要方面对丝绸之路展开描述:

---

① 何芳,张新华.专题学习网站《丝绸之路》的开发[J].中国电化教育,2002(4):72-73.

丝路溯源、丝路文明之韵、古道新姿、海上丝绸之路。丝路溯源,从丝绸之路的形成过程、沿途路线、历史意义及主要人物展开,主要依据教学大纲要求进行介绍,学习内容图文并茂、编排生动、突出重点,激发了学生的学习积极性,学生通过学习可以掌握丝绸之路的主要内容。丝路文明之韵,这部分是扩展知识和资源展示,主要从历史、地理、经济、文学、人文等学科进行扩展,分为丝路诗词、民族风情、丝路传说、丝路禅意四部分。丝路诗词包含了描写丝路沿途的诗词和中小学语文教学大纲中关于西部的文章,如《天山景物记》、《白杨礼赞》、《葡萄沟》、《参观刘家峡水电站》等;民族风情中学生可以领略西部19个少数民族的风土人情、习俗、节庆;还有用动画形式表现的传说和丝绸之路上著名的佛塔寺庙。古道新姿,几千年来,丝绸之路已日渐衰落。但是在新中国成立以来,丝绸之路上的城市发生了翻天覆地地变化,给这条曾经为世界经济文化交流作出卓越贡献的古道披上了科技与发展的外衣。今日的丝绸之路更增添了一层激昂而瑰丽的色彩。海上丝绸之路:历史上的丝绸之路,除了广为人知的绿洲丝绸之路外,还有以广州为源头的海上丝绸之路,为世界的经济、文化交流也作出不可磨灭地贡献。这一节将对海上丝绸之路作简要介绍,主要目的是激发学生进行课外知识的拓展。

2. 丝路网上游

丝绸之路上有许多旅游胜地,这一部分从中国地理的视角出发,给学习者展示出凝重的古都、神秘的戈壁、奇异的少数民族生活、瑰丽的自然风光,通过大量视频和图片让学生全面的了解西安的兵马俑、中西文化融合的莫高窟、神秘的楼兰古城……以促进学习者从多角度去了解祖国的地理与历史知识。

3. 丝路知多少

这一部分围绕"丝绸之路"进行测试。设置一些互动功能强,趣味性强的小游戏或小测试,对网页中涉及的或者可以通过查找资料知道的一些丝绸之路相关知识点进行学习评测。

4. 相关网上资源

提供与"丝绸之路"相关的网上资源的链接。

（五）基本框架图

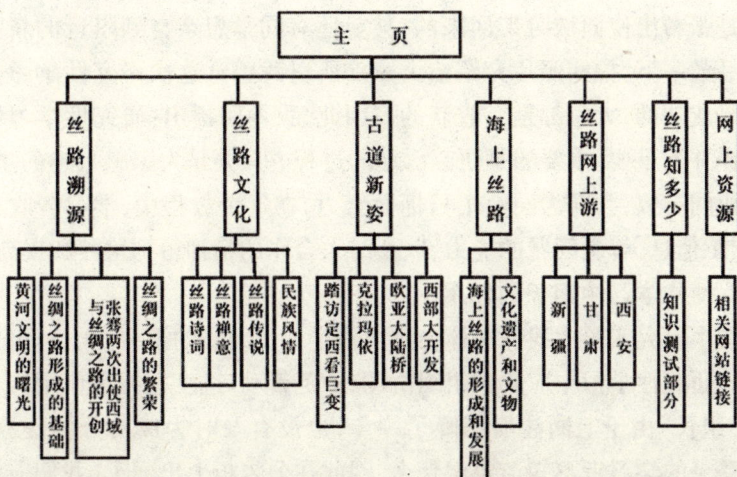

```
                        ┌─────────┐
                        │  主  页  │
                        └────┬────┘
    ┌──────┬──────┬──────┼──────┬──────┬──────┐
┌──┴──┐ ┌─┴──┐ ┌─┴──┐ ┌─┴──┐ ┌─┴──┐ ┌─┴──┐ ┌─┴──┐
│丝路溯源│ │丝路文化│ │古道新姿│ │海上丝路│ │丝路网上游│ │丝路知多少│ │网上资源│
└─────┘ └────┘ └────┘ └────┘ └─────┘ └─────┘ └────┘
```

图 3－2　"丝绸之路"专题学习网站的内容框架①

本章最后需要强调的是专题学习网站的选题与设计是整个课题开发的难点，也是重点。设计是一个创造性的过程，要求新颖而又实用，不能闭门造车，需要设计者有较强的教学实践能力、多学科综合知识能力、科研动态的捕捉能力，还要善于与学生沟通，及时发现与捕捉学生的创造性思想火花。

（六）应用分析和反思

最后，我们应该对已完成的专题学习网站进行应用分析与反思，以期今后能够更好地开发和利用专题学习网站。

1. 研究性学习的主题

这是整个协作研究性活动的核心，整个活动围绕该主题展开，本应用研究的主题是"丝路饮食"。

大家在一起讨论一个主题，一位老师说我们谈谈吃吧，当时感觉好像是一句玩笑话，吃有什么好谈的，选题不够有意义，但大家兴致很高。之

---

① 何芳. 张新华. 专题学习网站"丝绸之路"的开发[J]. 中国电化教育,2002(4):72－73.

117

后,真没有想到,这"丝路饮食"还真有讲头,不仅"丝绸之路"上的风味小吃说不完,而且大家还发现我们日常烹饪最常用的姜、大蒜等调料以及黄瓜都是张骞出使西域时带回来的,甚至还有同学想亲自到附近的新疆小吃店品尝一下,拍些照片介绍给大家。所以我感觉这次研究性学习实践活动是成功的,大家都是有收获的。因此,我斗胆提出:研究性学习的主题选择并不重要,重要的是研究活动的过程。只要是大家感兴趣的主题,大家协同一致,共同为同一个目标而努力,在这个过程中,学习者收集信息、加工信息、解决问题的能力,以及与人合作的精神得到培养和提高。

2. 协作学习中组长的作用

在本研究实验中我深深体会到协作学习小组长的重要性。小组长在协作式研究性学习中应起到组织协调、示范带动、进度把握等作用。本实验中"组长"由于上网注册稍晚了一步,也没有及时为成员分配任务,先注册登录的学习者不知道要做什么,因此在公告板上出现了"我们应该怎样开始做呢? 这里没有特别多的内容啊"、"请组长为我们分工,让我们开始行动吧"、"请资料收集员快点上传资料吧,我等着看呢"等帖子。在研究活动后期,由于"组长"没有及时组织总结,使研究计划延长了。

反思:当然这也不是"组长"一人的过错,也许他也是第一次参加这类研究活动,他也不知道该如何组织,因此,老师和网络平台应提供相应的帮助信息,对组长的职责、任务作以明确描述,可能会有助于他更好地组织协调整个活动过程。

3. 协作学习交流工具

在专题学习网站的应用实践过程中,我们明显感觉到专题学习资源库中的资源还远远不能满足需要,还需要在应用研究实践中不断地丰富、充实。同时,在本次应用实验中发现我们找到的相关资源仅上传到了协作学习数据库中,并没有上传到专题学习网站的专题学习资源库中,也就是协作学习资源库与专题网站资源库不是同一个数据库,或没有建立某种关系映射,这也是我们需要改进的地方。

第四章　教育影视:学生学习与教师教学的新视角

　　"五年以后,你将可以在网上免费获取世界上最好的课程,而且这些课程比任何一个单独的大学提供的课程都要好,到那时候,不论是在麻省理工学院学到的知识还是在网络课程中学到的知识,都应该被人认可。"

——比尔·盖茨　2010.8

　　爱因斯坦曾在给纽约罗里奇博物馆的信中写到:"电影,作为一种对人类精神幼年时期的教育方法,是无与伦比的。因为电影可以使思想剧情化,这就比用任何其他的方法更容易为儿童所接受和理解"[①],可见,教育影视的巨大魅力。在传媒支配下的当今世界,教育影视是社会传播面最广的艺术形式之一,影视艺术以其视听综合、时空综合、艺术与技术综合的绝对优势而引人注目。随着我国影视教育的不断发展,电视、电影、微视频等媒体已成为我国中小学生日常生活与教育的重要组成部分。

第一节　影视教育

一、动画片是孩子的世界

　　"大风车吱呀吱呦呦地转,这里的风景呀真好看,天好看,地好看,还有一群快乐的小伙伴……"

　　《大风车》、《动画城》伴随着一代代孩子的成长。即便是如今80后

---

① 王旭东.初中电影教学的策略与方法谈[J].作文教学研究,2013(4):107.

的老师们,谈起小时候看过的动画片也能如数家珍,《黑猫警长》、《熊猫京京》、《海尔兄弟》、《蓝皮鼠和大脸猫》、《人参王国》、《葫芦娃》、《美少女战士》、《灌篮高手》……一个个鲜明的动画人物让童年充满了快乐与幻想。动画片在童年里扮演的角色不仅仅是家庭作业后的一个奖励,更是童年时代的伙伴,是孩子们交流的一种语言方式,是童心创造出来的绚烂世界。

人类进入20世纪以来,科学技术飞速发展,产生了以影视为载体的新文化,它通过声、光、电的组合,以连动的画面形象,全方位、生动形象地再现了社会生活。它已成为现代生活中重要的基本信息源,并对人们的思想行为、工作生活、审美娱乐和消费观念发挥重要的导向作用,也成为中小学生接受最多的文化形态之一。

二、从影视到教育

影视艺术以其独特的视听呈现形式和高度灵活的时空结构特征成为现代与后现代艺术的代言者,它在倏忽闪转的风格化影像中寄寓着对变幻的现实与叵测的人性的表现与反思,在影像叙事的唤情体验、艺术性的审美创造与超越化的哲性思考中铸就了自己独树一帜的艺术品格[1]。作为大众传播的重要媒介,在消费文化兴盛的今天,影视传播已经无可争议地成为社会政治、经济、文化、意识的传播载体,日益深入地参与到了社会的生产与再生产当中,成为推进社会发展与进步的重要力量。

鲁迅曾说:“用活动电影来教学生,一定比教员的讲义好,将来恐怕要变成这样的。”[2]当时,鲁迅的话还没有讲完,下面已经哄堂大笑。然而,大笑的人们没有想到,20世纪末影视教育已开始大规模地在中国开展起来,而且人们在着力地探索着影视教育的途径、方法和规律。利用各式各样富有教育意义的影视来进行教学已经成为教育发展的新维度。影视作为视听觉媒体,追求直观形象,具有感性色彩,可以为学生理解抽象的内

---

① 牛鸿英. 对艺术本体维度的超越与回归——影视教育的文化省思[J]. 新闻知识,2011(10):11.

② 刘东方. 从鲁迅所观看电影的统计管窥其电影观——兼及鲁迅电影观的当下启示[J]. 鲁迅研究月刊,2012(2):21.

容提供感性的视觉、听觉体验。影视教学即是一种以形、声、光、电结合而成的记录、储存、传输和调节教育信息的教学手段①。与传统教学相比,影视教学更具有形式的直观性,表现的生动性,题材的典型性,内容的多样性等突出优点。它的呈现方式形象、浅显,主客体沟通距离近,有助于学生成为教学主体,自主完成意义建构,培养发散性思维。

无论是"从影视的角度发展教育"还是"以教育的手段传播影视",都是将教育与影视的优势结合,以此培养中小学生媒介素养,提高素质教育水平。在基础教育科学发展的进程中,影视文化教育必定会成为中小学不可或缺的教育内容。影视教育走进校园,是对传统填鸭式教学体制的挑战,电影不只是娱乐,电影教育的精神是让学生获得批判、思考的空间,能更深刻地体会自己所处的文化环境。

在中国"中小学影视教育协调委员会"组织的多种活动中,人们发现如今影视教育已逐步被纳入素质教育和创新教育的轨道之中,在教育改革中显示出了生机与活力。归纳影视教育目前的主要形式有以下几种:(1)活动型。组织青少年围绕影视片开展看、议、评等课外活动,借助影视片的思想内容和艺术形式,进行生动活泼的思想政治教育。这种活动型影视教育有较自由的形态空间,可以因时、因地、因力及综合各种条件、环境决定方案,是当前中小学普遍采用的一种形式。(2)影评型。把观看和评议影视作品结合起来,以教育为目的,以看为前提,以评为结果。对于受教育者来说,看一部电影就受到一次教育,写一次影评就进行一次锻炼,有一次心得就增长一份知识和能力。(3)主题型。它是以确定和突出某一主题为主要教育形式和教育目的的影视教育,需要研究不同影片的关系,把主题作为实施教育的主线,让不同的影视片按逻辑发展的顺序和关系,构成主线的不同环节,一环一题地去实现教育设计的最后目标。(4)辅助型。它是指把影视作为其他学科或课程教学的一种辅导性手段,以取得更好的教育效果,提高教育质量。(5)学科型。它是指将影视作为一种文化形态和文化载体,按照中小学学科教育和课堂教学的形式,把它当成一门学科课程来进行教学。因其较一般意义上的影视教育

---

① 刘毅,胡广涛,刘洧.以影视教学手段促进教学创新[J].电影评价,2011(1):75.

更自由、灵活,所以教育效果更深化,教育功能更能得到充分发挥,目前已成为科研含量较高的课题之一。

事实上,在实践中影视教育的形式和做法多种多样,绝非以上五种所能概括。相关学者正在探索、创新,增强其操作性、实效性。但随着影视教育的不断发展,人们都在努力追求着一个共同的目标:把世界上最好的影视片献给孩子!让孩子挑选世界上最好的影视片,并让这些最好的影视片伴随着他们健康成长!

三、影视教育的有效性①

当前,影视教育面临新的形势和机遇,理应与时俱进,适应时代需要,发挥培养学生综合素质与能力的独特优势。

(一)通过影视教育,提高学生的认知、创新能力

通过影视教育,学生可以加深对自然、社会、历史、人生的认识。影视艺术使人们"观古今于须臾,抚四海于一瞬",大大拓展了人们的视野。不同的时代、国家、社会和民族的生活面貌、性格特征、社会关系等,都可以从影视艺术作品中得到认识。大至天体,小至细胞,上至日月星辰,下至地理生物,都是影视艺术所涉及的广泛领域,也是影视艺术所传播的丰富知识。在影视作品中,有专门传播科普知识,推广新技术的"科教片",还有专门介绍风景名胜、人文地理的"风光片""科学艺术片",以及将高科技成果与精彩故事情节相结合的"科学幻想片",它们都可以帮助学生增长多方面的科学文化知识。影视教学在培养学生想象力和创新能力方面有着不容忽视的作用。爱因斯坦说:"想象力比知识更重要,因为知识是有限的,而想象力概括着世界上的一切,推动着进步,并且是知识进化的源泉。"②影视教学为学生想象力、创造力的发展提供了心理动力和广阔的空间。

"鉴赏"是一种审美活动,也是一种创造性活动,它需要鉴赏主体透

---

① 刘毅,胡广涛,刘洧. 以影视教学手段促进教学创新[J]. 电影评价,2011(1):75-76.
② (美)爱因斯坦. 爱因斯坦文集第三卷[M]. 徐良印,赵中立,张宣三,编译. 北京:商务印书馆,2009:101.

过有限的形式去捕捉无限的内容，教学影视鉴赏要求学生在欣赏活动中积极调动情感，尤其需要想象、联想甚至幻觉等心理能力的发挥，进入一种再创造的境界，从视听信息中进一步解读作品更丰富的内涵，通过对视听信息中象征和隐喻的理解，去挖掘更深刻的艺术价值和社会价值。这种主动参与和理性探索的过程有助于学生人格和精神的塑造，有助于学生想象力和创新能力的培养。

（二）通过影视教育，提高学生的审美、感知能力

影视艺术比其它传统的文艺具有更强的感染性，它给人们的生活带来了巨大的影响，能促进人们提高思想道德境界，陶冶道德情操，指导人生；能促进人们了解历史，认识现实，增长知识，提高文化素养；能培养审美情趣，提高审美能力，唤起审美理想。影视艺术的应用，使得课文中描写之物能真实具体地展现在学生的面前，学生不仅得到欣赏的机会，获得审美的享受，而且还可以联系课文内容，揣摩作者是如何遣词造句加以描绘的。这种对照学习，无疑有助于提高学生的阅读能力、理解能力和写作能力，形色共现，声情并茂，能取得比传统教学手段更理想的教学效果。

（三）通过影视教育，提高学生的心理素质

影视教育兼具艺术性和娱乐性。现代心理学研究表明，影视教育通过给学生以视觉、听觉上的享受，使学生产生生理、心理上的快感。影视教学还有一种代偿与宣泄的作用，所以影视教育可以使学生的审美需要得到满足，能够让学生的身心得到调整和放松，保持乐观的精神状态。同时，影视教育也成为学生进行自我调节与控制，走出情感困惑，回归正常心态的良好渠道。由于心理素质教育一直是我国高等教育的一个薄弱环节，再加上社会竞争的加剧和就业压力的加大，相当一部分学生面对困难和挫折的心理承受能力较差，缺乏在逆境中积极进取的精神。所以，要利用影视教学的积极作用，让学生在影视的声画世界里陶冶性情，净化心灵，超脱狭隘的功利观念，保持健康的心理，形成健全的人格。

（四）通过影视教育，提高学生的道德修养

优秀影视作品寓教于乐，以情感人，依靠形象的力量向人们揭示什么

是真善美,什么是假丑恶。影视教育不以说教和训诫为手段,而是赋予思想品德教育以生动形象的内容与形式,使学生在真善美的熏陶和感染中树立正确的世界观、人生观和价值观,自觉培养热爱祖国和人民,诚实善良,正直勇敢的美好品质。影视教育也是对学生进行爱国主义教育的重要手段。在近几十年中,优秀的导演和艺术家们不断为热爱影视艺术的青年学子们奉献了一部部优秀的国产影片。这些优秀影片把党的崇高理想信念和优良作风展现给学生,把中华民族的优秀传统和美德展现给学生,把反映爱国主义、集体主义思想的艺术形象展现给学生,从而激发他们炽热的爱国主义情感,培养他们高尚的道德情操和健康的审美观念。影视风光片、文艺片也能通过优美的画面、动人的舞姿、亲切的解说,把学生带到祖国的大好河山和民族风情之中,使他们在心中升腾起自豪感和责任感。

四、影视教育案例

在推广、践行影视教育的过程中有很多模范学校、模范教育工作者,我们不妨来看看他们的经验。下面是天津南开区义兴里小学有效开展影视教育的案例,通过"声情并茂的影视赏析课""丰富多彩的影视教育活动""深入浅出的影视教育科研"三方面来进行影视教育,具体的内容如下:

(一)声情并茂的影视赏析课①

"小小竹排江中游,巍巍青山两岸走……"同学们在上影视赏析课《闪闪的红星》。

教师请大家闭上眼睛,一边欣赏歌曲,一边按教师的描述回忆影片的情景。

(教师语:滔滔江水碧波荡漾,江岸两边大山凛然耸立,树木成行,随着江水慢慢地向后移,天空中雄鹰展翅,一只小小的竹排载着那颗"闪闪的红星"乘风破浪地前进、前进。)

---

① 张明哲.义兴里小学影视教育别具特色[J].天津教育,2002(7-8):40-41.

教师启发学生思考："小竹排乘风破浪前进的情景还有没有更深层次的寓意？"

学生们你一言我一语，争先恐后地发言。

一堂课下来，学生们轻轻松松地受到了教育，一个小红军的成长历程告诉大家，无论在什么时候都要坚定不移地跟党走，党就是我们心中的那颗红星，它将指引我们不断前进。义兴里小学的影视赏析课以其特有的方式使学生陶醉其中。

由于建立了一系列的组织实施措施和课堂评估方法，精心备课、精心组织、精心指导，赏析课成了学生天天盼的课。

"影片《宝莲灯》大家都看过了，它是根据古代传奇'劈山救母'改编而成的，这部影片深受大家喜爱。今天，我们就从音乐方面来赏析这部影片。在这部影片中有三首脍炙人口的歌曲，我们大家一起来欣赏。"教师的开场白简洁明确。

第一首歌的节奏不断变化，第二首是深沉的思念。

教师提问："这种思念与第一首歌相比，哪个更强烈？从哪儿能看出来？"

学生们沉浸在思考中。

教师引导："正因为沉香苦苦寻找，苦练功夫，最后终于和母亲团聚了。下面让我们带着与沉香同样激动的喜悦来听第三首歌。"

歌声从无到有，渐渐升高，在教室中回荡。每一个人都被歌曲深深地感动了，学生陶醉其中，同影片的主人公一同欢笑，一同焦急，一同愤慨，一同欣慰。这是多么大的心灵震撼！影片将形、声、光、色融为一体，从多方面刺激学生的各种感官，增强他们的注意力与求知欲，特别是那些栩栩如生的影片画面，使学生从不同侧面去观察、了解事物，从而掌握事物的本质特征。由于所选的影片符合学生的年龄特征、发展规律，贴近现实生活，因而对学生产生了很大的震撼，使他们体味到了什么是深刻的情感、崇高的理想、正确的世界观、高尚的人格，从而激发了他们的学习动机，树立了正确的世界观、人生观和价值观。

《小兵张嘎》是孩子们很喜爱的影片，课堂上教师启发学生对电影情节进行了重组。学生们找出"枪"这条主线，对影片进行深层次理解：(1)嘎子得到的第一支枪是什么枪？谁给的？(2)嘎子用木枪缴获第一支真枪，结果如何？(3)嘎子用木枪缴获第二支真枪，怎样做的？为什么这样做？(4)嘎子为什么主动交枪？(5)区队长为什么要授予嘎子真枪？

对《小兵张嘎》情节的重组，使学生对嘎子的成长历程有了立体的了解。电影以其生动的画面、精彩的情节、逼真的音响效果，激发了学生兴趣，给了学生自由广阔的想象空间。影视片以语言、色彩、构图、情节等多种形式的结合，为学生创新品质的培养提供了丰富的养料。影视赏析课中，教师引导学生在观看和欣赏过程中，自己去发现、体验、学习影片中蕴含的知识、道德和情感，开拓他们的思维。

影视赏析课是运用现代超文本先进手段进行教育，它直观生动、具体形象，具有较强的感染力，能将复杂的事物简单化、深刻的内容直观化，符合学生的认知规律，是提高学生观察和分析能力的好方式。课前，教师引导学生熟悉影片的背景和基本内容，把学生领进影片，使学生身临其境；课后，教师通过组织观后议论、观后表演、写读后感、电影知识竞赛、小制作等活动帮助学生进一步明确、转化在观看电影过程中出现的情感和认知冲突。观影前后的德育活动(例如：和演员交谈、主题教育活动、社会实践活动等)也是使学生体验"走进影片"和"跳出影片"感受的好方式。

(二)丰富多彩的影视教育活动①

义兴里小学围绕影片开展丰富多彩的影视教育活动。该校师生和陈强、谢芳、王澍、祝新运等艺术家和著名演员联欢、座谈，和全国中小学影视教育协调委员会、中华爱子影视教育促进会以及儿童电影学会的领导和专家交流观影的感想和体会。座谈时，葛佳音同学形象地说："文化课学习与电影文化的关系就好像饭与菜，人不吃饭不行，但是菜作为搭配也

---

① 张明哲.义兴里小学影视教育别具特色[J].天津教育,2002(7-8):41-42.

不能不吃。饭是保证吃饱的,菜是保证吃好的,主食副食都不能忽略,要合理搭配。"

义兴里小学以影视教育为载体,进行革命传统、爱国主义、集体主义教育。他们组织学生观看电影《周恩来》,开展"学习周恩来,做跨世纪新人"的系列教育活动;观看《大决战——平津战役》,使学生明白今天的幸福生活来之不易。在平津战役纪念馆,学生们缅怀革命先烈,决心继承先烈遗志,做跨世纪的小主人;观看《一个独生女的故事》以及不同时期同龄人榜样的影片,使学生们发扬团结互助精神,向有重病的同学捐款,为灾区募捐,资助革命老区的小朋友上学,建立少先队扶困帮助基金。影片中栩栩如生的人物形象,使大家有感而写、有感而论,通过写影评、感想或主题班队会、创作电影小品等活动,提高了学生的思想道德水平和辨别是非的能力。在电影作品中英雄形象的鼓舞下,学生们积极参加社区服务活动,少年志愿者小分队在社区、学校踊跃做好事,为社区作贡献。影视赏析课和教育活动相结合,极大地调动了学生的主动性。

教师们还充分利用影片辅助教学,如讲《开国大典》一课时,教师组织学生观看影片《开国大典》,使学生们深入理解课文的意境,理解"中国人民从此站起来了"的深刻意义;在讲《观潮》一课时,组织观看《钱江涌潮》,使学生们直观地去体会钱塘江潮给人们带来的震撼,加深了对课文的理解。

学生们还把影视光盘带回家,茶余饭后与家人一起欣赏,全家受教育。最近,学校的少先队正在开展"寻访影片中英雄人物原型"的活动,力求把影视教育与爱国主义教育、集体主义教育和革命传统教育有机地结合在一起,把英雄人物与真实生活结合起来。

(三)深入浅出的影视教育科研[①]

义兴里小学承担了中央电教馆"九五""十五"科研课题,2001年学校的"电影课课题研究"获全国"九五"课题报告二等奖,反映学校影视教育的大型展牌在北京人民大会堂展出。影视教育成绩的取得离不开深入浅

---

① 张明哲.义兴里小学影视教育别具特色[J].天津教育,2002(7-8):42.

出的教育科研。

学校领导在总结影视教育科研经验时说:"学校重点抓了管理流程。第一步:抓科学审片,1998年建立了全国第一家爱子影视教育片库,储备了近千部中外优秀的影片供开设影视赏析课使用。第二步:抓严谨备课,建立独立的备课教案,提出备课要求。第三步:抓课堂质量,制定了影视赏析课课堂教学评估体系,统一了教学要求,规范了课堂评估。第四步:抓活动层次,丰富了课外延伸活动,把具有影视特点的活动和德育活动、少先队活动、兴趣小组活动、社会实践活动有机结合起来,使影视教育的渠道立体化。影视教育给学校的教育教学改革提供了很好的发展契机。"

在科研中,教师们总结出了贴近学生实际的教学方案,那就是操作中的"八步流程"(备片—审片—看片—读片—赏片—析片—循片—创片);教学中的"八步教学法"(启发引导—观看影片—抒发感想—剪辑梳理—欣赏分析—研究升华—总结收获—指导实践);课堂教学六种方法(赏析法、讨论法、模仿法、合作法、创意法、研究法);课后活动五种方法(实践法、寻访法、活动法、表达法、竞赛法)。教师们把课前、课中、课后都作为影视教育的重要组成部分。课前,组织学生观片,教师备课;课中,启发、引导学生欣赏分析影片的内涵;课后,开展关于影片的扩展性活动,延伸电影的教育效果。

在影视教育科研过程中,学校狠抓教师素质的提高,通过学习、培训,培养了一支教师科研队伍。教师们在备课讲课的过程中学会了编、导、播,有十余篇影视教育科研论文分获全国、市、区科研成果奖项。

中国加入世贸组织给我国带来了走向世界,加速发展的希望,面对入世的机遇和挑战,影视教育将如何发展? 义兴里小学的领导和教师们有着独到的见解。首先,他们认为随着中国入世,中小学生将面对多元文化,自觉或不自觉地会受到各种文化的影响,使学生学会分析、鉴赏影视文化,以积极健康的文化陶冶孩子们的情操,正是在新时期不可忽视的重要工作。其次,他们感到影视是使孩子们了解世界的窗口。通过世界各国的优秀影片可以使学生了解世界各国的文化和历史,了解各国的风土人情。优秀影片给学生打开了一扇"世界之窗"。第三,通过教师引导学生对影片的品味和鉴赏,可以提高学生的综合素质。第四,学校开设影视赏析课程,开拓了一个新的学科(集语文、音乐、美术、历史、思想品德等学科为一体的综合课程),创造了一个新的课堂模式(研究型、开放型、双向互动式的合作教学模式),摸索出一条新的教学方法(师生双主体互动),这对推进教学改革起到了积极的作用。

义兴里小学的领导和教师们给我们勾画了一幅应对新形势下深化影视教育的宏伟蓝图,也为其他正在从事影视教育的工作者提供了宝贵的经验,这是国内影视教育工作开展的模范案例。同时,吸取国外的影视教育经验同样会促进我国影视教育的发展。从总结国外经验来看,国内可以从三方面来考虑:理念的转变。我国传统教学注重应试教育,注重文字语言的能力,而如今已步入高科技时代,应从强调"读写能力"到强调影像的分析、解读、制作能力。例如,英国是最早将影视教育纳入到国民教育的国家,所有 5～14 岁的孩子都必须选修相关的影视教育课程,影视教育的理念深入英国的中小学教育中。英国不仅有专项的国家基金来支持影视教育,将经典的具有代表性的作品版权购买过来,无偿地提供给全国中小学使用,而且专门成立从事电影课教学的教师培训中心,培养了大批专门从事影视教育的工作者,扩大影视教育队伍。影视教育不仅仅是说我们教育孩子们,而是要让孩子们亲身参与到教育工作中来。不仅学会了解影视的内容,同时要能够用影视来表达自己,通过拍摄短片来提高孩子们的动手能力和创新思维。

影视教育的发展需要社会各界的共同关注和努力,希望有越来越多的影视工作者投入到其中,创作出更多更好的适合教育教学的有意义的作品。教师们也在影视教育的开展中不断地丰富自己,提高自己的媒介素养,在教学中灵活地使用影视作品活跃课堂气氛,从而启发、引导学生正确看待影视作品,潜移默化中使学生树立正确的价值观、人生观,这是影视教育任重道远的工作!

第二节　微视频:课堂学习的延伸

随着微博的广泛普及以及微小说、微漫画等应用的兴起,微视频在沉寂几年后再度受到关注。在 2010 年底,微视频进入企业,先后在陶瓷、卫浴、家电、涂料、家具、地板、照明、日用化妆品等行业里得到了推行。除了商业用途,微视频的教育意义也不容小觑。近两年,随着微视频的兴起,一些学习类的微视频也越来越多,比如华图网校、京佳网校、中公网校等都为学员提供微视频自主学习。在课堂教学中使用多媒体,这在 20 世纪 80 年代就已经出现,但当时大多是多种电子媒体(如幻灯、录音、录像等)的综合运用,比较繁琐。20 世纪 90 年代起,随着计算机技术的发展和普及,计算机已经逐步取代了以往的多种教学媒体综合使用的方式。而微视频的制作播放、上传下载都离不开计算机网络的支持。可以预测,微视频正将成为依赖于计算机的新一代教学媒体。微视频应用于课堂教学中不仅可以融视、听、说于一体,创设真实生动的教学情境,还能提高学生的学习兴趣,激发学生的创造热情。

一、"微"力量有大未来

"微视频"这个新名词,很多人可能还不是很了解,但是我们来看一下:网民胡戈将陈凯歌的《无极》以幽默的方式改编而成的《一个馒头引发的血案》视频短片;被称为校园爆笑第一组合的"后舍男生",通过假唱、恶搞的形式而在网络界掀起一股不小波澜①。相信很多人对此一定不陌生。微视频以迅雷不及掩耳之势闯进了我们的生活,成了时下一种全新的、非常流行的平民娱乐方式。

对于微视频的概念,现在整个网络行业、学术界都没有一个统一的定义,甚至连名称也是五花八门,比如一开始的短片、电影短片,后来的数字短片以及现在的微视频、短视频、微电影、短电影等②。这些名称可以大致反映出微视频概念界定方面的趋向。目前的微视频主要指时间上,体现一个"微"字。微视频通俗地说是指时间很短的视频,一般不超过 60 分钟,它的内容非常广泛,形态也多样,可通过 PC、手机、摄像头、DV、DC、MP4 等多种视频设备摄录或播放。"短快精"、参与性、随意性是微视频的最大特点。与现在传统网络电视的区别就在于:微视频可以由 PC 向

---

① 张佰娟. 论微视频的个体表达及其文化意义[D]. 长春:东北师范大学,2008:2.
② 苏岩. 微视频发展历史研究[J]. 软件特刊(教育技术),2011(11):33.

多元化的移动个人终端进行扩展,实现随时随意的视频播放。与此相对,专门承载微视频短片的网站我们就称之为微视频网站,网民在这类网站上自主交流沟通,既可以上传自己制作的微视频,同时还可以点击分享他人的微视频,并加入自己的收藏夹。微视频行业中的领头羊是创办于2005年的美国的YouTube,其成功也引发了国内微视频网站的纷纷成立。现在我国实力较强的微视频网站有土豆网、优酷网等等。由于3G与4G技术的开发应用,微视频可以实现从个人电脑向丰富多元的个人移动终端的扩展,对于没有任何专业技术知识背景的人来说,只要拥有一个摄像头、一条数据线、一个免费的音频软件,就可以将微视频的制作、发布、订阅、收听等程序演化成一场"化繁为简"的视听游戏,其便捷性和无技术性为微视频作为一种网络个人传播方式奠定了基础[①]。

进入3G移动多媒体时代后,经过对传统媒体的兼收并蓄和创新发展,设备信息处理能力的提高与传播介质的变化完全结合,网络构筑的传播平台大大不同于以往的大众传播,网络离散的结构属性决定了网络传播主体的多样化与个人化,单个的受众成为传播的起点和终端,个人对传媒的需求成为媒介整合的推动力[②]。在这种新的传播形态下,传播权利从媒介组织向个人扩散,人们更加强调个人对媒介的使用,而不是为媒介所影响。人们通过越来越多的媒介渠道和公众活动来对自我进行认识和探索,一统天下的理性与规则已经被抛弃。自我成为一个人存在和发展的前提,在这个时代除了"我"之外,没有其他。由此,传统意义上的大众传播解构为个人传播,因此我们说,人类的社会传播活动与社会发展的脉络相对应,经历着一个从个人传播到大众传播,再向个人传播回归的发展历程。

微视频就是今天个体在网络上进行个人传播,表达自我的新形式。微视频的传播依赖于较强的网络设施,网络技术的不断发展势必让视频传播更加方便快速,不会因为网络带宽的限制而导致信息的滞后传播。

---

① 肖睿.3G时代的网络个人传播——以微视频的个体表达为例[D].长沙:湖南师范大学,2011:26.

② 肖睿.3G时代的网络个人传播——以微视频的个体表达为例[D].长沙:湖南师范大学,2011:26.

目前,各大视频网站均提供视频分享服务,用户可以通过简单的操作进行观看、上传、分享视频等服务。由于视频本身能够给用户带来丰富的体验,所以分享视频无疑也是一件趣事,正因为此,视频的发展必定要越来越有利于这个优势,短小精悍的微视频正好与此要求相符合,其便捷性也能够满足现在快节奏的生活。如此,微视频才成为今天人们传达感情,表达个性、自我的新时尚。

"微"这个字如今变得较为流行。微博、微小说、微漫画、微信、微电影、微视频,这些带"微"字的词语如今常常出现在人们生活中,在各行各业中也颇受欢迎。这"微"小的作用也同样给教师和学生的生活带来了一抹灿烂的色彩。教师使用微博总结教学经验,反思教学成效,使用微信联络师生感情,关心学生生活;学生用微小说晒出自己多彩的校园生活,用微漫画涂鸦自己的"小心情"。如此一说,这"微"力量会有大未来,将其应用到真正的教学领域,必将促进教学的发展。

二、微视频的主要特征[①]

微视频具有互动性。传统的媒介在编、读之间进行的是单项交流,而视频媒介可以进行单向、双向甚至多向的互动交流。如各大微视频网站所建立的上传者和观看者之间的回复便很好地证明了这一点:用户利用视频可新建对发布者的回复,也可以就回复进行回复。另外,观看者的回复也为该节目起到了造势的作用,比如有较大争议的节目的点击率往往都是直线飙升的。

微视频是草根的大众娱乐。任何一个人都可以加入微视频这场"化繁为简"的视听盛宴,因此一度归属于大众传播者的话语权将归还于大众,草根阶层从此拥有了在网络上表达自我、展示自我的渠道。它完全颠覆传统媒介把关人的作用,使微视频的创作者成了主宰自己作品的决策者,使草根阶层获得了可以在互联网上高度自我表达、发出自己声音的话语权。如此广泛的群众基础也注定了微视频对受众主体地位的强调及媒

---

① 肖睿.3G 时代的网络个人传播——以微视频的个体表达为例[D].长沙:湖南师范大学,2011:26 – 27.

体内容选择的内在动力,由此必定造成微视频高举娱乐大旗的现状,其提供展示的也多是轻松有趣的关于音乐、明星、旅游、动物等分享类的视频。从这点上说,微视频已成为大众解除心理负担、缓和精神压力的通道,同时也是人们分享信息、分享快乐的方式方法。微视频内容的娱乐性与草根性紧密结合,成为当下微视频日益深入人心的一个重要原因。

微视频是衍生出的"快餐文化"。传统意义上的快餐是一种消费,而现如今它更体现的是一种时代文化的特征。在当今这个瞬息万变的社会里,人们的生活仿佛运行在"高速公路"上,一切都显得高频率、快节奏,正如所谓"时间即财富"。于是各种各样的"快餐文化"与之相伴相生:欣赏电视剧《红楼梦》《钢铁是怎样炼成的》代替了原著的阅读,大部分的中外名著都有了缩写本,《二十四史》可以直接看现成的译文,学习古诗词只需熟诵"名句"……人们似乎越来越希望追求时间上的短,而微视频的"短快精"以及随意性等特点也正是在这样的时代文化背景下应运而生的。

与传统的大众传播不同,微视频的制作者往往就是其作品的唯一决策者,且散居于世界各地,这些散居者中的绝大多数都是没有专业素养的支持,缺乏分工协作的管理运作体系。因此,其作品也仅仅代表着一种个人行为,不具权威性,并不与发布作品网站的舆论形象相连。3G技术赋予微视频低门槛的准入制度也正好契合了其"快餐文化"的特征。瞬息万变的社会中,高频率、快节奏使得散居者往往不再寻求精英文化,他们希望时间较短,意义精炼,而微视频正是在这种"快餐文化"诉求中发展壮大。

微视频的制作、发布不具有权威性。我们都知道,电视的娱乐节目制作有一整个接受过专业培训、有良好素质的节目制作团队,在基于分工协调的管理体系上运作,而且其节目往往代表了媒体的形象和立场,并能通过较高的收视率吸引广告商。与同样以娱乐功能为主的微视频相比,网络视频节目制作者分散,水平参差不齐,节目的上传仅仅代表个人行为,并不与发布网站的舆论形象挂钩,因而不具有权威性[①]。

---

① 张佰娟.论微视频的个体表达及其文化意义[D].长春:东北师范大学,2008:3.

三、课堂上如何引入"微"势力

微视频是完全契合碎片化信息时代的一种产物,现今,微视频应用于课堂教学也已越来越常见。随着计算机科学技术的快速发展与大众普及,大多数中小学教室都安装了多媒体计算机设备。在很多的学校我们也能看到教师在课堂上利用多媒体设备播放微视频进行教学。微视频的便捷性、互动性和高效性相对于传统教学有着许多不可替代的优势。

了解了有关微视频在课堂教学中应用技术的问题,应用的技巧显得更为重要。事实上,任何优秀的教学工具与教学手段,都有一个正确使用的问题,教师只有在不断实践的同时,不断地思考与总结、尝试与改进,才能真正发挥影视教学的作用。

(一)如何选择合适的微视频

"教什么"永远比"怎么教"重要[①]。怎样的一堂课才算好课,许多教师在考虑这个问题的时候,心中想的是"怎么教"的方法问题。比如怎样导入,怎样利用多媒体,组织什么活动,怎样把握教学的节奏乃至怎样突出教学的"对话",怎样体现"合作"等。教学方法是重要的,但研究表明,仅仅是教法的探索,仅仅在教学程序、教学方法上做文章,作用有限。教学方法受制于教学内容,"怎么教"服务于"教什么"。课堂教学的失败、无效,问题主要出在教学内容上。一堂课如果没有具体、适宜的教学内容,那么无论在教学方法上玩什么花招、树什么大旗,都不可能是成功的。因此,作为微视频在课堂教学中的应用,首先是选择合适的微视频。微视频的质量包括画面清晰度、声音的渲染力、视频播放的流畅性。只有高质量的微视频才能创设出更好的教学情境,营造出浓厚的氛围,使学生在课堂上能够更加投入学习,实现教学效果的最优化。其次,选择信息量。适中的微视频。很多人会误以为选择微视频教学,信息量越丰富越好。其实不然,研究表明,当一堂课教师所教授的知识太多,反而影响学生的接受能力。微视频被用于课堂教学中,其目的也是向学生传授知识,所以应

---

① 刘向永.教什么比怎么教更重要[J].中小学信息技术教育,2011(10):26.

尽量选择内容丰富、程度适中、易于被学生所接受的。最后,要考虑的是微视频内容的选择。

教师在课堂教学中播放微视频想要达到的目的一般有:(1)作为引入材料。在选择微视频素材时要注意趣味性,能否引起学生的学习兴趣是微视频作为一段引入材料合适与否的关键;(2)营造课堂气氛。在选择微视频素材时要注意其声音的立体效果以及画面的渲染力,教室的灯最好关掉,窗帘拉起来;(3)作为拓展材料。含信息量丰富一些的微视频,这类材料主要用来开拓学生的眼界,丰富学生的课外知识,所以要注意其可读性、趣味性及延伸性;(4)模拟教授实验具体过程。这类微视频在选择时要注意其实验过程细节方面是否展示出来。教师播放这类视频是希望学生通过观看学会动手操作,所以视频中的操作应当具体、详细、易懂且速度适中,而视频画面应当清晰且足够大,能够看到细节方面。

(二)选择合适的播放时间及环境

在课堂教学中微视频的播放时间也是很有讲究的。一段微视频是在上课之前播完,还是上课的过程中播放,又或者快下课的时候播放,产生的教学效果都是不一样的。当然,作为引入材料的话,应该是上课之前播放,或者刚上课的时候播放,这样才能达到引入的作用。而作为拓展材料的微视频,则一般应该留到最后播放,教师讲完这堂课的所有内容之后留几分钟来播放。作为模拟教授实验的微视频则应该在课堂教学中播放。教师讲解到某个实验时可以先简单介绍实验的主要步骤,随即播放微视频,让学生自学具体实验操作过程。最后,作为营造课堂气氛的微视频材料,可以在教师觉得学生的学习热情不高,学习出现倦怠时播放。

微视频的播放环境也很重要,一般说来相对安静的环境播放会比嘈杂的环境效果要好,所以上课期间播放会比下课期间播放效果好一些。光线暗一些也更能容易营造氛围,所以播放微视频时最好把教室的灯关掉,窗帘也都拉上。声音的立体感,画面的清晰度、渲染力,这些都会影响微视频播放的效果。

(三)课堂教学中使用微视频要适度

在课堂教学中使用微视频能够带领学生走进一个精彩纷呈的世界,

这种直观生动的教学形式极大地激发了学生的学习兴趣,也引发了学生丰富的想象力和创造力。但如果课堂上教师过多地使用音频、视频,而不给学生留有想象思维的空间,长此以往,也会使学生形成惰性,不愿意去积极动脑思考。想象不是空想,想象也是需要材料的,同时想象也不是无动力运动。情感是想象的动力,而记忆表象则是想象的材料,适度的音频、视频恰恰可以激发学生的情感,丰富并调动学生的表象贮存,培养其想象力①。使学生在"听到"知识的同时更多地"看到"知识,激发学生的情感,丰富并调动学生的表象贮存,帮助学生想象力的发挥。

（四）微视频播放过程中恰当讲解

在课堂教学中播放微视频,教师是否需要讲解呢? 我觉得要视具体情况而定。很显然,如果教师只是一味地播放,不加讲解,学生很可能会抓不住重点。况且这样的话,学生自己在家上网看一些教学视频就可达到一样的效果,为什么还要在课堂上播放呢? 而如果在播放微视频的过程中,教师不停地讲解,不仅会让学生觉得厌烦,也不可能达到预期的教学效果。

教师的讲解应该是贯穿于整个微视频播放过程中的,教师应该在必要的时候提出信息点,让学生加强注意。所以我们说课堂教学中播放微视频的过程,教师要恰当地讲解。这个"恰当"二字应该可以这样理解:在学生觉得有疑问的时候暂停播放,加以讲解以解除学生的疑惑;在某个重要的知识点出现时加以讲解,让学生注意。除此之外,教师不用过多地讲解,尽量保持微视频播放过程的流畅与完整性。

（五）微视频播放过程中适当的暂停与重复播放

课堂教学中播放微视频除了配以教师适当的讲解,很多时候会需要暂停与重复播放。就以某个化学实验操作微视频为例,实验过程可能要用到各种各样的仪器设备和化学物质,操作过程会有一定的复杂性。有的时候看一遍会遗漏很多知识点,所以可能需要反复观看。实验操作过

---

① 薛世昌.高校多媒体教学视觉内容运用的适度性探究[J].电化教育研究,2010(3):71.

长,可以把它分为几段,看完一段暂停进行回忆思索。这样之后,再完整地播放一遍,最后进行总结反思,才能真正地把这个实验过程弄清楚。总之,在很多情况下,单纯的从前往后播放一遍,学生并不能牢固地掌握知识,知识的掌握是需要反复加强巩固的。要想运用微视频达到好的教学效果,播放过程中的暂停与重复播放必不可少。

(六)微视频播放结束后及时总结与反馈

在微视频播放结束后,教师要及时总结和反馈。根据心理学上关于人类记忆的研究,学生在观看完微视频后,对其中的图像、声音形成的是感觉记忆。经过教师的总结提炼,学生在心里复述知识点,形成短时记忆。而我们都知道,短时记忆很容易遗忘。根据艾宾浩斯记忆曲线,短时记忆中的知识经过 20 分钟就遗忘了差不多一半,因此及时地反馈也非常重要。反馈的具体实施方法有很多种,可以让学生来复述教师刚刚总结的内容,也可以举一反三,提出类似的问题让学生解答,还可以在原有的知识基础上培养学生的创造力。总之,及时地总结与反馈的目的是让学生脑海中的短时记忆转变为长时记忆,更扎实地学到课堂上所教授的知识。

四、"微"力量挑战大困难

在实际的教学过程中,每一节的教学内容里都包括教学重点和难点。教学重点是学生要掌握的重点内容,是关键知识点。而教学难点是教师们讲解时比较费时、费力的知识点,并且教学难点往往就是教学的重点内容,因此,教师对于难点和重点的讲解就必须要透彻、仔细、深入。许多教师反映,在课堂教学过程当中讲解最多的就是每个章节的重点和难点,尽管如此,往往还会出现学生不理解、易混淆、易犯错等现象。如何很好地讲解重点和难点知识,让学生容易听懂、容易掌握,成为了课堂教学的大困难。微视频就是这样一种可以引入到课堂,发挥教学作用的"微"能量。将包含教学内容的微视频引入教学当中就可以解决教学重难点讲解的难题。

（一）学习碎片化

随着科学技术的发展，代表移动终端设备技术的各种数字产品也不断更新换代，许多学生都拥有电脑、手机等电子产品。学生可以将视频下载到这样的一些移动学习工具中，然后利用课下时间，使用随身携带的电子产品随时随地观看学习视频，体验无所不在的移动学习乐趣。因为微视频较短、传输较快，无需消耗多少数据流量，因此也可以直接在网上浏览，方便快捷，使其成为移动学习中一个重要的知识载体。如果将课本中的重难点变成一段段的微视频，学生就可以进行碎片化学习，不仅可以节约时间，还可以随时随地反复学习，牢记知识点，深入理解知识点。

（二）有针对地学习

短小精悍的微视频的突出优势还体现在"精"上。一堂课教师一般不会只讲一个知识点，一段微视频却可能只精讲一个知识点，虽然时间短、内容不多，但可以将知识点剖析得较为透彻清晰、一目了然。学生在学习时是一个知识点、一个知识点的慢慢接受、消化，不会造成学生的学习负担和心理压力。另外，微视频的出现已经开始突破传统学习的枷锁，让学生从被动的消极的学习进入到积极的快乐的学习，学生可以根据自己的兴趣选择自己想学习的知识点。

（三）学习内容、表现形态丰富

多元素组成的各种视频直观形象，可以将枯燥乏味的文字符号以各种丰富的形态展现出来，吸引学习者的注意力，便于学习者记忆的保持。各种生动的微视频还可以使学生放松学习的心情，可以尽情地享受学习的乐趣。在学习的过程中，学生不仅体会到了乐趣，而且能够提高自己解决问题的能力。这也是微视频所起到的作用，它把枯燥的学习变成一种乐趣。很多乏味和难以理解的知识点，通过微视频的形式表达出来以后，使得学习者乐于接受。例如，令许多学生都头痛的英语单词的学习。单词是英语学习的重点和难点，每一课都会出现一些新的单词需要记忆。学生们普遍都反映单词记不住，记了又忘，忘了又得重新记，很是痛苦。

如果把每一课的新单词都编在一段动画微视频里,学生在看动画视频的同时就掌握了新单词。

(四)多样化的交互学习活动

教师在使用微视频教学时可以针对微视频开展各种自我探究、人际学习、交流答疑、检测反馈等多种多样的交互活动,促进学习者对相关内容的学习和建构。同时,避免一些学生徒有新鲜感,出现看热闹的心理,沉溺于视频的剧情中,耽误学习,反而会适得其反。

第三节　视频公开课:教师教与学的情境变革

一、公开课搬上网络

公开课是一种有组织、有计划、有目的的面向特定的人群作正式的公开的课程讲授形式的活动①。面向学生的公开课,除了学生参加听课外,一般还有领导及其他教师参加,是教师展示教学水平、交流教学经验的活动,大多以从事教学工作多年、教学经验丰富的老教师,或在教学岗位上有创新的崭露头角的年轻骨干教师承担,此类课由于上课教师教学水平高,教学方法先进,教学语言生动,对教材与大纲的精神领会深透,在内容的选择衔接以及教材重难点处理上有特色,属于较为优质的教学资源,故有很强的观摩价值与指导意义,所以又称为观摩课、指导课。如今随着信息技术的发展,社会开放性的不断提高,资源共享和开放教育逐渐成为教育改革的主流方向。一些优秀的公开课被搬上网络,受网民的青睐,发展成为风靡一时的网络视频公开课,形成了一个社会化的学习平台。

二、视频公开课成为风潮

耶鲁大学哲学教授 S·Kagan 被中国的粉丝称为"课桌教授"。因为

---

① 罗虹,卞亚红,王亚平,等.关于视频公开课的解析[J].中国医学教育技术,2012(8):407.

在视频讲座中他盘腿坐在课桌上讲"死亡"。这种课程中国没几个教授会讲，但是该视频却吸引了数十万观众。Kagan 的粉丝说："我对死亡讲座很感兴趣，因为中国人很少在公众场合讨论这样的话题。作为一个记者我很想理解人为何自杀。"另外一些看过哈佛大学 T·Ben-Shahar 博士的积极心理学视频讲座的年轻人说，这些讲座给他们的印象深刻，因为它帮助他们认识到"不要用幸福或不幸福的二分法来看待生活，而是怎样使幸福多一些"。还有许多视频公开课的爱好者组建在线学习小组，通过 QQ、MSN 等聊天工具与 200 个热心者共同分享学习心得。概括来说，视频公开课是以视频方式记录和传播，以在校学生为服务主体，同时面向社会大众免费开放的网络视频课程与学术讲座，是教育电视在网络时代新的表现形式。与传统的公开课相比，视频公开课既不是面向特定人群的示范课或观摩课，也不是为了发现问题、解决问题的研究课，而是面向非特定人群的弘扬文化精髓、引导智慧碰撞、激发学习热情的学术传播活动。

2001 年美国 MIT 院长查尔斯·韦斯特声称该校网络课件开放工程（Open Courseware）正式启动起，一场国际教育资源开放与共享运动便轰轰烈烈地开展起来。中国在这种潮流的推动下在 2003 年诞生了"中国开放教育资源联合体"（简称 CORE），目的在于在吸引以 MIT 为代表的世界优秀大学的开放资源，以提高中国教育质量①。直至 2010 年初，哈佛、耶鲁等国外名校的视频公开课才正式进入中国，它们如同从天而降的知识盛宴，通过网易视频、人人网、豆瓣网、微博等平台，悄然红遍网络，给学习者带来营养丰富的"各色菜肴"。国外的视频公开课开展较早，其中麻省理工学院开放课程计划已经走过了 10 年的历程。2001 年 4 月 4 日，在美国《纽约时报》上，麻省理工学院对外公布了计划在未来的 10 年内将其从本科阶段到研究生阶段所有的课程材料全部公布在网上，供全世界免费自由下载，并提出了一个新的词汇——"开放课程"。这才有了现在颇为流行的开放课门户网站：哈佛公开课、网易公开课、新浪公开课……也

---

① 花春叶.浅析美国名校视频公开课教学模式及对中国高校的启示——基于 S－T 教学分析法[J].南宁职业技术学院学报,2012(2):40.

由此催生了一批以年轻人和学生为主的"淘课"一族。中国的视频公开课起步较晚,所拥有的优质视频公开课程很少。央视的《百家讲堂》可以算一个。今年3月底,复旦大学的《执拗的低音》讲座亮相网易,也成为国内首个也是唯一在门户网站推出的公开课。

笔者认为,目前网络视频公开课风靡全球,对所有的教育者和学习者都产生一定的影响,极大地改变了传统的课题教学范围狭小的教育模式。过去,不管教室有多大,学生有多少,在网络公开课面前,它都是狭小的。现在则不同了,一堂公开课可以有成百万上千万的人观看。同时,网络视频公开课打通了学校之间的联络,也使高等教育走出了校门和国门,已经或者正在逐步影响着不能进入高校或者不能进入名校的人们,并且也在改变着学生以及所有受教育者接受教育的方式。另外,从网络视频公开课的发展体制上看,它将进一步推动世界教育的改革,不仅是教育观念,还有教学思路和教学方式。

三、一场教学情境的变革

教学情境是指教和学的过程中的环境和氛围[①]。它包括学生学习所处的物理环境,如学校的各种硬件设施,也包括学校的各种软件设施,如教室的陈设与布置,学校的卫生、绿化以及教师的技能技巧和责任心等。教学情境也包括具有一定情感氛围的教学活动。孔子说:"不愤不启,不悱不发,举一隅不以三隅反,则不复也。"[②]孔子的这段话,在肯定启发作用的情况下,尤其强调了启发前学生进入学习情境的重要性,所以良好的教学情境能充分调动学生学习的主动性和积极性,启发学生思维,开发学生智力,是提高教学实效的重要途径。

视频公开课的出现带来教和学的情境变革。从物理环境来说,学生上课学习不需要坐在教室里,而是可以在任何的地点。教师不再只使用一本书、一支粉笔、一块黑板来传递知识,而是可以借助各种各样的多媒体设备,通过网络、电视来"声情并茂"地进行教学。从教学过程的情感

---

① 赖韶幸.体验式教学在中职音乐教育中的应用研究[D].长沙:湖南师范大学,2011:42.
② 马雪舟."不愤不君,不悱不发"对技工学校英语教学的启示[J].职业技术,2010(3):36.

氛围来说,教学的情境之于知识,犹如汤之于盐。盐需要融入汤中才能被吸收,知识也需要融入情境与生活中才能被学生更好地理解、消化、吸收。

视频公开课可以充分利用大量的资料,有助于支持学生整个学习过程的自主学习和协作式探索,而非支持"教"。

案例:

一堂小学二年的语文优质视频公开课《守株待兔》中,老师在录制视频时借助服装、道具化妆扮成"守株待兔"者,另外还找到助手扮演小白兔,把故事表演了出来。当同学们看到"守株待兔"者倚在树下,闭目打坐,纷纷劝起老师来:"老师,你等不到兔子啦……""老师,再等下去你会饿死的!"……老师表演完后,换下服装,重新回到老师的身份为同学们讲解这篇寓言的寓意。

像这样的案例在课堂上表演起来就比较费时费力了,视频公开课在录制时可以加以剪辑,省去一些换装的镜头。学生在看视频娱乐的同时,自己也学到了知识。一位热衷于网易公开课的粉丝说:"视频课最打动她的是教授与学生之间的互动。大多数时间你感觉不到他们是老师,而是一个想与你分享某种东西的人,可中国老师不这样,他们太严肃,急于把自己的观点强加给你。"中国教师权威论一定程度上折射着教育尊重意识的缺乏。视频公开课强化了尊重学生的理念。Michael Sandel 教授在视频公开课中每次提问一个学生时,都会主动询问并记住他们的姓名,并对答案都给予认可,没有批判与偏见,这就是尊重学生的体现。

四、"逃课"与"淘课"

学生在校内"逃课",反过来到网上去"淘课",这种现象的出现往往使我们喜忧参半,一方面应当欣慰,因为学生上网是为了学习。另一方面也值得深思:我们的教学究竟出了什么问题?早在我国推出国家精品课程建设工程时,就已经有了公开课课程的教育理念。那么,是什么阻碍了中国课程视频公开课发展的脚步?是资源还是观念,是技术还是制度?

世界名校视频公开课在中国受到追捧究其原因主要有三大因素:第一,所有公开课都来自世界名校,这是吸引人们关注的重要因素,即"名校效应"。第二,所有公开课都是名师主讲,课堂教学思路开阔,内容与时代契合,对经典内容的阐释彰显了当代意识,教学方法也非常得当。在全球化时代,这样的教学能够吸引人的注意,自然在情理之中。第三,课堂教学的内容吸引人。这样看来出现所谓的"逃课"也不足为奇了。

反思我们当下的教育理念,我们的教育理念和发展思路都还有落后于时代的地方。世界名校网络公开课对我国教育界的巨大冲击不仅仅在于引入名校教学内容和教学模式,更重要的是引入了一种全新的公开课理念,那就是传播、更新、发展。海量的国外名校课程已经对我国教育教学的受众产生了明显影响,很多学生愿意甚至沉醉于浏览海量的名校课程,从中筛选自己需要的内容,不断充实和完善自己,而现实中单调乏味的课程则更加难以吸引其参与热情。为此,我国公开课建设必须树立全新的理念,对于设置的公开课和精品课程,学校应该经过适当的修改后,大胆地予以发布和共享,这不仅不会对学校的知识版权产生负面影响,反而可以扩大学校的社会影响力,使得更多的人了解院校,了解其教学的精华和优秀教学模式。

五、如何更好地利用视频公开课

将名校视频公开课上传至校园网,充实对应的网络课程。有部分学校的教师,由于在新浪、网易等接触到名校视频公开课,感觉很不错,就已经自发地把一些与本课程相关的名校视频公开课上传至校园网的网络课程,或者在上课的空余时间,直接播放给学生观看,大部分学生都觉得新奇和兴奋,这对于激发学生的学习热情,开拓学生的思维视野,有着非常积极的效果①。

教师加强宣传,并尝试案例式教学活动。虽然有些教师上传了名校公开课视频,也给学生观看了,但也只是一种新鲜、随意地展示。因为考

---

① 刘天生,黄健伟. 视频公开课在西部高校中的教学应用浅析[J]. 右江民族医学院学报,2012(4):561.

虑到鲜有先例,做起来也很难,所以教师并没有认真考虑将视频融入到课堂教学体系中。所以,今后教师可以有意识地在课堂上加强宣传名校视频公开课,考虑如何把这些视频当作教学的重要材料,或者尝试进行案例式教学,积累经验。

建立网络教学的教师激励机制,加强校园网平台的软件建设。名校视频公开课融入教学的方式不被教师重视,有多方面原因,例如学校网络不畅,教师的教学改革积极性较低,视频课程融入课堂的教学技术和进程难以驾驭,以及课程学时数的限制等①。鉴于此,学校应该重视网络教学,建立教师激励机制,例如学校补贴部分资金用于教师的相关课题申报、研究。教师也要立足于未来,积极引进、重整、优化网络教学资源,尤其要重视名校视频公开课如何融入教学的研究和实践,例如申报相关课题等。

定期开放机房,让学生进行网络自主学习。网络教学和网络学习不受重视,一个主要原因是大部分学生少有机会接触校园网的网络课程,尤其是视频公开课。如果学校定期开放机房,让专门的教师负责,让学生了解、熟悉网络课程,并做一定的网络学习实践,学生的网络学习积极性会得到很大提高。学生在网络学习的过程中,既掌握了课程内容,又了解了网络课程,对流行的名校视频公开课也会非常关注。

视频公开课受到普遍的认可和青睐,从侧面反映了网络教学走向多媒体化、视频化,也意味着视频公开课在课堂教学中有很大的应用空间,值得我们进一步去思考如何将之更好地融入课堂教学或网络教学中来。

---

① 刘天生,黄健伟.视频公开课在西部高校中的教学应用浅析[J].右江民族医学院学报,2012(4):561.

第五章　信息时代中的学习方式变革

计算机发展到多媒体阶段是一次质的飞跃,它使计算机几乎能同人的所有感官"交流""对话",这不仅大大扩展了计算机的应用范围,从基础上引发了阅读、写作、计算方式的历史性变革,而且使计算机变得更加简单易学。

——桑新民

苏霍姆林斯基说:"只有能够激发学生去进行自我教育的教育,才是真正的教育。"[①]而长期以来,教师为纯粹的教学知识而设计教学,学生为学习知识而纯粹地接收成为我国教学常态,这样的教和学使学生感到枯燥乏味,缺少动力,缺少方法,学习的主动性、创造性很难得到发挥。正是由于没能从根本上改革灌输式的传统教学方式,因而严重地影响了学生的学习方式,阻碍了学生的主体性发展。因此,当前课程教学改革的重点应该是以教师教学方式的转变来促进学生学习方式的转变,从而更好地促进学生的主体性发展。信息时代学习方式的变革,就是要求更加突出学生的主体地位,把学习的范围和领域扩大化,让他们利用现代化的信息设备方便快捷而自主地学习自己感兴趣的知识,从而提高学习效率。

第一节　协作学习:校本教研的必然

伴随基础教育课程改革的深入和教师专业化的推进,校本教研受到

---

① (苏)B. A.苏霍姆林斯基.怎样培养真正的人[M].蔡汀,译.北京:教育科学出版社,1992:179.

越来越多的关注。"以校为本"的教研方式为教师提供了不断学习和探究的成长环境，是推动新课程改革得以深入发展的重要途径。教师个人的自我反思、教师集体的同帮互助、专业研究人员的专业引领是开展校本研究和促进教师专业成长的三种基本力量。本章所探讨的是立足学校实际，协作式校本教研发展的基本途径、方法与保障机制。通过协作学习的校本教研模式，切实实现教师的专业化成长，在课程改革中充分体现自己的价值，在提高校本教研成效中发挥引领作用，切实促进教育的全面发展。

一、协作式校本教研

校本教研就是为了改进学校的教育教学，提高学校的教育教学质量，从学校的实际出发，立足于学校现有的资源，以学生的发展为本，通过一系列的学习与实践活动，实现教师专业化成长是依托学校自身的资源优势和特色进行的教育教学研究。协作式校本教研是指教师为完成共同的教研任务，达到共同的教研目标而分工协作展开专业性的教研活动。共同的目标是协作式教研的核心，分工协作是关键。需要指出的是，单纯的小组不是协作，如何以共同愿景激发协作动力是协作式校本教研成功的关键，这有赖于合理的小组分工。

协作学习理论指出：通过教师与教师之间的互动，互相启发、互相补充、互相借鉴，营造一种积极主动、互相协作、不断探究的教研氛围，可以实现思维的碰撞[1]。协作式校本教研包含三大方面：协作教研意识、协作教研能力和协作教研品质。协作教研意识，是指教师在教研活动中所具有的与他人协作的警觉状态，表现出在教研中协作的愿望和要求。教师的协作意识倾向的产生，有赖于协作时产生积极肯定的态度和情感，产生协作的主动性和积极性，从而能够克服种种阻力去与人协调和沟通。协作教研能力，是指在教研活动中参与共同教研活动、进行共同讨论与研究教学问题的能力。主要表现在教师共同教研时善于与其他教师沟通、交流，具有独立思考能力，善于表达，并能进行相关教学问题的研讨。协作教研品质是指教师在教研活动中表现出来的协作心理品质和道德品质，

---

① 赵建华. 计算机支持的协作学习[M]. 上海：上海教育出版社，2006：7.

它制约着人们的合作行为。在协作教研中,教师应该表现出协作、宽容和利他的品质。

二、协作式校本教研的理论诉求与现实基础

(一)协作教研是新课程改革的强烈诉求

随着新课程标准的颁布,新教材的推行以及新课程理念的逐步深入,新课改理念下的课堂教学已经不再仅仅局限于学校、教室、课堂、课本的严格规范之中,而是所有教学要素之间的意义对话,实现教学服务于学生的终身发展和全面发展。随着课程、教材和教学改革的实施,学科间不再是静态、僵化、封闭的关联,仅靠教师个人现有的知识、技能、经验、时间及能力去独立解决和完成是难以胜任的,不同学科的相互融合和现代信息技术的整合要求我们的课堂教学向多向互动、动态生成转换。而基于课程改革和教师群体专业发展的需要,近年来校本教研已经受到普遍关注,并在实践中被证明是促进教师发展的有效方式。在这种情况下,协作式教研是校本教研的必然要求,它需要教师间相互借鉴、共同探讨、精诚协作,形成能力各异、特长互补的交流群体,发挥集体的智慧和力量,才能使教学过程从被动接受走向交往、对话与协作的高亮模式。

(二)协作教研是基于学校发展的需要

当今社会,信息化与全球化深入发展,既需要人的自主发展,又离不开人与人的相互协作。我们也深刻地认识到:当今学校教育的个体性、群体性与社会性,既需要教师与学生的自主发展,又需要教师与学生的协作发展。学校成功的内在机制,在于建立一个高水平的教学研究集体,确切地说,就是教师通力协作形成的支持教与学的氛围,有了这样的氛围,才能形成改革的力量①。如今,在新课程背景下,以协作式教研适应教学发展成为必然,成为了教师专业发展的新亮点。应当强调同伴互助和协作,教师之间建立积极的伙伴关系,积极引导教师开展不同类型、不同层次、

---

① 虞国荣,于慧强.校本教研——教师专业成长的催化剂[J].小学教学参考,2005(Z3):18.

不同方式的协作,引发教师教学行为的变化,增强教师之间的互动,改变教研活动的组织形式和教师的专业分工,实现教师在思维上的互补,智慧上的交融,工作上的协作,建立一种新的促进教师协作、发展的学校文化,形成宽松的环境和开放的氛围,加强教师之间以及在课程实施等教学活动中的交流与对话、协调与协作,共同分享经验与成功。

三、协作式校本教研的基本方式与途径

依据文化分层理论,协作式校本教研的基本方式主要包括:与学生合作,在教与学互动中实现教学相长;与同事合作,在资源共享、经验互动中实现教师成长;与专业人员合作,在理论与实践的碰撞中实现教师能力的全面提升;与不同学科教师的协作,促进不同学科教师的共同发展;校际之间的协作,实现优秀资源共享、双赢互利的局面。

(一)教师与学生间的协作

主体教育理论认为:教学过程既是学生主体建构的过程,也是教师主体建构的过程,其中教师主体建构较多的是由于受学生的影响、启发或通过向学生学而实现的[①]。

1. 教师与学生个体的协作

这是由学生发展的个性差异所决定。李敏曾说过:"教育孩子的前提是要了解孩子,了解孩子的前提就是要关注和尊重每一个孩子。"[②]教师与学生个体的协作既是架通师生心灵之间的桥梁,更是使学生积极参与到课堂教学活动的重要手段。在协作中,教师能使每一个学生都能感受到教师的关爱,教师自身的专业化成长也将在相互调适中得到发展。

2. 教师与学生群体的协作

针对不同的教学内容,与不同的学生团体或者是学习小组之间进行协作,是教师通过设置激励目标,促进学生充分发挥团队精神,充分激发学生的潜能,推动师生发展的一种有效方式。学生善于模仿,也善于表现

---

① 裴娣娜.主体教育理论研究的范畴及基本问题[J].教育研究,2004(6):13-15.
② 李敏.了解孩子[M].天津:天津科学技术出版社,2008:6.

自己,尤其是当把他们划分成一个个小的团体,在好胜心和集体力量的驱使下他们就更会为之努力。教师可以和一个小组协作,或同时和多个小组协作,通过协作性的学习活动或智力竞赛等充分调动学生参与的积极性。这种协作模式相对于传统教学具有个性化和高效率的特点,可以挖掘教师一些特殊的潜能,从而真正实现教学相长。

3. 教师与全体学生的协作

课堂教学追求的是全体发展和整体进步,教师与全体学生的协作应成为日常教学中师生协作的主要方式。与全体学生的协作需要集中的时间,可以是利用晨读、自习课,也可在本学科的课时内安排。在协作中探讨全体学生的共同发展,是对教师对教材分析能力和对学生驾驭能力的考验。

例如,如何在课堂上创设问题情境,如何鼓励学生自己提出问题,如何就有价值的问题展开讨论,如何设置自学和尝试答疑的环节,如何重视知识的应用与迁移。通过这些教学研究,教师把课堂还给学生,让课堂充满生命气息,实现积极、有效和高质量的多项互动,教师在课堂教学中努力做到五个"还给":把提问与质疑的自由还给学生,把思考与想象的空间还给学生,把认知与知识的理解过程还给学生,把知识运用的机会还给学生,把交流与分享的快乐还给学生。通过协作式教研,教师在课堂教学创设开放式的问题、情境、活动,让学生联系自己的经验、体验、问题、想法或预习时收集的信息进行交流;教师通过课堂教学过程中生成的资源,组织学生一起讨论、比较、评价、互补、修正,帮助学生形成丰富、综合、完整的知识结构,并引出新的开放性问题。这是协作式教研在提高教师与学生教学互动能力,实现师生积极、有效和高质量的多向互动等方面的深层价值体现。

(二)教师与教师间的协作

合作学习理论认为,与学生一样,教师在知识结构、智慧水平、思维方式、认知风格等方面也存有重大差异,即使是教授同一课题的教师,在教学内容处理、教学方法选择、教学整体设计等方面的差异也是明显的[1]。

---

① 殷建军. 新课改呼唤跨学科教师间的合作[J]. 中学生物教学,2005(Z2):14 - 15.

这种差异就是一种宝贵的教学资源。通过教师与教师之间的互动,教师可以相互启发、相互补充,实现思维的碰撞,从而产生新的思想,使原有的观念更加科学和完善,有利于达成教学创新的目标。同时,建构主义学习理论强调意义建构中"对话与协作"的基本方式,这为教师间同伴合作提供了基本的思维模式。这种协作可以通过交谈、协作、帮助等途径来完成。通过交谈,教师之间互相交流信息,使信息在流动之中被激活,以最大范围促进教育信息的流动,从而实现增值;通过交谈,教师分享、反思和提升自己的经验,借鉴和吸收他人的经验。经验只有被激活、被分享,才会不断升值;通过交谈,教师共同探讨某个专题,把深藏于心的观点、看法展示出来、表达出来,在这个互通的过程中大家互相丰富着彼此的思想,不断地提高自己对问题的认识水平,知识也因此不断地充实。在有效的讨论中,每个教师都能获得单独学习所学不到的东西,易形成新的见解和新的观点。协作则要求教师共同承担教改、教研任务,在此过程中强调团队精神,群策群力,既要关注每个人的个性特长和兴趣爱好,使教师在互补共生中成长,又要关注发挥每个人的专长,每个教师都要贡献力量,彼此在互动、合作中成长。协作一般发生在不同层次、不同水平的教师之间,它要求优秀、骨干教师发挥带头作用。骨干教师、学科带头人是教师中德才兼备的优秀人才,是教师队伍的核心和中坚力量。教学经验丰富、教学成绩突出的优秀教师指导新任教师,发挥传、帮、带的作用,使其尽快适应角色和环境的要求。通过同伴互助,既能避免出现教师各自为战和孤立无助的现象,又形成相互帮助、互相促进的共同成长之局面。

教师间的协作包括课堂教学的协作、课题研究的协作及课程开发中的协作。如在协作式教研中,集体备课是基本的形式。每个学科组的老师们都积极地投入,共同拟定教案,精心备课,设计生动的课件,既借鉴他人的经验,又结合自己的想法,边研究边实践,在实践中思考,在实践中创新,总结适合自己学生的教学策略,找到问题解决的途径与方法。这样的备课,在一定程度上减轻了教师的负担,既发挥了每一个人的特长,也形成了团队的优势。在教研过程中,我们聚焦课堂,强调专业引领、同伴互助、教学反思和行为跟进的"行动研究",有助于教师了解与他人的差距,了解教学理论与实践的差距,能够激发教师终身学习,促使新方法、新理念的产生。同事间的交流是教学信息和灵感的巨大源泉,使教师对自我发展充满渴望,帮助其形成规划意识,避免坐井观天、固步自封。

(三)教师与专业人员间的协作

教师间的专业素质,尤其是理论水平差别不会太大,共同的工作性质和职业领域使群体拥有许多共性。如果校本教研中,教师的协作仅限于教师与教师、教师与学生之间,那就不会有突破性的进展。中小学教师要实现专业化发展,需要深层文化的指导,需要走进学术前沿,寻觅创造、发展的新支点。与资深教育专家形成长期的协作关系,为中小学教师进行教学和研修,为自身专业的成长提供了可能。

教师与专业人员的协作,一方面指教师要主动向专业人员请教,加深对学科知识的本质理解,加强对学习方式内涵的深刻把握,积极开展理论指导下的教学实践,使中小学教师有机会了解和学习新理论与新方法,从而获得专业发展的机会。另一方面指专业人员要树立实践第一的理念,改变工作方式,深入教学第一线,与教师建立协作关系,唤起教师的专业意识和职业精神,有利于教育理论研究成果产生实际的社会效益,有利于教师真正掌握科学的研究方法,成为实践一线的研究者,从根本上形成创造能力和创造精神,让教师职业充分获得专业化的支撑。在二者协作的过程中特别强调教师主体性的发挥,专业人员的指导应当起到指南针的作用。教师应当摒弃"等、靠、要"的依赖思想和惰性心理,积极主动地探索、实践、思考与研究。通过这种协作,教师的收获是双重的,一方面知道了如何改进自己的教学行为,另一方面也学会了如何反思自己的教育行为。随着教师经验的不断积累,教师就可以脱离专家,独立完成专业的自我发展,实现由外控的教师专业发展向内控的教师专业发展转变。

比如学校可以成立引领协作校本教研的专家导师团。这种协作模式,充分利用学校内外的各种教育资源,发挥校外专家理论引领、经验提升的作用,建立起积极的专业学习和问题解决的"导航"合作关系。专家们定期或不定期地深入学校,指导教师的理论学习,参与课堂的教学研究,与教师一起探讨教研中的难点、疑点、重点与亮点。这样的协作使专家的教学理论和教师的实践经验在互动中被激活、被整合,合作生成新知识、新技能、新概念、新思想。教师的课程观、教学观、知识观、学生观发生了显著的变化。

(四)学科与学科间的协作

除了同学科的教师要经常对话与互相沟通外,不同学科的教师也需要沟通。现代教育的人才观决定了世界教育改革的主流趋势是重视综合与实践,强调要软化学科边缘,淡化学科界线。因而以校为本的教研活动也要强调学科之间的协作。学科间相互沟通的桥梁可以建立在内容、形式、研究主体和实践操作等多个领域。新课程反复强调教育实践,实践活动本身就需要各学科知识与技能的综合。所以,学科间的协作既是新课程的要求,又是新课程顺利实施的保障。比如已经开展的"放大亮点、突破难点"的跨学科专题研讨活动。通过"听、评、议、思",相互取长补短,以新知识、新见解为指导,勇于反思并修正自己的行为。整个过程中,大家以欣赏的眼光发现伙伴的优点,以问题的眼光发现伙伴的问题,以研究的眼光与伙伴一起寻找解决问题的方案。

(五)学校与学校间的协作

所谓以校为本,并非指物理层面的校园,跨越空间的校际信息互通是其本质所在,作为一种资源和能量的开放所在,每个学校都有其独特的优势和资源,为了实现相互学习、相互交流,互动双赢的目的,本着资源共享、优势互补的原则,组建校际联合教研组共同进行研究活动,是校本教研活动形式的一种创新,有助于整合科研资源,形成科研合力,营造科研氛围,促进学术繁荣,实现对重难点项目的联合攻关,尤其是有利于形成以城区强校带动农村学校及薄弱城区学校的良好局面。各成员学校之间是平等的合作伙伴,研究的主阵地在课堂,研究的主体是一线教师,研究的问题来源于教师的困惑。研究活动与教师日常教学工作紧密结合,研究过程是解决教育、教学实际问题的过程,也是教师反思、提高的过程。从而达到提高教师专业水平,提高教育教学实效之目的。

例如在校际协作教研中,校际联合教研活动既可采用公开课说、授、评全程展示的方式,也可以采用论文发布会、信息交流会、成果报告会等方式,还可以分学科组成课题组,用行动研究的方式组织教研活动。多方学校教师共同参与专题研究,例如,参与教研组课题研究成果介绍会,全体教师进行交流互动。校际联动围绕大家感兴趣的重点、难点问题,由各校名师领衔研究,因此,使研究内容更加集中,研究资源更为丰富。另外,联手各校共同搭建交流、互动、激励的平台,敞开心胸,开放教室,互相学习,真诚互助,和谐合作,共同发展。

四、协作式校本教研的意义

(一)协作教研是提高学校教研水平的有效形式

传统的教研很容易受到各种因素的干扰,被扭曲为人为的"协作"。这种协作是机械化的,没有尊重教师,缺乏灵活性和有效性,只是简单地试图增加教师间相互讨教的机会,表现出明显的行政控制性、强迫性、实施取向性。而现今推出的协作式教研是一种对教学方法、内容和学习主体进行综合性研究的形式。作为教学主体,这种综合模式的突破将教师提升到了教研第一位,并赋予其绝对的自主权,允许教师间通过多元组织形式分工理念完成小组内的教研活动,变僵硬的行政措施为内在的教研动力,打破封闭单一的教研怪圈,从理论和实践上提高教研水平。

(二)协作教研是促进教师专业发展的有效途径

教师专业发展是校本教研的最终目标之一,主要是指教师在知识、技能、观念等方面的完善与进步。而协作教研是校本教研的一个重要途径,协作式教研更关注教师的专业成长,充满人文关怀。协作式教研中教师通过协作与交流,可以相互启发、互为补充,实现思维的碰撞;可以帮助教师在与伙伴协作研究中获得个性化、情境化的知识,获得有效解决实际问题的方法,提高教师课改的执行力,使每一位教师的教学方式、学习方式、研究方式得到更多的关注,使每一位教师可以更好地参与和深入研究课程教材改革中存在的问题,并以研究为纽带,通过专业引领、行动跟进和实践反思来促进自身专业发展,形成扎根于每一堂课、关注每一位教师、促进每一位教师发展的新型教研文化。

以需求为导向的协作校本研修,是促进教师专业发展的主要途径和方法。它强调教师相互支撑、相互帮助、协作共进。加强由专业研究人员与教师合作的学习性教研团队建设,逐步创建教研团队的活动制度、交流制度和资源共享制度,从而促进教师的专业发展。

(三)协作式教研是提升学校办学水平的有效路径

学校办学水平是指学校办学质量与学校办学的投入之比[①]。提升学校办学水平的途径,一是降低学校办学投入,二是提高办学质量。提高教研质量是可以在不增加办学经费投入条件下能提升办学水平的有效途径。传统的教研组不能适应课程改革,以行政指令实施专业的教学研究,难以真正提高教研质量。

传统教研组活动内容集中在教学任务、教学进度,教研活动的深度不够;教研的形式以行政性工作布置为主,不能适应教师的自主发展,对教研活动的评价没有标准,没有从制度上形成对教研活动的质量监控,以致教研活动的质量不高,影响着教学质量。从协作教研着手建构新的校本教研体系和形态,促进学校内涵发展、学生全面发展和教师专业化发展,有利于提升学校的办学水平。

五、校本教研实施存在的实际问题

许多学校对校本教研制度的落实不力,没有形成相对应的导向机制、激励机制、保障机制,如互动交流制度、目标导向制度、评价制度、奖励制度等。特别是农村中小学,由于上级教研部门对农村中学的指导工作不够,教师缺乏有关校本教研的系统培训,缺乏资金、设备、指导书籍等不能满足教师需求,学校信息不畅,教师观念更新不到位,缺少学科带头人等,校本教研的开展相对滞后。由于教研组内教师之间存在着激烈的竞争,导致教师好的教学经验不能在组内共享,骨干教师没有动力帮扶薄弱教师,同伴互助无法充分发挥。同时教师得到专业引领的实际支持明显不

---

① 李天来.提高高等学校办学质量和办学水平的几点思考[J].高等农业教育,2002(8):9-12.

足,具有校本教研专业引领职能的市、县教研机构,则因教研员少、面对学校多、业务经费不足等原因,不能深入到每一所学校进行有效的指导。

六、协作式校本教研的保障机制

在推进协作教研的过程中,需要同时跟进保障协作的种种举措,使这种协作学习能够持续有效地发展下去,形成一种协作的学校文化氛围。

(一)建立目标导向机制

为了让教师能选择适合自己发展的目标,学校要制定一系列的实施目标和方案。如可以将教师的奖惩性评价和发展性评价有机结合起来,引导教师将目标定位于专业发展上;学校定时组织教师学习、研讨,进行深度会谈。现代教师,尤其是中小学教师,如何将其工作重心转向科学地教研活动和教学实践相结合,是这种目标导向机制存在和发展的最终归宿。

(二)健全制度规范机制

建立良好规范的制度机制的目的在于保证自主、协作的实施。学校制度是否健全和有效,是学校管理是否成熟的重要标志。学校的制度要尽可能地体现自主、协作发展的思想,并尽可能地保证这一思想的贯彻实施。学校在教研管理中尝试从“用制度管理人”发展到“用制度尊重人、发展人”。学校可以确立以校为本的教学研究制度,如进行教学设计的研讨、集体合作备课、分层练习设计,建立听评课制度、跨学科研讨制度等,保障校本协作教研合理、规范、有序、有效。

(三)促进过程互动机制

提高协作研究能力是“学会协作”的重要方面。科研不仅能加速教师的专业发展,而且能促成自主与协作精神的养成。在教师逐步走上教学、教研、科研一体化的道路时,学校可以采取“个人研究、伙伴协作、能者引领”三位一体的协作互动方式,既发挥了专业引领的作用,促进教师个体素质的良好发展,又加强了同伴之间的沟通和协作,使每个教师都能从中获得新的见识,产生新的感悟。如学校定期开展专题研讨活动,或情报资料的交流,或案例论文的评选,或教学观摩的互动。在与专家协作的过程中,教师们在自主和协作研究的基础上,带着问题与专家对话,带着课题接受专家的指导,从而建立教师与专家之间建立了双向互动的研究伙伴关系。

(四)强化评价激励机制

评价激励机制的目标之一是促进"自主与协作"的发展。学校可以将原先的诊断性评价变为激励性、发展性评价。在协作中增值评价,在评价中分享协作。引导教师将评价的着眼点定位在相互团结、互为依存基础上的专业进步与提高。既关注自己的发展,又关心对他人的贡献。让教师在增值评价的过程中,通过提供帮助而满足自己影响别人的需要,通过相互尊重、平等相待来满足自我归属的需要。如以教师个人发展规划和现实表现为评价依据,根据教师的个体差异提出不同的要求,鼓励每一位教师迈小步、不停步,天天有进步,关注教师依据制定的自我发展规划,定期对照,进行自评,及时调整,不断增强自主与合作的意识和能力;教师个人可以创建自己的教师专业成长记录册,如学习心得体会、教学日记、教学案例和教学叙事等,通过对自己的价值观、教育观和人才观的持续反思,既关注自身的专业态度、成长方式和能力水平,又兼顾个人在集体中发挥的作用、作出的贡献和产生的影响,实现增值性的协作评价。

(五)优化组织管理机制

通过优化组织管理机制,可以有效提高教研管理实效,夯实协作教研的组织管理基础。学校可以实施分层管理,通过自荐和互荐方式评聘在专业上拥有发言权的学科带头人和骨干教师担任学术委员会成员,审议课程实施方案、评审课题申报、鉴定科研成果、指导教研科研工作、组织和承担教学评优活动;采用自主、互动、民主的教研和管理方式,自主考核组内教师的教研态度和教研能力,推荐研究课和展示课,评议先进代表。这样一种自主、互动、协同的教研管理,保证了合作教研的有序、有效的展开。同时,学校要关注管理过程,教研质量是在教研过程中产生的,协作教研必然在教研过程中落实。如进行过程调整,组织教研计划中期回顾、调整工作;进行专业化管理,协作式教研是专业协作,其管理必然是专业化管理,在教研管理过程中可以重点研讨热点、难点问题,注重提炼并推广教研组工作的成功经验。

七、关于协作式校本教研的反思

学科专家是中小学校本教研中实施专业引领的主要力量,是校本教研水平提升的关键因素①,在校本教研中与教师协作学习,共同探讨和解决学校教育教学中实际存在的问题。在协作中学科专家应该深入教学第一线,以教研协作者的身份积极参与校本教研,从一线教师身上汲取实践经验,共同反思,平等对话,互相交流,以求共同成长和发展。

协作式校本教研活动是实现教师专业化成长的重要途径。教师专业化发展的目的在于推动教学质量的提高,因此,协作式校本教研应立足于教育教学的实践活动之中。离开教育教学实践活动、学生的成长和学校的整体进步,协作式校本教研只能最终流于形式,将成为无源之水、无本之木。协作意识不应仅停留在校本教研的层面,更应作为教师专业化发展过程中的一种工作态度。只有在将协作作为工作态度的教师群体中,协作式校本教研才能真正发挥其效能。在校本研究中,学校如何积极实现资源共享,要加大投入,创造条件,让教师走出去,到先进地区、先进学校去,以亲身感悟、体验来改变和提升自己。

协作式校本教研无疑是最好的校本教研的方式之一,对于其实施的基本方式和基本途径的归纳和总结,也应是教研探讨的课题。问题的关键是,在不同的教师群体、不同的学习氛围和不同的社会环境中,如何使协作式校本教研真正落到实处,这是教育教学实践者永远需要关注的课题。

八、网络协作学习环境下中学物理教学案例分析

题目:《波的形成和传播》

---

① 张国平.浅谈教研员在校本教研中的专业引领作用[J].辽宁教育行政学院学报,2009(9):153-154.

（一）教材分析

本节课的主要内容是机械波的形成和传播过程。波的概念是学习波动的难点之一，虽然现行的教学大纲和考试对这部分的知识要求已经降低了，但仍有不少学生对这部分知识的掌握不太熟练。其症结在于没有真正搞清楚振动与波的关系，突破振动和波的关系这一难点，那么其他的问题也就迎刃而解了。学生在上一册已经学过了简谐振动的有关内容，具备进行新知识建构的条件，能进一步优化和完善认知结构。为确保学生有足够的时间进行协作探究，完成本节内容可以安排两课时。

将本节内容的课堂教学与研究性学习相结合，可用于"协作探究"网络教学模式的实践。教学中要求尽量用形象的类比、图示和分析来帮助学生理解掌握，这就为利用计算机模拟波的形成和传播提供了用武之地。将实际上的动态过程利用计算机模拟表现静态的现象，能够让学生理解最主要、最基本的知识，并通过知识的学习提高信息技术能力。本节教材的很多内容与生活现象有关，内容的信息容量较大、较丰富，因此可以借助网络教学的信息优势来创设情境。通过网络协作学习，努力培养学生的观察分析能力，培养学生正确表述实验现象的能力，提高学生的协作能力和运用网络信息资源的能力。

本节课将在网络教室中利用网络协作学习平台进行。

（二）教学过程

从"引入新课"到"讲授新课"，再到"小组练习"其具体内容见下述表格。

1. 引入新课

教师	计算机屏幕	学生
提出两种现象，引导学生观察思考（让学生打开资源库中的视频文件）	视频：水波的形成 视频：绳波的形成	（观看视频文件，思考回答）水面受到石子的撞击开始振动，这种振动并不停留在一点，而是以水波的形式向四周传去；绳上出现一列凸凹相间的波由一端向另一端传去

教师	计算机屏幕	学生
能不能再举出一些生活中的例子？	交流协作区：学生想到的各种实例 资料共享区：飘动的红旗、看台上的人浪等图片	（交流思考，互相补充）声波、地震波、飘动的红旗、看台上的人浪（迅速在网络上搜索到相关的图片，并上传到学习平台上与其他同学共享）
上述水波和绳波是怎么形成的呢？ 引入新课——机械波		

2. 讲授新课

波的形成和传播

教师	计算机屏幕	学生
为什么会在绳上形成波呢？（提示：可以把绳子看成很多小部分，分析各部分之间的相互作用）	视频：绳波的形成 交流协作区：学生探讨绳波产生原因	（观看视频文件，交流协作，得到较为一致的答案）绳的各个部分存在相互作用，在绳的一端发生振动时，会引起相邻部分发生振动，并依次引起更远的部分发生振动
能不能设计一个波的物理模型？	学习资料区：建立物理模型的相关资料 成果展示区：各个小组波的模型	组成几个协作小组并分工，察看学习资料区中有关物理模型的资料，上网查询相关资料，全组成员进行协同讨论，分别得到各自小组关于波的模型
比较评价各小组的模型	展示区：波的最佳模型参考	对自己的模型进行分析、修正
要求学生运用波的模型，对波的形成进行系统分析，让学生打开资源库中的课件	动画：波的形成	通过课件演示，观察质点被依次带动，从而形成机械波的过程
波是怎么形成和传播的呢？（提示：波课件中的各点代表了介质中的各质点）		①从介质本身的性质看，介质可以看成由大量质点组成，而相邻的质点间具有相互作用力 ②当介质中某一质点受到某种作用而振动时，由于质点间的相互作用它会牵动邻近质点振动起来。这邻近的质点又会带动它邻近的质点振动起来。这样振动就会由近及远地传播出去，从而形成机械波

横波和纵波

请仔细观察课件中波的传播方向与质点振动方向的关系	课件:横波	垂直
给出横波的定义	资料区:横波的定义	对照横波的课件进行定义的理解
横波外形所呈现的特点	课件:横波	横波的外形呈现凸部、凹部
在横波中凸起的最高峰叫波峰,凹下的最低处叫做波谷	资料区:横波的定义	
让学生打开弹簧波的视频(提示学生:这种波形成的原因与横波相同吗? 如果仍旧利用刚才那个模型,该如何来描述?)	视频:螺旋弹簧的视频图片:波的物理模型	(观看视频文件,交流协作,得到较为一致的答案)可以把弹簧看作一系列由弹力联系着的质点,手执弹簧上下振动起来以后,依次带动后面的各个质点上下振动,但后一个质点总比前一个质点迟一些开始振动,从整体上看形成疏密相间的波在弹簧上传播
请仔细观察课件中波的传播方向与质点振动方向的关系	课件:纵波	平行
给出纵波的定义	资料区:纵波的定义	对照纵波的课件进行定义的理解
纵波外形所呈现的特点	课件:纵波	纵波的外形呈现密部、疏部
在纵波中质点分布最密的地方叫做密部,质点分布最疏的地方叫做疏部	资料区:纵波的定义	
(提示学生:打开音叉视频声波产生和传播的机理是什么?)	视频:音叉视频	(观看视频文件,交流协作,得到较为一致的答案)振动的音叉,它的叉股向一侧振动时,压缩邻近的空气,使这部分空气变密,叉股向另一侧振动时,这部分空气又变疏,这种疏密相间的状态向外传播,形成声波
能不能再举出一些生活中的例子?	交流协作区:学生想到的各种实例资料共享区:相关的地震资料	(交流思考,互相补充)发生地震时,从地震源传出的地波中就有纵波,也有横波(迅速在网络上搜索到相关的地震资料,并上传到学习平台上与其他同学共享)

机械波		
让学生从上面所举的例子来分析波的产生条件	交流协作区:学生提出的各种想法	(交流协作,得到答案)介质:借以传播波的物质 波源:保持持续振动的物体
引导学生从已知的机械振动过渡到机械波	资料区:机械波的定义	
让学生观察小船在水波中荡漾的视频,思考小船移动了吗?	视频:小船在水波中荡漾的视频、波的形成与传播的视频	小组内辩论:有的认为移动了,有的认为没有移动。再通过观察和分析波的传播过程,达成一致意见:各质点只是在各自平衡位置附近振动,并不随波迁移
(提示学生:振动的物体具有能量,在介质中本来静止的质点,随着波的传来开始振动,说明什么?)让学生打开视频"波是传递能量的一种形式"	视频:波是传递能量的一种形式	(观看视频文件,交流协作,得到较为一致的答案)这表明它获得了能量是从波源传递来的波在传播振动的同时,也将波源的振动能量传递出去
波不但可以传播能量,而且还可以传播信息,提示学生举例	交流协作区:学生提出各种想法	(交流思考,互相补充)广播电视用无线电波传递信息,光缆利用光波传递信息等(在网络上搜索相关资料,上传到学习平台上与其他同学共享)

3. 巩固练习

教师	计算机屏幕	学生
让学生进入随堂测试区,进行巩固练习	随堂测试区:本节课相关习题(略)	进入随堂测试区,进行巩固练习。做完提交后,与系统给出的答案相对照,检查练习完成情况及知识掌握情况

学习评价:教师对学生在协作学习中的表现和成果进行评价,各小组内部成员进行自评、互评,评价的内容应包括学习者在协作学习过程中的积极性、个人职责的完成情况、帮助他人的情况以及整个小组的协作学习过程等,为改进协作学习的效果及下一步的学习做好准备。

第二节 移动学习:个性化学习的又一种方式

信息技术的飞速发展促进教育的变革,这种变革不但表现在获取知识的途径和知识量等方面,也表现在教学过程中的教学方法和教学模式的变化。移动学习是依托信息技术,以移动设备为基础,随时随地进行学习的一种理念和学习模式。移动学习将代表未来在技术支持下的新一代的学习方式,它将带来新的策略、工具和资源,从而实现泛在、普适、个性化、永远在线连接的学习承诺。所以在中小学的教学中,移动学习在未来将作为一种新的方式促进学生的个性化的学习①。

一、何为移动学习

移动学习是伴随第二个信息时代,即"无线"时代的到来应运而生的全新的学习模式。是在第一个信息时代,即"有线"时代产生的数字学习的基础上的扩展。它的实质是要使学习者彻底摆脱"有线"的局限性,实现真正的在任何时间、任何地点的自主学习。智能手机的问世,则让移动学习进入一个崭新的时代。它就好像被建构成一个融合文本、音频、视频的多媒体便携式小型自修"课堂"。北京大学现代教育技术中心移动学习实验室崔光佐教授指出:移动学习是依托目前比较成熟的无线移动网络、国际互联网以及多媒体技术,学生和教师通过使用移动学习设备(如手机)来更为方便灵活地实现交互式教学活动②。全国高等学校教育技术专业委员会对移动学习的定义是:移动学习是依托目前比较成熟的无限移动网络、国际互联网,以及多媒体技术,学生和教师通过利用目前较为普遍使用的无线设备(如手机、笔记本电脑)来更为方便灵活地实现交互式教学活动,以及教育、科技方面的信息交流。

虽然学术界并没有统一的定义,但是对移动学习的内涵我们可以通过以下几个方面进行理解:首先,移动学习是基于一些便携式移动设备进

---

① 张浩,杨凌霞,陈盼.大学生移动学习现状调查与分析[J].软件导刊(教育技术),2010(1):48-50.

② 张庆庆.浅谈移动教育对多媒体视频的要求[J].中国科教创新导刊,2007(25):198.

行的数字学习①；其次，移动学习中教与学活动的交互性是通过移动计算机技术实现教育内容与教育服务信息的传输；最后，移动学习中教与学活动的交互是通过计算机技术实现的。与传统基于固定的台式计算机和有线网络传输的数字学习比较，移动学习采用移动设备和无线移动通信网络传输，更强调"移动"中学习的灵活性、便捷性等。移动学习不仅强调数字学习、实现技术，而且还强调学习方式。移动学习的发展将使学生在远程学习方式上更加自由，只要能够实现无线通信连接的地方都可以进行学习。毋庸置疑，下一代远程学习方式将是移动学习。

移动学习是现代远程教育体系的有机组成部分，实现了教与学的时空分离。在固定网络学习中，现代教育技术的兴起及其在远程教育中的广泛应用，为现代远程教育展现了一个独特的学习环境，但由于信息传播媒介的局限，现代远程学习体系无法建立广泛的、卓有成效的教育教学服务运行机制，仍然无法达到现代远程学习"在任何时间、任何地点为任何学习者提供任何学习支持"的目标，因而影响远程学习者学习的效果和效率。移动学习的兴起给上述机制的建立和目标的实现带来了希望。这是因为移动学习几乎具有固定远程学习所拥有的所有优点，并且相对于固定远程学习来说，它还具有如下特点：高效的移动学习、灵活的分散学习、广泛的个体学习。

但是移动学习自身也存在一些局限性，使得移动学习在实现过程中出现了一些值得关注的问题。首先是注意力的稳定性。如何在学习过程中集中学习者的注意力是移动学习需要解决的问题。斯坦福学习实验室的实验人员发现：由于移动学习的学习资源是"碎片"形式，学习环境又多在喧闹、复杂的户外，学习者周围存在许多干扰因素，这使得学习者难以完全沉浸在学习中，很难保持较长时间、较高的注意力。而移动终端设备为了便于携带，在外形上一般都追求小巧，显示屏面积也因此受到限制，这对于学习者保持注意力也非常不利②。所以这就更需要有足以吸引学习者的移动学习的内容来改善这点不足。其次是技术设备的限制

①　郑炜，厉毅.基于 Mobile 的移动学习课件的设计与开发[J].电脑知识与技术,2011(34):8 973 - 8 975.

②　李慧瑜.英语移动学习在中职学校的实践[J].南昌教育学院学报,2012(6):134 - 135.

性。移动终端设备可以向学习者传递教师授课时的声音或影像,也可以提供在线的疑难解答或者在线考试。但是移动终端设备使用时不稳定的网络连接,昂贵的网络通信费用和复杂的人机交互界面,会出现影音传输质量差,登录网络速度慢,浏览多媒体学习资料效果差等不尽如人意之处,从而降低学习者的学习满意度。学习者会在潜意识中认为移动学习系统是笨拙的、低效的,而不愿再继续学习下去。给学习者创造一个安全的、友好的个人情感体验环境,提高通信技术,保障网络的快捷、通畅,降低网络通信的费用是推动移动学习发展急需解决的问题。

移动学习的目的是利用移动设备和移动通信网方便地访问互联网上的教育资源,这种资源访问的形式是受移动设备与移动通信网之间以及移动通信网与互联网之间的通信协议制约的[①]。目前,移动通信协议主要有两种形式:一种是面向短消息的(异步通信),另一种是面向连接的(实时同步通信)。因此,移动学习有两大类。

第一类是基于短消息的移动学习。GSM(Global System for Mobile Communication)网络除了提供话音服务外,还提供面向字符的短消息服务(Short Message Service,简称 SMS)。短消息占用通道的时间短、费用小,GSM 用户除了可以进行点对点通信,还可以通过短消息服务中心实现与互联网服务器之间的通信,从而形成统一的短消息服务网络。利用这个统一的短消息服务网络,用户可以实现无线移动网络与互联网之间的通信,可以和互联网服务器之间进行字符交换,进而可以实现对教育服务器的访问,并完成一定的教学活动。比如学校对教师的教学活动通知、教师对学生的教学活动通知、学生对教师提出问题、教师对学生的问题浏览以及答疑、学生对考试分数的查询等。

通过短消息可实现学生和学生之间、学生和教师之间、学生和教学服务器之间以及教师和服务器之间的字符通信。但是,要想更好地实现移动学习,教学服务器的软件系统要增加移动接口,需要专门设计并编写面向短消息的服务软件和手机,还应该提供教学服务系统的操作菜单,这些

---

① 任捷怡.基于移动终端设备的移动学习系统的研究与发现[D].成都:西南交通大学,2012.

都需要得到很好的解决。前两者是属于服务器端的软件,用户可以修改完成。而且对于用户来说,涉及手机系统的软件,由于目前的手机是封闭的系统,其系统软件是在出厂时确定的,因而很难改变。因此,对于目前的手机来说,可能的基于短消息的移动学习方案是教学系统自行规定一组操作,用户可利用短消息将操作命令发给教学服务器,教学服务器再根据收到的命令执行相应的操作。

第二类是基于连接的移动学习。对于短消息通信来说,其数据的通信是间断的,不能实时连接,因而不能利用该种通信实现手机对网站的浏览,以及多媒体资源的传输和显示。但是,随着通信芯片和DSP(Digital Signal Processor)性能的提高,移动通信协议将得到很大改进,通信的速度也会大大提高。随着3G通信协议的普及,面向浏览器的移动设备得到了推广,此时的移动学习在方便性以及服务质量上都发生空前变化,教学活动将不受时间、空间和地域的限制,并将得到高质量的保证。但是,教学平台从微机到手机的转变也会带来一系列的问题:(1)通信收费问题。面向连接的协议将允许长时间连接,按时收费将非常昂贵,目前很多厂商建议按流量收费。(2)格式转换问题。手机屏幕与微机屏幕具有非常大的差距,其显示格式应该根据手机屏幕的大小而相应改变。(3)基于手机的教育软件开发问题。由于很多微机软件是基于微机屏幕的,因而在移植到手机上时,都要对显示程序进行适当的修改。从上面的分析可以看出,不同形式的移动学习各具特点,从未来的发展来看,基于连接的移动学习将成为今后远程教育发展的主要方向。但是目前最适合广泛应用的是基于短消息的移动学习,基于连接的移动学习目前普及率还不高。

二、个性化学习

个性化学习的实质是教师和学校管理者尝试采用适合学生的教学,使学生在个性、社会性和创造性等方面的成长超过传统的非个性化的学习[①]。教师适应学生是学习过程的核心,故个性化学习亦可作为适应性学习,即教师适应学生的学习模式。但这种观念亦随理念和实践的深入

---

① 魏胤.个性化教学的涵义及其实施策略探讨[D].武汉:华中师范大学,2008:32.

而发展,个性化学习究其实质来说,意味着寻求各种不同的变体和途径,以及按照各种个人特点去达到一般的培养目标。因此,个性化学习并不是学习的一种具体形式,而是运用各种形式去实现个性发展培养目标的结构,是个别学习、小组学习和班级学习等组织形式的融合、扩展。

早期的个性化学习就是适应性学习,主要是通过班级的编制调适来减少学生个别差异的程度。当代个性化学习强调调试的适应性,就是要求教学安排适应个别差异的环境条件,创设相应的情境,建构相应的课程知识以及建立相应的评价制度等。

个性化学习也是一种分化学习,是用分化来适应学生自身差异性的个别化学习。分化学习强调的是以异质分组的形式来调整学习时的个别差异,以实现个别化学习,学生的差异是一种合理性存在,分组体现了尊重这种差异性,这就是个性化学习的一个重要的特点。

个性化学习是以建构主义学习理论为基础,强调学习者个性特征,强调学习者的主动建构,这一点与传统的教育思想有很大区别。个性化学习是对划一性教育的否定,它承认和重视学习者的个性差异,是一种以人为本的、从人的个性出发的新的教学理念。个性化学习同时具有区别于传统教学的本质特征。首先,强调学习者的独特性。独特性是一个人区别于其他人的特征。正如世界上不可能存在两片完全相同的树叶,人与人之间也存在很大的差别。这种个性差别表现为性别、年龄、气质、能力、性格等方面。个性化学习以尊重学生的个别差异为前提,以发展学习者的个性为己任,采用多元化的形式、弹性化的结构、多样化的内容为学习者的个性发展提供广阔空间。其次,强调学习者的主体性。主体性指学习者的主体意识或能动性,它是学习者作为学习活动、实践活动、认知活动主体的重要体现。个性化学习把学生视为具有独立个性的主体,认为学习者才是学习过程的真正主人,教师只是学习者的指导者和学习过程的促进者。个性化学习鼓励学习者自主探索学习,也相信学习者能够通过自己的努力达到学习目标,它维护学习者的学习尊严,激发学习者自主学习的积极性,使学习者学会学习、学会生活、学会做人。再次,个性化学习是多种教学组织形式的组合,如:小组学习、自主学习、导生制、苏联的分组实验教学制、按能力分组的曼盖姆制与班级授课制等。为了充分发展学习者的个性,个性化学习的组织形式既可以是自主学习也可以是班级教学或协作学习,甚至多种形式的混合。最后,个性化学习是素质教育的出发点、核心与归宿①。素质教育倡导学生的全面发展,而由于遗传、文化背景、家庭环境等因素的影响,学生在发展过程中,身体、心理、性格等很多方面必然会存在差异。因此学生全面发展的前提是承认学生的个性差异,要以学生的个性差异为基础来组织教学活动,这样才能达到全面发展的目的。

个性化学习是指以学习者为中心,让学习者依据自己的需求、风格、能力等自主选择学习内容,并完成自定学习目标的学习过程。因此,个性化学习具有四个表现要素:(1)学习地点与时间:学习者可以自由选择学习的时间与地点。(2)学习进度:学习者可根据自己的实际情况,自定学习的进度,突破了传统教学的统一性。学生实际上掌握了学习的主动权,可以掌握和控制自己的学习,智力好、基础好的同学可以学得更快,在完成学习任务后,可选择自己感兴趣的题目进一步学习。这样不仅能满足学习好的学生的求知欲望,也使学习困难的学生不会因进度慢而产生自卑感,对知识掌握得更牢固,而不会像滚雪球一样,不会的知识越积越多,最终不得不放弃。(3)学习内容:学习内容的个性化表现为两个方面,一方面是指学科课程的个性化,即让学生根据自己的学习兴趣自由选择要学习的课程,大学里选修课就是该理念的一种体现。另一方面是指某一课程中具体学习内容的个性化,包括学习路径、内容难度、内容详略、实例数量以及媒体表现形式等要素的因人而异。(4)学习模式:学习模式是相对稳定的学习过程形式,有讲授型学习、自主探索式学习、协作学习等多种类型。个性化学习要求学习模式应该满足学习者的个性特征:喜欢自主探索的学习者可以采用研究性学习方式,以充分发挥学习者的主动性与积极性。喜欢讨论和交流的学习者可以组织合作学习,小组成员共同完成某一学习任务。对于依赖性比较强的学习者,太多的自由会增加学习者的学习障碍,因此应该为他们构建"脚手架"。

---

① 赵桂玲.大学英语听力的网络个性化学习[J].实验室研究与探索,2009(6):122 – 124.

三、移动学习促进学习的个性化发展

移动学习泛在性、个性化、实时交互的特性,极大地促进了情境学习、非正式学习、协作学习的实践和创新。研究表明,移动学习能够激发学习者的学习热情,维系学习者的学习动机,促进学习者掌握新型的数字化学习工具,提升学习者解决问题的技能,并能够为学习者提供建构式学习环境[①]。学习将成为一个主动的、探究的过程,学习过程将由以记忆为主的知识掌握转变为以发现为主的知识建构。知识的习得将由个人的、机械性的记忆转变为社会的、互动的、体验的过程。

(一)移动学习提供个性化学习的模式

根据移动学习优势,结合中小学教育特点,探索其在中小学教育中的应用是一种重要的发展方向,常见的有三种模式。

1.基于电子书包的课堂即时信息反馈

未来教室需要构建围绕移动设备的整体学习环境,实现包括电子白板、学生学习终端、教师终端等一系列硬件设备的无缝衔接,同时需要建设支持学生个性化学习的服务平台和主题教学资源库。课堂中教师要开展测验及游戏比赛活动,提出问答题或者选择题,学生可以通过移动终端回答或者选择,服务平台及时汇总学生的回答情况,快速诊断学生的学习情况,教师及时分析结果并进行针对性教学。同时,教师在电子白板上的上课内容也实时呈现在学生的移动终端上,学生可以通过移动终端与教师终端的电子白板进行交互操作,从而实现课堂教学的深度交互。

2.基于电子书包的课外探究

当每位学生拥有一个电子书包时,就相当于随身携带一个能实时与外界交互的课程资源库,这极大地拓宽了学生课外探究学习的空间和意愿。当有学习需要时,学生可以随时随地打开电子书包,检索信息、搜集资料、记录数据、共享信息、交流协作,并且可以和自己课堂上的学习内容进行关联。比如开展"昆虫生活习性"的户外体验式学习,学生按照电子

---

① 李艳.基于移动终端的个性化学习探究[J].中小学信息技术教育,2012(Z1):79-80.

课本里的学习要求,去大自然中采集相关数据后,及时通过无线网络把数据发送到服务平台,教师根据相关数据实时指导学生的观察实验,在不同地点的学生也可以用移动终端交流观察结果,这就使得探究学习更贴近真实的生活体验。

3.基于手持移动终端的知识查询与获取

除了电子书包,学生还可以通过智能手机、IPAD 等手持移动终端进行更广泛的非正式学习。手机短信:教师可以把课前准备、作业要求、管理通知等信息群发到学生手机上,便于实时把握。手机报接收:一些分散记忆的知识点,如公式定理、名言名句、单词学习等可以以手机报的形式每日发送。浏览器链接学习内容:运用手机随时随地进行网络远程教学,利用课余时间进行学习。随着科学技术的发展,各种格式的音频、视频、动画的播放会更加流畅,阅读体验也会更及时、更生动、更完善。

(二)移动学习提供个性化学习的过程服务

个性化的学习资源服务是基础,而个性化的学习过程服务是移动学习有效性的保证[①]。学习过程服务的范畴非常广泛,其核心服务内容包括学习过程的指导、学习能力的培养、学习过程的管理和监控等,扩展到一般服务过程则包括导学服务、评价服务、移动学习服务、督学服务四个方面。

关注个体差异性,提供自主学习导学服务。所谓"导学"服务,指的是从学生个体的不同实际出发,对其进行有针对性的学习指导,并创造多种机会和条件供其选择,使个体获得专业的教育教学服务。针对不同的学习程度与目标要求提供不同的导学服务,为不同的学习者提供不同的学习材料和学习策略,能有效实施个性化学习过程导学服务。鼓励自我,在评价中"导学"是其中重要的方式。学习者因学习起点不同,学习路径不同,学习进度和效果都会有差异性。在学习过程中,在每一个学习节点设置一次评价导学,既可以判断学习者是否已经具备了先验知识,又可以

---

① 李书明,田俊.网络学习中个性化学习服务策略研究[J].中国电化教育,2011(6):118-121.

根据学习者的实际学习效果,及时地"导学",调整学习策略和学习路径。

利用低成本的手机短信,提供个性化的移动学习服务。随着移动通讯技术的发展,随时随地展开学习已不再是梦想,而超低成本的手机短信移动学习,则成了这个时代一种新的学习模式。学习者只要拥有手机这一设备,就能接受教育。在无线通讯发展迅速的今天,大部分人都拥有手机,这就为短信学习提供了一个很好的条件,我们可以充分利用这个优势来弥补课堂学习中的不足。手机短信移动学习服务,主要体现在三个方面:第一,移动的学习环境服务。不论是传统学习还是网络学习,学习环境都是固定的。短信学习不仅具备数字化、多媒化、网络化、智能化的特征,而且还具备了独特的优势——环境的移动性。在短信学习中,教师、管理人员、技术人员和学习者的环境都是移动的,特别是对于流动工作的学习者来说更是如此。由于短信学习不再局限于一个固定的环境,可以"随时、随地、随身"且"短、平、快"地进行学习,故实现了学习真正意义上的自主性。第二,学习时间的碎片化。许多学习者由于工作繁忙,常常无法抽出较集中的时间进行学习,而在短信学习过程中,学习的信息传播和信息接收过程,表现为许多不连续的时间片段。学习时间的片段性,使得学习内容的接受和学习过程本身被分解为若干小的学习步调或小的知识点,可以让学习者在空闲的 5 分钟甚至更短的时间内学习。第三,提供便捷的学习互动服务。众所周知,手机短信交流具有较强互动性。短信的收发是双向的、互动的。这种较强的互动性若运用到学习中,则更能体现学习者的主体性和共享性。学习者之间、教师与学习者之间,就像平时互发短信那样,进行学习上或教学上的互动,每一方都像阅读平时收到的短信一样,以平和的心态接受学习信息。由于手机具有"随身"的特点,因而短信学习的互动性,比其他远程学习工具更具有即时性。互动方式的多样性为短信学习进行控制提供了可能性。

移动技术能有效提高学生的自主学习能力,实施个别化督学。第一,要明确个性化督学的目的。始终围绕着加快学习进度,培养学生自主学习能力的督学目的而不断完善督学内容,制定个性化督学重点,完善督学工作流程,形成督学档案,确定督学工作的发展方向。第二,要科学识别督学对象。根据学习进度判断学生的自主学习能力,有针对性地确定个性化督学对象。一般督学对象为学习困难和学习进度慢的学生,经过督学,这部分学生的学习进度不断提高,为整体学习水平的提高奠定了基础。第三,以每个学生的实际学习情况为核心,以指导为主,以督促为辅,个性化导学和督学一体化,在个性化的基础上进行全面督促。立足学生当前的学习状况,深入挖掘潜在信息,细致高效地帮助学生明确自己的学习动机,制定个性化的学习方案。对于学习进度严重落后、失去学习信心的学生,还会充分估计学生的学习能力和学习潜力,探索适合学生的学习方法和学习策略,最终为学生制定个性化学习计划,激发学生的学习动力,并持续给予关注,直到学生顺利完成学业。同时,个性化督学服务的顺利展开,也需要技术管理平台的支持。如能通过管理平台实现对学生学习过程的跟踪并进行适时提醒,将更及时地提供个性化督学服务。教师可以很方便地追踪到每个学生的学习进度与当前学习状态,提供学习支持服务将更加有的放矢,充分满足学生的个性化学习需求。

移动学习的发展应该与学习观的变化相适应,应当是以发现为主的知识建构,是社会的、互动的、体验的过程,学习者允许发挥主动性。从学习的起点、动力、外显行为、内隐行为、外部支持等方面来看移动学习的发生应当具有:以真实问题为起点,以学习兴趣为动力,以学生活动的体验为外显行为,以分析性思考为内隐行为,以指导、反馈为外部支持的立体学习过程。

第三节 泛在学习:实现终生学习

自从 1632 年教育家夸美纽斯在《大教学论》中提出班级授课制的理念以来,传统的班级课堂教学一直占据着主导地位。由于教师和学生需要到达固定的地点进行学习,课堂教学对教师和学生具有一定的局限性。随着信息技术的发展,新技术、新媒体的出现,信息化学习也开始逐渐走进人们的视野,随着互联网的进一步普及,以及无线网络覆盖率的增加,泛在学习方式应运而生,这种学习方式在当今社会信息技术高速发展的技术支持下以及终身学习理念的感召下已经无所不在,这就是目前所提的泛在学习。泛在学习是普适计算机环境下未来的学习方式,是提供学生一个可以在任何地方、随时使用手边可以取得的科技工具来进行学习活动的 5A——任何人（anyone）在任何时间（anytime）任何地点（anywhere）情况下，通过任何智能终端设备（any device），就可以获得任何所需要的信息（anything）的学习。

泛在学习已经不再局限于特定的纸质或者数字化教材，而是与学习需求相结合的学习资源。学习空间上不再受局限，可以随时随地学习。泛在学习的教学方式和学习动机都可以与真实情景相结合，符合学习者兴趣，可以体现生活中的学习。泛在学习配合数字化学习材料，可进行户外情境教学。在进行学习活动的同时，能够与真实情境互动并提高学习兴趣，这些普适优点是泛在学习得以发展的前提。

一、何为泛在学习

（一）泛在学习的特征

有学者总结出泛在学习的几个主要特点：Permanency（长时性）Accessibility（可获取性）Immediacy（即时性）Interactivity（交互性）Situating of instructional activities（教学活动的场景性）和 Adaptability（适应性）①。这种观点在国内已达成了一定程度的共识，其体现在以下几个方面：首先，具有泛在性。泛在学习在真正意义上实现了超越时空，并与现实时空完美融合，给学习者提供了一个充分自由的学习空间，这个空间就像空气一样无处不在。其次，具有移动性。移动性已成为当今社会越来越突出的特点，泛在学习是一种人们可以在不同的服务空间中自由的移动，利用一些便携轻巧的终端设备就可以轻松进行的学习活动。再次，具有智能交互性。泛在学习的智能性表现在通过由听觉、视觉和触觉等构成的自然的感知接口，学习者可以同步或异步地与专家、教师或学习伙伴进行交互。因此，专家成为一种更易接近的资源，而知识也可以得到更有效的利用，这与让学习者到图书馆或学校进行学习或通过网络获取学习信息有

---

① 张雪，李子运. 打开终身教育希望之门的学习方式——泛在学习[J]. 继续教育研究，2010(2)：43－45.

很大的差异。最后,具有人性化。泛在学习中,学习者可以根据自身需要,随意选择自己感兴趣的内容,随时随地就可以开展学习活动,可以说泛在学习是一种以学习者的自我需求为核心的学习,这种学习活动体现着以人为本的理念。

(二)泛在学习的理论基础

一个好的学习范式是建立在一定的理论基础之上的,它必须有可操作的、扎实的理论作为支撑。泛在学习的理论基础主要有:

1. 建构主义学习理论

建构主义源于关于儿童认知发展的理论,较好地说明了学习是怎么发生的,意义是如何建构的,以及理想的学习环境应该有哪些因素,等等。建构主义是当代学习理论的革命,是泛在学习促进实践教学模式建构的关键理论基础。建构主义认为,知识不是通过教师传授得到,而是学习者在一定的情境下,利用必要的学习资料,并依靠他人的帮助,通过意义建构的方式而获得[①]。知识的建构来源于活动,活动的情境是知识的生长点和检索线索。1999 年,乔森纳曾提出了基于活动理论的建构主义学习环境设计框架。建构主义主张的是在教师的指导下,以学习者为中心的学习,该理论强调学习者的认知主体作用和教师的指导作用并重,教师不再只是知识的传授者与灌输者,而是意义建构的帮助者、促进者,后一角色更加重要。学生成为信息加工的主体,他们主动构建意义获得知识,而不是被动地接受外部刺激。

2. 情境认知理论

情境认知理论(Situated Cognition)是 20 世纪 80 年代中后期形成的重要的学习理论。情境认知理论认为,学习的实质是个体参与实践并在实践中与他人、环境等相互作用的过程,个体在这个过程中形成实践活动的能力。该理论具有明显的特征:(1)情境性。学习与其所发生的情境之间是不可分割的,现实生活情境对学习有着重要意义,并强调真实的情境而不是去情境化的学习,注重对学习过程的培养是情境之于学习的重

---

① 李刚,朱琳.试论摄影课程的学习评价[J].教育与职业,2008(6):182-184.

要体现。(2)实践性。情境认知理论强调学习者不能仅仅学习课本或他人的经验,必须积极进行与所学知识内容相关的实践。学习者不应只关心学习成绩,而忽视了对发现问题、分析问题和解决问题能力的培养。(3)主动性。情境认知理论强调为学习者提供多元的学习资源,触发学习者主动学习的动机。以情境认知理论为指导的教学模式主要有三种:抛锚式教学模式、随机进入教学模式和认知学徒教学模式。泛在学习对抛锚式教学情有独钟,特别强调技术在教学中的运用。一方面,依靠技术创设逼真的学习情境;另一方面,学生可以依靠计算机等技术支持,从多种视角拓展实践学习的领域。在抛锚式教学中,教师不再是知识的先知者,教师的主要作用不再是回答学生提出的所有问题,而是变身为学生的"学习伙伴",创设相关情境,帮助学生顺利穿越"最近发展区",培养学生解决问题的能力①。

3. 非正式学习理论

所谓"非正式学习"是指相对于正规学校教育或继续教育而言的一种自由自在、随心所欲、不受时空限制的学习。它可以发生在人们喝茶吃饭时、上网聊天时、收发短信或邮件时,或者上街购物时,也可以发生在正式学习中出现打盹走神的时候,或者实践教学过程中的突发奇想的冒险性行为中。实践的需要能够激发非正式学习,使人获得很多能够立即应用到实践当中去的知识和技能。研究表明,非正式学习能够满足个体在工作中的70%左右学习需要。

4. 联通主义

联通主义认为学习是一个网络形成的过程,它关注网络形成的过程以及如何创建有意义的网络,提出当我们与别人对话时,学习也会发生。祝智庭教授认为,联通主义不能严格地看作一种"学习理论",而应该看作一种面向网络时代的"学习观"。当前社会结构下丰富的技术对学习产生了极大的影响,这是网络学习时代学习的互联特性,Joy Cross 有句广为流传的名言:学习就是优化自己的内外网络。所以知识发展越快,如何

---

① 刘义,高芳.情境认知学习理论与情境认知教学模式简析[J].教育探索,2010(6):88 – 89.

获得知识,筛选信息就变得至关重要。

(三)泛在学习模式

学习模式是能够使学习者达到最佳学习状态的方法①。影响学习模式的因素应当包括学习者自己、教师、学习环境、学习目标、学习内容、学习媒介、学习过程、学习方式、学习评价、学习时间等,这些因素的不同组合就会形成不同的学习模式。正式学习是以课程、任务等形式展开的教学活动,是由专门的教育机构所提供的,是面向获得正式学分、学历、资格认证的学习者的。非正式学习是包括信息和内容在内的一切事物,如会议、书籍、网站等是完全个性化的学习活动。对泛在学习来讲,人人、处处、时时的学习将会有许多的学习模式,要进行全面的分类还需要专门的研究。由此,依据学习方式、学习资源将泛在学习的模式分为三类,即非正式资源学习、准正式主题学习和正式的课程学习。对于远程开放教育的泛在学习,准正式主题学习和正式的课程学习是其主要的形式。

1. 非正式资源学习

非正式资源学习,是指完全基于数字化学习资源的非正式学习,一般的学习过程是:学习者依据自我学习需求,查找合适的学习资源,利用学习资源进行学习,如果资源不能满足自己的需要,学习者会重新查找更合适的学习资源,通过学习,学习者可能会在进行思考、分析、总结后,撰写一些心得、体会,甚至编写一些新的资源,提供到资源系统中,形成生成性的共享资源。其学习过程如图 5 - 1 所示:

可利用的资源可以是一段文本、一张图片、一段视频、一个课件,也可能是一门完整的课程资源,学习的目标、行为、过程、效果均由自己决定,不受任何外部因素的制约。

2. 准正式主题学习

准正式主题学习,是指基于学习资源和教师的介于正式学习和非正式学习之间的一种学习模式,如培训、空中课堂、基础教育资源网等。主题学习的广义概念是指就社会生活或现象的某一方面内容的学习,如某

---

① 杨孝堂.泛在学习:理论、模式与资源[J].中国远程教育,2011(6):69 - 73.

```
┌─────────────┐
│   学习需求   │
└─────────────┘
      │
      ▼
┌─────────────┐ ◄──────────────┐
│  查找合适的资源 │                │
└─────────────┘                │
      │                        │
      ▼                        │
┌─────────────┐                │
│  利用学习资源  │                │
└─────────────┘                │
      │                        │
      ▼                        │
    ◇◇◇◇◇                      │
  ◇       ◇          否         │
 ◇  满足需求  ◇────────────────┘
  ◇       ◇
    ◇◇◇◇◇
      │ 是
      ▼
┌─────────────────────────────┐
┆ 思考、分析、总结，提供生成性的共享资源 ┆
└─────────────────────────────┘
      │
      ▼
┌─────────────┐
│    结束      │
└─────────────┘
```

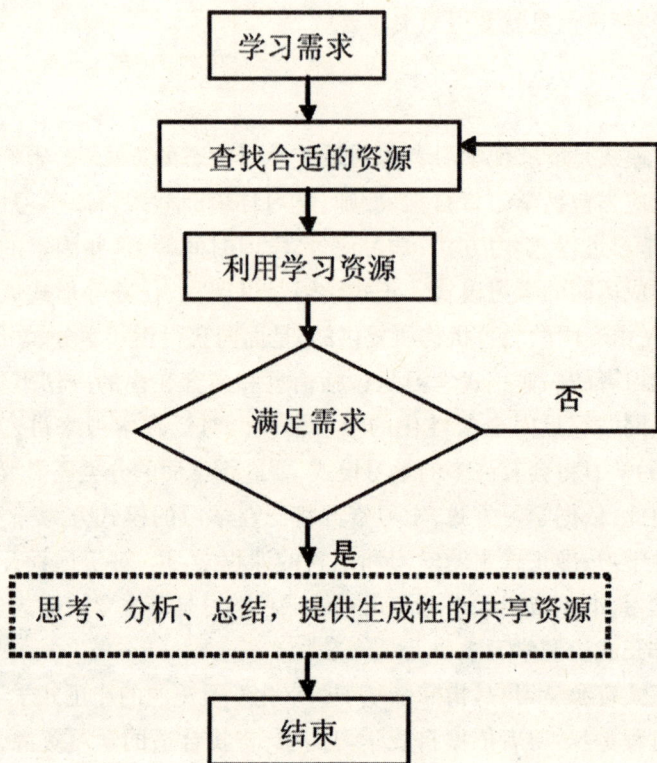

图 5-1　非正式学习过程

种职业需要的知识、技能的学习,某种体育、文艺、健身爱好的学习等。称之为准正式,原因是对于这类主题学习,一般是由教育或者培训机构依据学习主题的共性需求,设计主题培训项目,创设泛在学习环境,编制泛在学习资源,设计学习过程,并在学习过程中提供教师的指导、辅导。学习者则是要依据自己的需要,查找并选择适合的培训项目,按照教育或者培训机构创设的环境、条件、过程,并利用编制的资源进行学习、交互。准正式主题学习的学习目标、行为、过程、资源等均会受到教育机构的制约,但是对学习者的学习评价没有严格的、强制性的规范或者规定性,因而称之为"准正式"的学习,其学习过程如图 5-2 所示。作为准正式主题学习的典型,有新东方英语培训、北大青鸟 IT 培训等的课程学习。

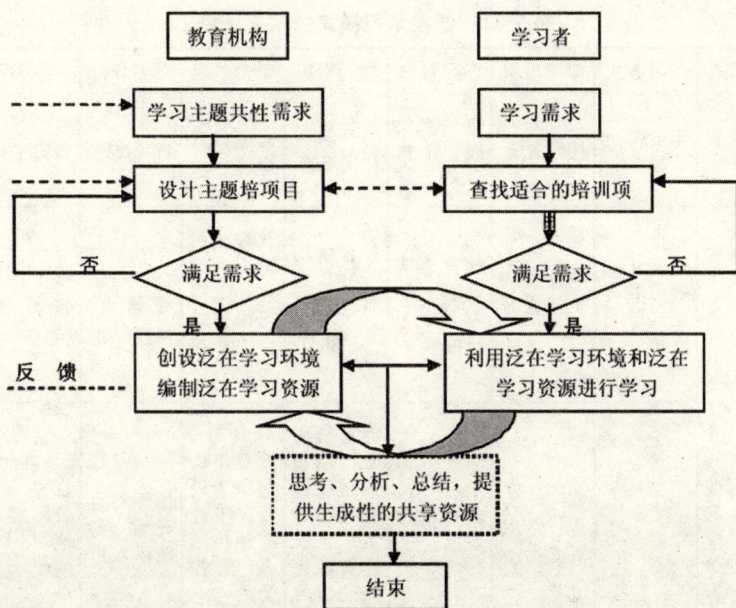

图 5-2　"准正式"学习过程

3. 正式的课程学习

正式的课程学习,是指基于学习资源和教师的正式学习①。如一个专业的课程学习或者在学习资源、安排教学活动进行学习测评,并不断改进整个过程;学习者则要选择学习的课程,明确学习目标,选择学习方式,参加学习活动,参加学习测评并达到测评成绩,尽管教师和学习者的教学活动是处于"准分离"状态,但二者是密不可分的。

4. 三种学习模式的比较

我们可以将泛在学习的三种模式从学习方式、需求、目标、资源、过程、评价、反馈等几个方面进行一个简单的比较,就能更好地分析它们的异同。如表 5-1 所示。

二、泛在学习与终生学习

推动终身学习是世界各国应对社会发展需求的重要手段。虽然终身

---

① 杨孝堂.泛在学习:理论、模式与资源[J].中国远程教育,2011(6):69-73.

表5-1 泛在学习模式的相关比较

学习模式	学习方式	学习需求	学习目标	学习资源	学习过程	学习评价	学习反馈
非正式资源学习	非正式学习	任何需求	自我发现、自我定义	公开资源任何事物	完全自我控制	自我评价	自我主张
准正式主题学习（培训）	介于正式学习和非正式学习之间	职业发展生活爱好需求	教育机构设定，学习者个人认可	教育机构专门编制，学习者选择应用	教育机构组织和设计，自控与他控结合，他控为主	自评与他评结合，自评为主	自主反馈和教师要求结合
正式的课程学习（专业学习、认证）	正式学习	社会、专业、公共需求	教育机构设定	教育机构专门编制的预设性资源为主，生成性资源为辅的学习资源体系	教育机构组织和设计，自控与他控结合，他控为主	他评与自评结合，他评为主	自主反馈、教师要求和他人调查结合

学习更多强调的是一种学习理念，而泛在学习更多地强调利用信息技术对泛在的学习需求的支持，但泛在学习与终身学习在理念层次具有一致性即支持动态和非正式的学习。同时，泛在学习也有望为以终身学习为理念基础的学习型社会的构建提供有力支持。终身学习具有两大特点：一是学习的持续性。在学校（包括中小学、大学等）所获得的知识不可能满足一个人的终身发展需求，人们需要不断地学习新的知识与技能，以促进自己的职业生涯发展。二是学习的情境性。英国政府在1998年发布的终身学习绿皮书《学习时代》中明确指出：未来，学习者不必被局限于特定的学习场所[①]。人们可以在家里、工作场所、图书馆、购物中心、大学等各种各样的地方进行学习，可以通过宽带媒体与在线方式进行远程学习。政府的努力目标是帮助公民在他们所选择的地点进行学习，并根据他们当时所处的情境提供最为适当的学习支持。终身学习非常重视基于环境的学习，强调学习的情境性、实践性与知识的建构性，重视学习与生

---

① 李卢一，郑燕林.泛在学习的内涵与特征解构[J].现代远距离教育，2009(4):17-21.

活、工作的关联性,强调协作多于强调竞争。

泛在学习本身关注学习者不同的学习需求与学习特点,尊重学习者的主体地位,旨在为学习者提供泛在的、适宜的学习支持,有助于增强学习者的学习体验,促进学习者对知识的主动建构。同时,支持泛在学习的核心技术——计算机技术是未来信息技术的重要发展方向,使信息技术服务教育、优化教育,可以有效地支持教育信息化,使得人人皆学、时时能学、处处可学,而这也正是以终身教育理念为指引的学习型社会构建的重要宗旨。2001 年,"New Research Challenges for Technology Supported Learning"的开放会议的最终报告文档中提到,泛在学习不是一个统一的概念,它涉及许多问题,这些问题的关系是不容易理解的,并且有一个短语更能体现泛在学习的概念和特点,即学习作为一种生存的方式(Learning as a Way of Being)。总之,泛在学习是一种生存、体验世界的方式,现代社会要求人们不断学习,而泛在学习可以让社会中的每个人在其一生中不断获得学习的机会,可以说,泛在学习为终身学习创造了更大的可能性[①]。

首先,泛在学习的泛在性为终身教育发展提供了条件。泛在学习将无线网络和现实时空完美地融合在一起,给人们提供了一个充分自由的空间。泛在学习强调学习是非正式的,并为终身教育提供了崭新的学习模式,它适应了终身教育的需要,同时也为终身教育的发展提供了一个很好的发展环境。例如,对于一部分长期奔忙于工作和家庭的人来说,可利用的整段的业余时间很少,这就使他们无法去接受系统的学习,泛在学习的泛在性即学习活动在任何时间地点皆可展开的学习方式恰好迎合了这类人的需求。其次,泛在学习的移动性将促进终身教育的普及。移动性已成为这个世界越来越突出的特点。近年来,随着移动通信速率的提升,资费的下调以及手持移动设备计算性能与存储能力的增强,手机、掌上电脑和 PDA(Personal Digital Assistant)等手持式移动设备可以让我们在任何时间或地点获取、处理和发送信息,使交流无处不在、信息无处不在,也

---

① 王磊,吴传刚.泛在学习范式的多维探析[J].牡丹江师范学院学报:哲学社会科学版,2012(2):131-132.

为我们依托手持式移动设备和无线网络开展教育活动,传递教育信息,实现人类终身学习提供了可能。如何利用手持式移动设备更好地开展教育教学交互活动也就成为本世纪国内外教育界研究的前沿和探讨的热点。第三,泛在学习的智能性交互和人性化特性将使终身教育"以人为本"的生活方式得以真正实现。终身教育注重人的自由、全面、协调、可持续发展,强调对个人价值的终极人文关怀,强调教育活动的开展要以人为中心,旨在使每个人都积极参与到教育过程中来,真正成长为一个具有综合素质的现代人。泛在学习正是以学习者为中心,基于真实情景,利用便携智能终端设备,随时随地地就能开展所需要的一种自由式学习方式。它的这种学习方式十分自然地发生,往往不会引起人们的注意,智能终端设备为学习者提供了一种个性化的服务,实现了真正意义上的以人为本。最后,泛在学习时代的到来将有利于终身学习社会体系的构建。泛在学习通过公共服务网络为人们提供数字化的学习资源,可以使人们通过不同的途径,在不同的年龄阶段,以不同的形式,在生活工作的各个地方便利地享受自己所需要的教育,其灵活的学习方式将会受到人们的普遍欢迎,将在构建终身教育体系的过程中发挥重要的作用。许多专家和学者认为,泛在学习凭借强大的技术和无缝学习环境将更有利于实现终身教育的最高目标——学习化社会的构建①。

在努力建设学习型社会,倡导终身教育的今天,泛在学习的产生和发展带来了深远的影响,为终身教育体系的建设,起到了积极的促进作用,提供了很好的思路。因此我们说泛在学习为构建终身学习型社会提供了契机,并且使终身教育中"以人为本"的生活方式得以真正地实现。

三、泛在学习中教师的角色定位

韩愈在《师说》中所言"师者,所以传道、授业、解惑也"这句话在中国教育历史上影响深远,成为教师的座右铭。由于计算技术和传输技术的高速发展,所有人都可以随时随地获得需要的知识,教师不再是知识的唯

---

① 王慧慧,刘奎. U-learning 与终身教育[J]. 当代教育论坛(宏观教育研究),2008(8): 20-22.

一拥有者,在这种新的教学体系中还需要教师发挥传道授业解惑的作用吗? 教师的作用是弱化了还是强化了? 因此,必须重新审视教师的定位与作用。

(一)教师与学生共同构建泛在学习体系

在泛在学习模式下,教师从传统的授课中解脱出来,将面向更加复杂的教学环境,具有个性化需求的学习者、更多的交互情景,教师的作用相对以往不是弱化而是更加强化了。虽然在泛在学习环境中,学习资源的数字化技术设备网络的如影随形,可以为学生随时随地提供极为丰富的学习资源。但如果离开教师,学生的学习缺乏交流互动,对问题的解决缺乏深入到位的解答,学习资源的建设不可持续,这样的个性化学习是有缺陷的,学习体系是不完整的。技术和设备应服务于教学,要发挥泛在学习的泛在性、直接性、交互性、主动性等优势,要使学生真正成为学习的主体,就必须让教师成为整个教学系统的重要组成,运用新技术新设备,将学生、教师、网络、设备和学习资源紧密结合起来形成完整的学习体系。教师与学生相互影响、相互作用,共同构建泛在学习体系。在知识构建中,学生与教师也都可以是参与者、学习者,与传统的刺激——反应教学过程不同,学生是信息加工的主体,而教师在引导学生完成对知识的理解掌握的过程中也不断完善自身得到学习。

(二)教师成为学习体系中的管理者

虽然在泛在学习环境下,教师不是知识的唯一拥有者,学生可以从多渠道多形式汲取丰富的知识信息。但是,目前开展泛在学习还是存在一些限制因素。学生的学习观念与学习习惯还未转变,个性化学习的难度大,面对"爆炸"般的学习资源与信息无从下手、适合泛在学习的数字化资源不足,等等,教师在泛在学习模式中要成为管理者。管理者不同于传统的领导者,传统教学模式中教师往往是以领导者的身份自居,专制式地向学生传授知识,主导、控制着整个教学过程。而作为管理者的教师,要引导学生树立自主学习和终身学习的观念,帮助学生从繁杂众多的信息资源海洋中获取合适的学习资源来构建自己的知识体系,服务于学生个性化学习中的各个环节,在多样化的学习中组织学生完成系统性的学习过程,激励学生不断产生学习的兴趣,挖掘自身的学习潜能,并监督、评价、考核学生的学习状况和学习绩效。

(三)教师成为学习资源的研发者

传统教学模式中,教师只是课程的实施者、执行者,以及学习资源的使用者;网络教学虽然已运用计算机网络技术将教学内容数字化,为学生提供可登录的学习平台,但这个平台是有限制性的,要受时间、空间的制约,而且教学资源的建设中教师所起的作用极为有限,资源的建设也相对静态。泛在学习是通过泛在计算技术为学生提供一个超时空的无缝学习环境,目前网络教学所采用的单点集中存储的学习资源已无法满足泛在学习的需要,那么,构建超时空、泛在的、动态的,能满足无限群体个性化学习的学习资源,将成为开展泛在学习的前提条件。在泛在学习资源的构建中,教师应成为研究开发者,而不是仅仅依靠专家或某个机构来生产出版,在课程的开发和设计中,教师要以科学、创新的态度去研究教育理论、教学现象、教学模式和方法,并且要以动态的观念去构建学习资源,所谓动态学习资源,指的是相对于旧的、静态的、更新迟缓的网络学习资源,它是不断进化动态生成的学习资源,可以由教师和学生共同构建协同编辑的资源内容,开放的资源可以为学生和教师随时随地共享。

(四)教师是学生的心理咨询者

教师是人类灵魂的工程师,教师的作用不仅在于传道授业解惑,帮助学生掌握知识和技能,而且要在教学过程中培养学生形成健全的人格,教书同时育人。在社会发展加快、竞争加剧的环境中,很多学生要承受着工作、学习、生活多方面的压力,将产生更大的心理负担,这就要求教师应更多地关心学生的心理健康。在利用计算机网络开展教学的过程中,教师与学生之间面对面的直接交流减少了,学生成为"孤独"的学习者,而教师有时不能及时地与学生进行沟通,使得学生的学习动态不能及时掌握,问题不能及时解决,这些都可能产生学生的心理问题。因此,在泛在学习模式下,教师可以运用平台,成为学生的良师益友,随时随地了解学生的心理情况,帮助学生排除困扰,解决心理问题,掌握自我调节的方法,提高心理承受力和心理健康水平,从容面对许多社会工作、生活、学习中的问题,顺利度过学习及人生的各个阶段。

教育是传递社会生活经验并培养人的社会活动①。由雅克德洛尔任主席的国际世纪教育委员会向联合国教科文组织提交的报告《教育财富蕴藏其中》明确提出教育的四个支柱是:学会认知、学会做事、学会共同生活、学会生存②。只有不断获取新知识,才能跟上时代发展的步伐,适应环境才能生存与发展。科学技术的进步与创新将不断推出更有效、更便捷、更易让人接受的学习模式,泛在学习代表着未来学习的一种新的方向。在新的学习环境下,教师作为教学体系中不可缺少的组成部分,要不断提高自身的适应能力,明确在学习中的定位与作用,才能很好地引导学生完成学习各个阶段构建知识体系,成为社会有用之才。

四、泛在学习环境下教师的能力要求

泛在学习可以很好地与技术发展和时代需求相结合,基于此优势,泛在学习将成为当前也是未来相当长一段时间内值得广大教育工作者尤其是教育技术领域关注的热点话题。无论是在学习资源的创建、教学方式的选择还是学习动机的激发等方面,都离不开教师的重要作用。因此,在迎接和面对这种新型学习的时候,需要我们的教学者做出更多的准备,无论是意识准备还是能力准备。其基本素质与能力要素总结如下:

(一)明确教师角色新定位

以建构主义为指导构建泛在学习环境,可以提供融入真实情境的学习机会,学习者完全沉浸在学习过程中,通过听、看、读以及其他感知方式来构建知识。在泛在学习环境中的学习是以学习者为中心展开的。学习者是学习的主体,在学习过程中可以充分利用网络资源、教师准备的教学资源,或者自主进行资料的搜寻和学习。学生在学习过程中表现的主体

---

①　黄欣祥.教育涵义新探[J].教育研究与实验,2001(2):31-34.
②　何文明.新课程要关注"学会做事"[J].现代特殊教育,2003(7):28.

性更明显,因此教师要更清楚自己的角色定位,明确自己在泛在学习环境下作为资源开发者、设计者、学习引导者、组织者的角色,把自己当作是学生的学习伙伴,引导学生采用多种学习方式展开有效学习。

(二)教学资源/学习资源设计能力

在传统课堂中,一本教材、一个多媒体课件可以让学生紧紧团结在以教师为知识核心的课堂教学周围,但是在泛在学习环境下,教师对学生具有不可控性,仅仅是单纯传递知识的课本甚至融合音、像、画于一体的多媒体课件也不能较好地吸引学生的注意力。泛在学习环境要求教师努力提升自身信息素养,根据学习者的兴趣、学习风格、学习习惯的分析来设计学习资源,让学习者能随时随地按照兴趣和需要自主学习。

(三)合理选取泛在教学辅助工具能力

在泛在学习环境下,学生可以随时随地根据需求进行学习。教师应该根据实际情况合理选取教学辅助工具,教师可以将教学资源(例如相应的课件、录制的视频、音频、拓展资料等)放在相应的学习网站上提供给学习者随时访问,还可以在学习论坛或者学习交流群中发起讨论的话题进行交流,也可以采用多人异地视频,语音或者音视频结合的形式进行教学。这些具体教学方式的选择决定了不同教学软件的支撑和选择。

(四)课堂控制能力

在目前常用的教育和影响他人的交流方式中,最有效的是面对面的交流,其次是电话,再次是网络聊天,更差的是通信,最差的应该是单纯的阅读了。面对面交流无疑是在信息传播过程中最为有效的一种方式,在我们的传统课堂中能加强师生之间情感交流,提升教学效果。传统课堂中,师生是同时同地开展教学活动,学生可以感觉到教师的形象、声音、形态、举止,通过眼神手势等肢体可以有效地弥补语言交流的不足,使信息的传播和交流达到更好的效果。但是当我们的传统课堂转向泛在学习环境的时候,教师和学生不再是面对面交流,只是通过视频、语言或文本进行交流,情感交流将会有所减少,这就要求我们的教师在与学生沟通互动的时候加强情感参与因素,选用合适的语音语调以及合适的评价词汇来对学生的回答、讨论等进行点评,鼓励学生多和同伴以及教师进行交流。

在以教师为主要载体的课堂教学中,教师能够及时观察学生的形态神情,通过学生反映来判断知识掌握情况和学习状态如何。教师可以随时调整自己的教学内容和教学方式从而来组织教学和合理控制整个课堂。由于在泛在学习环境下的教学对象很可能是不可见的,不能通过学生的及时反映来判断学生的状态,因此教师的教学设计能力就显得尤为重要。为了吸引学生注意力和保证学生学习效率,教师需要加强自己的教学设计能力,在泛在学习环境下不断寻求更有效的教学方式、方法和更优化的教学活动来提升学习者注意力,激发学习者的兴趣。

(五)评价与反思能力

一个教师成长和进步的关键是能不断对自己进行反思。传统课堂可以通过彼此间的听课评课记录来反思,不断学习,改善教学,学生的课堂听课反应和作业考试等方式也是对教师的一种信息反馈,教师的自我评价和对学生的学习效果评价是一种促进自我提高的有效方式。但是在泛在学习环境下,教师怎么获取学生的反馈信息,如何对学生进行合理评价,以及对自己的教学进行评价是一个值得深入思考的问题。这就要求我们的教师要有形成过程性评价和形成性评价结合的思维,并做好学生课后消息效果回访调查,不断改进泛在环境教学。

众所周知,现代有关教育的理论和技术发展非常迅速,教师在信息化的环境下面临不断的自我挑战,尤其是泛在学习的展开,需要传统课堂中的教师走出讲台的禁锢,在提升自身信息素养的同时,积极探寻泛在学习环境的教学方式,从而能转变成为学习者随时随地地实现泛在学习的支持者和引导者。

第六章 信息时代中的教育模式变革

大力推进信息技术在教学过程中的普遍应用,促进信息技术与学科课程的整合,逐步实现教学内容的呈现方式、学生的学习方式、教师的教学方式和师生互动方式的变革,充分发挥信息技术的优势,为学生的学习和发展提供丰富多彩的教育环境和有力的学习工具。

——基础教育课程改革纲要

党的十六大报告中提出:形成全民学习、终身学习的学习型社会,促进人的全面发展,并把它作为全面建设小康社会的重要目标之一①。十七大报告再次强调要发展远程教育和继续教育,建设全民学习、终身学习的学习型社会②。几年前,一个名为"数字化学习港"的新名词悄然来到人们的身边,它不仅颠覆了传统的个人学习方式,而且已经成为教育方式上的一场变革。对这种新的教育模式的变革,有评论认为,以信息技术为教育手段的网络教育,特别是教育游戏、虚拟社区、E-learning 等,是教育方式的一次质变,它从根本上改变了传统教育方式,使教育走出了狭小的课堂,以在传播与交互上突破时空限制的无限的覆盖方式,使任何人在任何时间任何地点接受教育成为可能,使多数人的终身学习成为可能。

第一节 教育游戏:在游戏中学习

越来越多的电脑走进普通家庭,为青少年提供影视、游戏等娱乐方

---

① 继往开来:中国共产党第十六次全国代表大会纪要[M].北京:新华出版社,2002.
② 中国共产党第十七次全国代表大会文件汇编[M].北京:人民出版社,2007.

式。然而不时有一些媒体报道,有的学生因为玩电脑游戏而荒废了学业,甚至走上违法犯罪的道路。于是,有些家长与教师采取各种"堵"的措施,唯恐自己的孩子或学生接触电脑游戏。可事实表明,"堵"是堵不住的,而采用"疏"或"堵疏"结合的方法效果要好一些①。于是我们想到了教育游戏。教育游戏能不能进校园? 教育游戏会不会被师生所接受? 这是我们必须深刻思考的问题。这些问题将在本节中给予探讨。

一、教育游戏

游戏是个广泛的概念,人们日常生活中的一切均可称之为"游戏"。但是一旦在"游戏"前加了"教育"这个限定词,游戏的宗旨——娱乐性不变,其作用却发生了变化。那么什么是教育游戏呢? 教育游戏的发展史如何? 教育游戏中存在哪些教育元素和游戏元素?

(一)什么是教育游戏②

数字游戏起源于 20 世纪 50 年代,随着信息技术的发展,数字游戏的理论及设计开发水平不断进步,各类数字游戏风靡全球。在游戏理论体系不断完善的条件下,人们也开始关注游戏的社会、经济和文化研究价值。2004 年,在美国举行的"严肃游戏峰会"提出数字游戏中的"严肃游戏"这一概念,引起了产业界和理论界的广泛关注。所谓严肃游戏,即将本属于纯娱乐的数字游戏应用于其他专业领域但仍保留其娱乐性的游戏。这里所说的专业领域包括教育、医学医疗、政治、军事等。因此,教育游戏可以归为严肃游戏的一类。而对于教育游戏的定义,学术界还没有作出统一的界定。2004 年,《中国远程教育》在其教育游戏产业研究报告中称:教育游戏是指能够培养游戏使用者的知识、技能、智力、情感、态度、价值观,并具有一定教育意义的计算机游戏类软件③。教育游戏是指具有特定的教育功用的游戏,其范围仅涉及电子类游戏,即明确指向教育应

---

① 朱玉萍.教育游戏发展前景调查与分析[J].枣庄学院学报,2010(6):142-144.
② 王珊,马秀峰.教育游戏应用和设计问题的分析研究[J].中国教育信息化,2010(20):17-20.
③ 吕森林.教育游戏产业研究报告[J].中国远程教育,2004(22):44-47.

用的电子游戏,以及附带有教育价值的某些健康的电子游戏或者具有"游戏"成分的其他学习辅助软件等。在第十届全球华人计算机应用大会的论文集中,赵海兰、祝智庭教授在《关于教育游戏的定义与分类探析》一文中提出,教育游戏是带有教育意义的游戏,是教育与游戏的合成物①。

如果根据游戏的教育意义层次来划分,可以把教育游戏分为广义和狭义两种②:广义的教育游戏指所有的内容健康,以娱乐为主要目的,同时蕴含着教育意义的电脑游戏。这类游戏虽然不是专门为教育目的设计,但含有较强的教育意义,可以纳入教育游戏的范畴。狭义的教育游戏是指专门为学生设计开发,结合教学内容的游戏软件。它直接为教学服务,以学科知识和学科内容作为游戏设计目标,具有很强的针对性。教育游戏作为教育与游戏结合的产物,承载着人们对教育的美好愿望和对游戏的无限期待,但是如何处理教育游戏中的教育性与游戏性之间的关系始终是这个领域的研究者们热烈讨论的话题③。教育游戏设计是实现教育游戏的教育性与游戏性平衡的关键。总之,教育游戏是一种具有游戏特性和教育功用的电子游戏,它通过创设虚拟情境,引发学习者的好奇心,激发学习者的幻想、激励学习者去探索④。

(二)教育游戏中的教育元素⑤

对于社会上大多数人来说,教育游戏仍然是一个较为陌生的新兴事物。受到青少年常沉迷于网络游戏的影响,不少人对于教育游戏的教育性仍持怀疑态度。但不可否认,的确已有众多调查研究结果表明,游戏中的诸多元素有利于促进学习者的学习。

沉浸(Immersion),一般是指"通过物理方式或者想象进入到一个与

---

① 赵海兰,祝智庭.关于教育游戏的定义与分类的探析[C].第十届全球华人计算机教育应用会议上的发言.

② 王玉杰,周洁.教育游戏研究述评——基于目前我国硕、博士学位论文成果[J].扬州大学学报:高教研究版,2010(6)11-14.

③ 魏婷,李艺.国内外教育游戏设计研究综述[J].远程教育杂志,2009(3):67.

④ 钟月云.基于flash的儿童教育游戏研究与设计[D].长沙:湖南大学,2011.

⑤ 王珊,马秀峰.教育游戏应用和设计问题的分析研究[J].中国教育信息化,2010(20):17-20.

通常环境不同的场景"。作为游戏的前提之一,它使玩家"下意识地认可某个不同于现实生活的第二真实或者完全非真实的世界"(Roger Caillois,2001),从而使他们更加积极地投入到游戏规则中①。同时沉浸元素能够为学习者提供不同于真实生活的体验,使学习者在下意识的情况下自然地习得所应该掌握的知识技能。

情节(Story),是指按照因果逻辑或意义逻辑组织起来的一系列事件。在游戏中,情节重在通过冲突和悬念引发玩家的兴趣,进而使其深入到虚拟世界中。而引发兴趣对于教育来说无疑是非常重要的部分,教育游戏可以通过其特有的情节元素激发并相对长久地维持学习者的学习动机。

任务(Mission),是指某个需要被完成的既定目标。在游戏中,任务的意义是把一个明确而具有挑战性的游戏目的提供给玩家,并促使玩家为之奋斗,进而在完成任务时获得成就感。我们经常看到很多玩家为了打通一个较难的游戏而废寝忘食,这是因为通过游戏完成一项艰难任务可以使玩家获得在真实生活中很少甚至无法体验到的满足感和成就感,满足马斯洛需要层次理论中较高层次的自我实现需求。同样,在教育游戏中安排巧妙的任务也会使学习者体验到真实的成就感,增强学习信心。

竞争(Competition),是指以某一方的优胜为结果的较量活动。心理学家多伊奇(Deutsch,1960)等人曾做过的一个经典实验表明,在竞争与合作同时作为选项供人们选择时,大部分人宁愿放弃得到更多收益的机会也要去竞争,胜过他人,实现自我价值,这充分证实了人们心理上倾向竞争的论断。而这一心理在游戏中表现得更为突出。因此,当教育融入竞争,以教育游戏的形式表现出来的时候,更能激发学习者更快更好地掌握知识的欲望,在与他人的竞争中提高学习的效率。

群聚(Sociality),是指两个及两个以上的人聚集在一起的状态。它源于人类的社会天性,是各种人际交流和群体活动发生的组织基础。而网络游戏充分体现了游戏的群聚性,给它添加了无数的社会性乐趣。也有

---

① 王珊,马秀峰.教育游戏应用和设计问题的分析研究[J].中国教育信息化,2010(20):17－20.

调查显示,网络游戏中最吸引人的元素就是彼此交流。由于网络世界的虚拟性,人们可以更加自由地表达自己的心声。从某种意义上讲,网络游戏甚至比现实生活更为自由和开放。在网络教育游戏中,学习者可以依据自己的兴趣、特点组成基于网络教育游戏的学习共同体,在特定的社区中共同讨论、探究打通游戏的方法,在共同娱乐的过程中习得知识、技能。这也是培养学生主动学习和探究能力很好的方式。

综上所述,游戏的教育价值体现在:游戏的交互性、竞争性与挑战性。游戏可以作为一种知识载体为学生传递丰富的信息;游戏作为一种认知工具能够引发学生的思考;游戏使得玩家在角色扮演中得到社会化。以上也正是教育游戏的设计初衷和最终目标,教育游戏应当以游戏的娱乐性和趣味性为手段,使学生在放松自己的同时,潜移默化地获得知识和提升能力。

(三)教育游戏中教育性和游戏性的平衡

教育游戏具有教育性与游戏性的双重功能。然而纵观教育游戏的相关文章,我们却发现人们对教育和游戏相互融入时"谁主导谁"的问题一直争论不休。但是有一关键点是非常明确的,就是都希望在教育游戏中找到并实现教育性与游戏性的平衡点——即教育游戏不仅要好玩还要能实现很好的教育目的。那么要实现这一目标,我们需要注意哪些问题呢?

孙朋等在其论文《探寻教育性和游戏性的平衡点——以小学语文识字教育游戏的开发研究为例》中指出了教育游戏中教育性和游戏性的平衡点实现的过程:以游戏内容的娱乐性容易吸引特殊学龄层次的学生为出发点,以教育内容自然融入游戏内容为目标,重点规划教育内容的游戏呈现形式[1]。同时,还要注重游戏操作是否有趣、游戏画面能否吸引学生的注意力、游戏关卡的设置能否使学生感觉到更强烈的刺激性、游戏音效是否对游戏起到烘托作用,游戏设计是否有利于游戏的开发制作等,只有这样才能使游戏处处都体现出良好的娱乐性和教育性。孙朋等人通过实

---

① 孙朋,邵俊莉,王蔚.探寻教育性与游戏性的平衡点——以小学语文识字教育游戏的开发研究为例[J].中国教育信息化,2009(20).

践研究认为,平衡点实现后教育游戏应能使学生感觉游戏好玩、想玩,并产生很好的"沉浸"感,能使学生对教育内容的加入感觉很自然,在游戏后使学生的相关知识能力达到教育教学目标所设定的水平。

Fabricatore(2000)从学习任务与游戏情境的融合角度提出教育游戏的"Edugaming(寓教于乐)"设计方法,即学习和游戏之间可以天然的、没有障碍的融为一体。他认为,教育要与游戏自然的融合,学习任务就要作为游戏中的要素而被学习者感知。同时,他还指出,以教育为目的而设计游戏时,应该开发与游戏相关的学习原则与学习结果①。Fabricatore发现很多"Edutainment(寓教于乐)"的设计者们寻求的是使游戏屈从于教育过程,而产品缺乏游戏和认知任务间的连接。于是,他呼吁教育游戏的设计者们采用一种新的策略:在游戏设计中创造出一个虚拟的环境,然后将需要教授的内容以游戏的方式自然地嵌入到相关的情境中,学习任务对游戏而言是情境性的,从而作为游戏中的一个真正要素能够被学习者感知。Kelly & O'Kelly(1994),Oyen & Bebko(1996),Dempsey(2002),Mitchell(2003)也分别从学习者心理需要、游戏的难度层级、学习目标等方面提出了设计"Edugaming(寓教于乐)"的一些方法与策略。如:在教育游戏设计中,需要提供给学习者练习技能的机会;游戏开始应该较简单,目的是可以让学习者以较低的兴趣和注意力开始;当决定游戏的步调和持续时间时,要考虑学习者的需要;确保游戏结构适应学习目标,避免出现多个目标以及其他的能够抑制学习者取得成就的设计;能够让学习者控制学习工具,以满足他们的需要;变换挑战的种类和得分的方法,提供不同的挑战层级;确保游戏能够通过不同的技能设置而实现晋级;在游戏中提供不同类型的反馈,鼓励关注过程;通过讨论、评论等形式,鼓励反思、评估和参与学习。Prensky(2005)等根据学习内容、学习活动以及游戏类型三者之间的对应关系,分析得出了如何针对不同的学习内容,设计相应的学习活动与游戏类型的方法。Chong(2005)等则从教育游戏中的主体——学习者的角度着手分析了不同学习风格的学习者,对于各类游

----

① 宋敏珠.国内外教育游戏的设计与开发研究综述[J].科技信息,2011(19).

戏设计特征的偏好①。

在教育游戏这座天平上,教育性和游戏性的平衡点如若把握不准,会使教育游戏在教育中带来两方面的后果:一方面教育游戏给孩子们带来的仅仅是投入到游戏中的"沉浸"与快感,而没有进入实际的教育角色中去;另一方面教师过分关注教育游戏的教育性,忽视游戏的"玩",使孩子们体会不到游戏的乐趣,而失去兴趣。由此可见,我们既要注重在教育游戏的过程中引导学生进行学习,做到玩中学,同时又要适当地放手,让学生体会在学中玩的乐趣。

二、教育游戏在教育中的应用②

教育游戏针对的对象是学生,其目的是培养学生某种技能、情感、价值观等。教育游戏要有多元的教育内容,就必须符合新课改提出的三个维度的教学目标,且以提高学生技能和综合素质为中心。作为教学策略的游戏是教育的另一种调剂,将看似严肃的教育内容用愉快的游戏方式呈现出来,达到悦趣化学习。但考虑到学生的年龄特点、性格特点等方面因素,纵观国内外教育游戏的应用,不难发现,目前三种主导方式指导着应用的发展。

(一)教育游戏的常见应用

1.以家长为主导的应用

一般的家长是不会允许学生上网玩游戏的,但目前一些新潮的家长认为网络时代已经来临,孩子无法脱离网络社会,与其让孩子偷偷摸摸了解网络,不如自己帮着孩子挑选一些健康绿色的网络游戏供孩子玩乐。比如:《盒子世界》和《摩尔庄园》。这两款都是适合低龄儿童的绿色游戏。《盒子世界》里所有的玩家都是儿童,他们可以互动游戏、相互交流、互帮互助,很多陪孩子一起玩的家长都认为这款游戏有利于孩子在梦幻的世界里快乐、健康的成长。游戏还对上线时间做了限制,防止孩子沉迷网络。

---

① 魏婷,李艺.国内外教育游戏设计研究综述[J].远程教育杂志,2009(3):24-26.
② 王珊,马秀峰.教育游戏应用和设计问题的分析研究[J].中国教育信息化,2010(20):17-20.

2.以教师为主导的应用

目前,教育游戏应用于课堂的教学还在试水阶段,如何将游戏和教学很好地融合也是各个学科的教师正在探索的问题。教育游戏的好坏对整个教育游戏的应用起着至关重要的作用。不能为了吸引学生的兴趣选择制作精美但主题没有教育内容的游戏,也不能一味地追求教育目的,而忽视游戏的整体感觉①。比如信息技术课,虽然可以为教育游戏提供一个很好的硬件环境,但使用哪种教育游戏来为教学服务还是值得思考的问题。目前,很多信息技术课教师只在讲授打字时会使用金山打字通这款教育游戏软件。

3.以学生为主导的应用

《幻境游学》(深圳市南天门公司耗资 5000 万研发,2007 年获得国家教育部关工委社区教育中心"2007 年最佳英语学习软件"认证)是一款专门针对学生英语学习研发的教育游戏②。游戏以虚拟现实技术为依托,以英语学习为导向,将"寓教于乐"的理念贯穿始终,全面解决了传统英语学习中互动性、体验性、趣味性不足的问题。软件包含了 20 余款游戏,其中有 9 款 2D 游戏、10 款 3D 游戏、4 款 Flash 游戏,真正做到了趣味性与教育性相结合。教育和游戏的完美融合,使得枯燥乏味的英语学习从此变得妙趣横生。

(二)教育游戏在应用过程中存在的问题

教育游戏的基本宗旨是为学生提供"寓教于乐"的学习情境,通过游戏激发学生知识探究的热情。但是在教学的很多方面,教育游戏的应用都受到制约。

1.教育游戏应用难以把握③

飞速发展的网络游戏,让教育游戏在一片质疑声中发展。游戏要不要引入课堂?如何让学生不沉迷于游戏,远离游戏毒害?如何适度应用教育游戏?这一系列的问题在没有现成经验可借鉴的情况下,使得教育

---

① 赵锐.教育游戏在我国教育领域的应用现状[J].现代营销,2011(8):226.
② 邓丽丽.读图及多屏时代科普与动漫游并肩发展[J].科普研究,2011(2):12-16.
③ 赵辉.浅析教育游戏及其应用[J].现代交际,2010(4):10-11.

游戏应用艰难。

（1）教育游戏的娱教成分不够平衡。很多教育游戏的教学内容主要针对一些课堂教学内容进行设计，将教学内容加入到游戏之中，将游戏作为一个奖励提供给玩家，或者直接让游戏者回答问题，回答正确之后才能进入下一步游戏，游戏与教学内容的衔接设计不是很好。玩家无法在游戏中学习到相关的知识，或是对一些识记的内容进行学习与复习。因此，在游戏过程中，玩家很难提高自己分析问题与解决问题的能力，而且这种设计方式也使得教育游戏缺乏趣味性和创新性，无法收到预期的教学效果。

（2）教育游戏的应用缺乏统一的规范。由于设计的差异性，教育当局很难认同游戏的教育潜力，教师也无法判断哪些游戏适合教学应用，并由于缺少时间去熟悉游戏而不能更好地发挥它的用处。此外，由于游戏中存在大量与学习不相关的内容而会浪费一定的课堂时间。因此，教育游戏的应用场合是在课堂时间，还是由老师监督、学生在课外应用，值得商榷。

（3）开发人员缺乏教育理念。"懂教育的人不懂开发，懂开发的人不懂教育"，这是目前国内教育游戏开发领域人才培养方面存在的一个突出问题。这些不懂教育的开发人员开发出来的教育游戏软件要么过分强调娱乐性而忽视了学习，要么教育性强而缺乏趣味性和可操作性，使整个软件无法吸引学生而难以收到预期的教学效果。

（4）教育游戏产品的种类不够丰富。相对于西方国家，国内在教育游戏方面的发展还比较落后，相关配套的措施还不够完善，开发的教育游戏产品的种类有限，一般集中在中小学的课外认知等课程，还没有形成一个完整的教学体系。

（5）教育游戏的市场化不足[①]。教育游戏作为一个游戏产品，最终需要进入市场，需要经过市场与用户的检验。国内目前开发的教育游戏软件基本上都是由政府买单。当然，教育本身作为政府的一项社会职能，其配套措施由政府配合实施也无可厚非。但是，作为一种游戏，它最终要面对的是广大用户与玩家。市场化方面存在的问题，从根本上反映出厂商

---

① 张涛,高莹.教育游戏发展现状及所存在问题的分析[J].中国现代教育装备,2007(11):182－184.

在开发游戏的过程中,没有很好地确定用户群体。用户的需求决定了整个游戏的设计与开发,只有设计出一款适合玩家需求的游戏,才能够更好地开拓市场,获得持续的收入,真正达到实用与获利的目的。整个市场化过程应该贯穿于整个游戏的立项、选题、设计、开发、测试、销售等各个环节之中,这样才能够保证市场化的顺利实施。

2.教师在教育游戏教学中的角色①

师生应该分别归属什么样的地位? 主与导如何掌控呢? 不正确处理好师生之间的关系,教学活动就很难取得良好的教学效果。在教学游戏中,教师身担多种角色,可以是教学的指导者,也可以是游戏环境的管理者,也可以是活动的裁判者,但是教师如何处理好这些角色的关系,学生又该怎样跟随教师进行学习活动,这些问题都有待解决。

3.教育游戏使用过程中学生的自控能力

学生主动学习是值得鼓励的,但是借助教学游戏,学生的主动学习会见成效吗? 因此教学中最难掌握的就是学生自主学习时的自控能力,切不可让学生玩物丧志。

(三)适合教育游戏应用的教学内容及教学方式②

1.适合教育游戏应用的教学内容

(1)情感态度价值观。通过调查现有的部分较为成功的教育游戏发现,在应用过程中,教育游戏更加适合于情感态度价值观的培养。如由联合国粮食计划署(WFP)推出的一款免费单机版游戏——《粮食力量》(http://food-force.sdo.com),通过空中侦察、配制营养餐、粮食发放等关卡的设置,使玩家了解到现今世界中存在的饥饿状况和世界粮食计划署为解决饥饿问题做出的努力,最终使人们关注到世界上的饥饿问题,认识到食物资源的宝贵;由盛大网络自主研发的教育类游戏《学雷锋》中设定了"说脏话者""随地吐痰者"等不讲文明的人物和"老大娘"、"小朋友"等需要帮助的人物,玩家可以通过在规定的时间内纠正违规行为或做好事

---

① 赵辉.浅析教育游戏及其应用[J].现代交际,2010(4):10-11.
② 王珊,马秀峰.教育游戏应用和设计问题的分析研究[J].中国教育信息化,2010(20):17-20.

来得到分数,使青少年可以在玩游戏的过程中了解"七不"并提高思想道德水平和人文素养;由香港中文大学开发的教育游戏《农场狂想曲》(http://www.farmtasia.com)让玩家在"亲自"种植、经营、管理农场的过程中认识到环境保护的重要性和农民平日劳作的艰辛,从而培养其环保意识和珍惜粮食的情感价值观。这些教育游戏都可以将平日里学习者不屑一顾的德育内容以青少年更易于接受的方式呈现出来,并使他们在游戏的过程中体会设计者所要传达的情感价值态度,其教育效果会比传统的读教材、看教育影片来得更加有效。

(2)偏文科的智慧技能。对于如历史、地理等偏文科的学科来说,其中存在许多需要学习者记忆的知识内容,学习者往往只能依靠死记硬背的方式将其记住,这就不免使学习变得枯燥乏味。而教育游戏恰恰能够克服这一问题,学习者可以在玩游戏的过程中随着剧情的发展在下意识的情况下将知识牢记于心。比如《三国志》和《大航海时代》这两款经典游戏,虽然其最初并不是以教育为设计目的而开发的,但实践证明,玩家通过玩这两个游戏分别在不同程度上掌握了三国时期的历史知识及世界各地的地理知识。

(3)动作技能。在信息技术教育中,通过诸如打字游戏、射击游戏,甚至 Windows 系统自带的纸牌游戏都可以训练学习者的打字及鼠标、键盘的操作能力。这些原本难以教授或较为枯燥的教学内容,通过教育游戏的形式传递给学习者往往有事半功倍的效果。另外,对于生活常识、百科知识、综合知识及西方社会特别重视的通识教育,教育游戏都比传统的讲授方式更加有效,更能引起学习者的学习兴趣。

2.适合教育游戏应用的教学方式

教学方式很多,但是适合应用教育游戏进行教学的方式主要表现在:(1)个别化学习。教育游戏秉承的是"寓教于乐"的原则,这对于个别化学习方式来说,无疑最能激发及维持学习者的学习动机。当学习者在进行个别化学习时,需要具有极强的自主学习能力,其中很重要的就是学习者是否有毅力将学习进行下去、能否有效地利用自主学习的时间,而教育游戏就可以实现学习者在"玩中学"的美好愿望,使其有自主学习的动力。(2)课堂内容导入。虽然目前仍没有适合用于整节课教学的教育游戏出现,但由于游戏可以激发学习者的学习动机,使学习者快速融入学习氛围,因此,可以将教育游戏作为课堂引入的方式,从而激起学习者学习新知识的兴趣。Chile&Rosas(2003)也曾通过实验研究发现,将教育游戏应用于课堂教学,能够有效地激发学习者的动机,提高课堂教学效率[①]。

(3)网络合作学习。随着 Internet 的普及,很多学习者有条件通过合作来完成学习活动。诸如《农场狂想曲》就是结合了教育游乐性与虚拟学习社区,方便学习者愉快地获取知识,且在与教师、同伴交流中解决相关的问题。

三、如何正确设计一个教育游戏

(一)教育游戏的设计策略[②]

我们分析了教育游戏的概念,明确了教育游戏的教育应用,并清晰地总结了游戏能够做什么,那么如何根据游戏的这些特点进行教育游戏设计,让教育游戏更好地为教育这个主题服务,就是我们接下来需要讨论的问题。

1. 从教育角度出发的教育游戏设计策略

教育游戏,从字面上可以清晰地分为教育和游戏两部分,那么我们也可以从这两部分出发,以各自的特点来揣摩、分析如何进行教育游戏设计,接下来的内容便是从教育的角度出发,以教育结合游戏来讨论如何设计教育游戏。

通过学习类型分类,我们可以对教育游戏设计提出更有针对性的想法和策略。

(1)加涅的学习结果分类。加涅在其著作《学习的条件》中将人类学习分为五类:言语信息、智力技能、认知策略、动作技能和态度。这五类学习代表了个体所获得的所有学习结果。而学习结果的类型及其学习条件的不同会造成教学的设计和安排上的差异。

(2)学习者感官类型分类。人类的学习活动,要通过不同的感官来完成,如视觉、听觉、触觉等。而不同的个体对不同的感知通道有不同的

①　魏婷. 教育游戏激励学习动机的因素分析与设计策略[J]. 现代教育技术,2009(01).
②　逢博. 教育游戏设计方法与策略研究[D]. 武汉:华中师范大学,2011:28－30.

差异和偏好,例如有些人通过视觉的方式可以接受更多的信息,有些人则更偏好以听觉的方式感知世界,还有些人通过动手、运动等进行有效学习。心理学的有关研究表明,利用不同的感官获得的学习效果是有差异的。通常来说,仅利用视觉获得信息,人大约能记忆 5%,仅通过听觉得到的信息,可以记住 15%,如果不同的感官结合进行学习活动,则记忆率提高为 65%。正因为学习者个体感知特点的不同,所以应采取的学习策略也不同。

2. 从游戏类型出发的教育游戏设计策略

在从教育的角度出发对教育游戏设计的方法和策略进行分析之后,我们从教育游戏的另一个组成部分——"游戏"出发,来探寻教育游戏的设计方法和策略。

因为游戏所涉及的范围确实太过广泛,所以游戏的分类也可以说是五花八门,我们应从分类方式中进行拓展,进而能够确定每种类型的游戏适合于什么样的教育游戏开发,并提出一定的设计策略。

3. 从针对性设计上出发的教育游戏设计策略

针对性设计是设计中极其重要的一点,如果在设计之前对目标用户的需求进行分析,得出目标用户的喜好和特点,将其融入设计的过程中,那么设计出来的内容将会更加贴近目标用户,结果也会更加成功。

4. 从游戏开发整体流程看教育游戏开发策略

教育游戏的特殊性决定了它的开发流程不仅仅是单纯传统意义上的游戏软件开发,而应该是在游戏开发流程之上,结合教学系统设计,使得两者进行一定的有机结合,才可以满足教育游戏开发的需求。

(二)教育游戏的设计原则①

教育游戏有其利弊,因此我们在教育游戏设计过程中要遵循一定的原则和策略,使其更好地为教学服务。第一,目的性原则。教育游戏本质就是为教育服务,是教师的好帮手。在设计过程中要始终围绕游戏是为教育服务这一目的展开。要与教学目的有机地结合起来,不可脱离实际

---

① 赵辉.浅析教育游戏及其应用[J].现代交际,2010(4):10-11.

教学。第二,规划性原则。教育游戏要根据不同学科形式的要求,有规划性地设计游戏内容。将松散的知识体系规划成有机的整体,将知识串联成线、成章,使得学生容易掌握知识,成为学生学习的好帮手、教师教学的好工具。第三,针对性原则。围绕为教学服务这一主题,教育游戏设计要有针对性,根据不同学科形式和不同年龄段学生的特征,在选择游戏手段方面要有选择。对于接受能力较强的学生可以采用深层次的教学游戏,对于接受能力较弱的学生就可以采用浅显易懂的教学游戏。综上所述,教育游戏的应用有着广泛的空间,教育游戏不仅仅是一项课题,更是有着无限发掘潜力的新生事物。因此,我们要在客观真实地认识教育游戏的基础上发挥其优势,更好地为教育服务。

(三)教育游戏模块结构[①]

1.场景设计

教育游戏不同于一般的商业游戏,商业游戏追求玩家能长期沉浸于游戏之中,从而使商家获取更多收益。相反,教育游戏追求的是学习者能适度地利用它来学习,因此在设计教育游戏的过程中一定要控制其沉浸度,不必将场景设计得异常华丽、逼真,以免使学习者沉浸其中不可自拔。

2.情节设计

对于任何一种游戏,情节设计都在设计过程中处于相当重要的地位,这在教育游戏中的表现更加突出。首先,教育游戏的设计者要让需要学习者掌握的知识自然地融入游戏的情节之中,在这方面,《粮食力量》游戏是较为成功的实例,该游戏将知识点融入了促进游戏剧情发展的视频之中,学习者必须通过观看视频来了解自己将要完成的任务及注意事项,从而才能顺利地完成接下来的游戏任务,这种将故事剧情与知识内容相结合的方式值得借鉴。其次,教育游戏对于学习者来说应具有清晰且难度适中的挑战。游戏中,非常容易或者非常难完成的游戏任务都不能激发学习者游戏的兴趣,而具有适中的挑战难度的活动能够吸引学习者,并

---

① 王珊,马秀峰.教育游戏应用和设计问题的分析研究[J].中国教育信息化,2010(20):17-20.

能满足学习者的胜利感。另外，教育游戏应使学习者在有限的情节线索上自然地接受或选择想要触发的情节，更加突出学习者学习的自主性。

3. 学习者支持设计

提供反馈信息可以让学习者知道自己的操作是否正确、所作的判断是否对完成任务产生积极影响以及任务的解决是否有了一定的进展。[①]只有这样的信息才是及时的、富有意义的，才能够让学习者不断地看到自己的进步及方案的实行效果，以便及时地调整、改进，同时也看到自己学习的成果，增强继续学习的信心。

面对一个全新的游戏，必然有很多学习者不能很快掌握游戏的操作方法。对于较大型的角色扮演或策略游戏来说，当游戏进行到一定阶段后，学习者可能会忘记自己下一步应该做什么，此时就需要游戏提供适当的帮助信息，指导玩家如何将游戏进行下去。在帮助信息提供时机的问题上，应采取按需提供的策略，由玩家决定帮助信息的种类、提示时间及显示与否。当学习者多次因犯错等原因而无法通过某一游戏关口时，游戏也可自动给出提示为学习者提供必要的指导，搭建"脚手架"。

四、教育游戏在英语课堂教学中的应用案例[②]

中国青少年雏鹰网是立足于为 7—16 岁少年儿童提供教育、娱乐服务的网络，其中的"e 时代"学堂中有小学一到六年级语文、数学、英语学科的一些 Flash 小游戏。而且小游戏中还有一些和教材知识相关，在此选取了其中的 Flash 小游戏《色彩世界》跟外研社小学英语一年级第一册模块四第一单元的教学内容相结合，设计了应用教育游戏辅助的课堂教学的形式。

（一）课前准备阶段

教学内容：外语教学与研究出版社小学英语一年级第一册模块四第

---

① 王珊，马秀峰. 教育游戏应用和设计问题的分析研究[J]. 中国教育信息化，2010(20)：17 – 20.
② 孙洪艳. 教育游戏在小学英语课堂教学中的设计与应用研究[D]. 成都：四川师范大学，2011：23 – 28.

一单元。学习内容主要是 blue、red、black、green、white、yellow 等几个颜色单词,并通过 What color is it? /It's…的对话来加深所学的颜色的记忆,达到灵活运用的目的。

教学目标:①知识目标:能够听、说、认、读 green、black、blue、white、red、yellow 这些表示颜色的单词;复习巩固前面学习的表示数字的单词:one、two、three、four、five、six、seven、eight、nine、ten。②情感目标:培养学生的观察力和注意力;用游戏的方式激发学生的学习兴趣和积极性。

教学重点:能够认识 green、black、blue、white、red、yellow 这些表示颜色的单词。

教学难点:表示颜色的单词与色彩的对应。

学习者分析:①一年级的孩子活泼好动,课堂上爱表现,且回答问题勇敢积极。②一年级的孩子刚接触英语时间不长,对英语的学习还比较新鲜。教师可以利用色彩卡片,吸引学生注意力,通过询问卡片的颜色,转而教授他们颜色的英语表达,让学生在轻松愉快的环境中掌握新的知识。

教学准备:教师课前准备好课上需要用到的几种颜色的卡片;准备彩笔多支、十个盒子(盒上贴有 blue,red,green,yellow,black,white,pink,purple 等表示颜色的单词);选择与教学内容适用的教育游戏。

教育游戏的选择:根据教学内容,选取了教育游戏《色彩世界》,这个游戏提供了十种颜色的练习,分为两关,只有第一关通过了才能进入第二关的练习。第一关根据松鼠挤出来的颜色,选择下面对应的英语单词;第二关是根据提示,用周围的色块给图片涂上相应的颜色。

(二)教学实施阶段

课前复习:(1)教师先向学生呈现上节课学习用的数字卡片让学生读,然后再带领学生一起复习表示 1—10 的数字单词。(2)活动:学生都把书合上,然后由教师随意说一到十之间的数字,学生根据听到的英语单词,立刻把书本翻到相应的页码,并大声说出数字。比一比,看谁翻得快、说的好。

新课讲授:(1)教师拿出事先准备好的色彩卡片,向学生展示,引出课堂教学内容——颜色知识的学习。教师将 green、black、blue、white、red、yellow、pink、purple、orange、brown 这几个单词写在黑板上,并给学生讲解每个单词所表示的颜色。这个过程中,教师要配合使用卡片,增强学生对单词的形象理解。同时,给学生示范单词的读音,并带领学生一起朗读单词。(2)教师拿出其中一张卡片问学生:"What color is it?",并把句子写在黑板上,向学生解释句子的意思。然后教师再拿其他的卡片同样地问学生,并在这个过程中及时纠正学生的错误发音,学生们回答熟练后,就可以进入下一阶段的活动。(3)课堂活动:将课前准备好的彩笔摆放在讲台上,全班分 2 队比赛,选 7 个小老师说颜色,一声令下,各组 1 号根据所听到的颜色,迅速跑到前面选出彩笔,放于贴有相应颜色单词的铅笔盒内,然后各组 2 号接着做,活动依次进行,最后看哪组的彩笔放得多、快、准,即为胜方。

教育游戏辅助课堂教学:

(1)教师向学生阐述游戏的内容、目标以及游戏的规则和课堂纪律。(2)教师先演示游戏的使用方法,然后学生进入游戏。学生在游戏的过程中,教师可以四处巡查监督和了解学生的游戏学习,此时,教师处于辅助地位,学生自主的学习,教师给予帮助和指导。(3)学生如果顺利过关,则说明他们已经掌握了所学知识词汇;如果没有过关,教师就要帮助学生回顾课堂知识,进而重新游戏进行诊断。(4)课堂快结束的时候,教师通过观察学生游戏的情况,及时了解学生对课堂知识的掌握,以至于可以及时调整教学的进度安排等。

(三)教学评价与教学反思

教育游戏《色彩世界》设置了生动的涂色任务,应用在课堂教学中,充分调动了小学生的学习积极性。通过教师的讲授和游戏的巩固复习,学生掌握了课堂教学要求的颜色的英文含义。在课堂教学中引入游戏教学,一方面活跃了课堂气氛,增强了学生学习的积极性,同时也锻炼学生的计算机操作能力;但是另一方面,引入教学游戏到课堂中,教师不但课前要费尽心思选择或设计教学游戏,而且课堂教学中还要处理学生游戏过程中可能出现的问题,无形中增加了教师的工作量。

　　在实际课堂教学中,教师可以根据不同教学需求选择采取不同的教学模式。采取教育游戏教学模式时,教师在课前要进行以学为中心的基于游戏的课堂教学设计,包括学习目标、学习内容、学习者的特征分析、教育游戏的选择或设计、课堂教学游戏过程实施和教学的评价反思等。但是,并不是所有的教学内容都可以用游戏教学来代替,有些内容可能更适合于用传统教学的方式传授。教育游戏在课堂教学中的应用主要取决于学科教学目标、教学内容、教学设备等。教师要根据已有的条件,选择合适的教学方式,以达到教学效果的最大化的目的。

第二节　虚拟社区:学校文化创建的摇篮

一、虚拟社区[①]

　　最早关于虚拟社区(Virtual community)的定义由瑞格尔德(Rheingole)提出,他将其定义为:"一群主要借由计算机网络彼此沟通的人们,他们彼此有某种程度的认识,分享某种程度的知识和信息,在很大程度上如同对待朋友般彼此关怀,从而形成的团体。"[②]虚拟社区又称为在线社区(Online Community)或电子社区(Electronic Community)。作为社区在虚拟世界的对应物,虚拟社区为有着相同爱好、经历或专业相近业务相关的网络用户提供了一个聚会的场所,方便他们相互交流和分享经验。从营销的角度,可以把虚拟社区粗略地理解为在网上围绕着一个大家共同感兴趣的话题相互交流的人群,这些人对社区有认同感并在参加社区活动时有一定的感情投入[③]。

　　虚拟社区至少具有四个特性[④]:(1)虚拟社区通过以计算机、移动电话等高科技通讯技术为媒介的沟通得以存在,从而排除了现实社区;(2)

　　① 窦金平.信息时代高职教师的信息素质要求与培养[D].济南:山东师范大学,2004:17-20.
　　② 王傲,刘宝瑞.虚拟社区知识共享过程中的知识信任度研究[J].情报科学,2012(9).
　　③ 张猛.基于虚拟社区的网络营销策略研究[D].青岛:中国海洋大学,2011.
　　④ 徐琦.虚拟学习社区中的社会存在感研究[D].曲阜:曲阜师范大学,2006.

虚拟社区的互动具有群聚性,从而排除了两两互动的网络服务;(3)社区成员身份固定,从而排除了由不固定的人群组成的网络公共聊天室;(4)社区成员进入虚拟社区后,必须能感受到其他成员的存在。

虚拟社区的类型根据沟通的实时性,可以分为同步和异步两类:同步虚拟社区如网络联机游戏,异步虚拟社区如 BBS 等。虚拟社区最重要的几种形式有 BBS、USENET、MUD,在国内逐渐形成以 BBS 为主要表现形式,结合其他同步异步信息交互技术形成的网络化、数字化的社区形式。

社区是指进行一定的社会活动,具有某种互动关系和共同文化维系力的人类群体及其活动区域①。虚拟社区,又称为 BBS(Bulletin Board System 的缩写)、论坛。1978 年在芝加哥地区的计算机交流会上,克里森(Krison)和罗斯(Russ Lane)相识展开合作,为方便交流他们借助于当时刚上市的调制解调器(Modem)将他们家里的两台电脑通过电话线连接在一起,形成了世界上的第一个 BBS。这就是 BBS 的雏形。近年来在互联网技术的飞速发展之下,BBS 的功能得到不断扩展,并迅速成为全世界计算机用户交流信息的园地。从社会学的角度看,虚拟社区是指由网民在电子网络空间进行频繁的社会互动所形成的具有文化认同的共同体及其活动场所。虚拟社区与现实社区一样,也包含了一定的场所、一定的人群、相应的组织、社区成员。而最重要的一点是虚拟社区与现实社区一样,提供各种交流信息的手段,如讨论、通信、聊天等,使社区居民得以互动。不过,它具有自己独特的属性。同互联网相比,虚拟社区有着更为悠久的历史,最早的虚拟社区是随着 BBS 的出现形成的。在为客户创造和传递价值的活动中,社区(Community)是其中一个重要的内容。它和协调(Coordination)、商务(Commerce)、内容(Content)和沟通(Communication)并称为 5C。虚拟社区有多种分类,学术界将虚拟社区分为以下四类:交易社区、兴趣社区、关系社区和幻想社区。

首先,虚拟社区的交往具有超时空性。通过网络,人们之间的交流不受地域的限制,只要你有一台计算机,一条电话线,就可以和世界上任何

① 周德民,吕耀怀.虚拟社区:传统社区概念的拓展[J].湖湘论坛,2003(1).

地方的人(也具备相应硬件条件)畅所欲言了。说到这里有人会说,电话也具备这种功能。但是,在虚拟社区中聊一个小时是打国际长途一个小时的经济成本的千分之一;其次,人际互动具有匿名性和符号性。在虚拟社区里,网民使用 ID 号标识自己。ID 号依个人的爱好随意而定。例如"硬盘",一看就是计算机硬件爱好者,"红叶飘飘",估计是一个文学爱好者,"潜水艇",估计是个军事爱好者⋯⋯而在现实中不可能有人起这种名字。同时,由于看不到对方的"庐山真面目",所以传统的性别、年龄、相貌等在虚拟社区里可以随意更改。再次,人际关系较为松散,社区群体流动频繁。社区的活力主要靠"人气"和点击率,而吸引这些的主要是看社区的主题是否适合大众口味。前一个好理解,在交大 BBS 上,一般"二手市场"、"勤工助学"、"鹊桥"、"电影"、"游戏"比较火爆,因为这些符合大学生的需求。相比之下"数据库"、"数学"等技术版门可罗雀;最后,自由、平等、民主、自治和共享是虚拟社区的基本准则。这个特点其实和人际互动具有匿名性有关,在这里,传统的上下级被版主代替,只要你不违反论坛条例,你什么都可以说,俗称"灌水"。而且成为虚拟社区一员的门槛很低,一般情况只需注册即可。基本流程是:注册人阅读有关法规及社区服务条款,并提交同意申请;社区管理系统询问注册人的一些情况,如姓名、性别、年龄、身份证号码、职业等,注册人如实填写,然后取一个账号名并设定密码等待系统验证;验证成功则整个注册过程基本完成。一旦注册成功,便成为社区的合法居民。社区居民拥有个人唯一的账号,这个账号就是他在虚拟社区中的通行证,是社区居民相互辨别的唯一标志。在社区中"生活",居民必须遵守社区的各项规章制度和行为准则,否则将被社区管理员开除或者被封 post 权!

基于此,虚拟社区也有其独特且常见的功能:

1. 社区通信①

社区为每一个居民都提供了电子信箱,居民可以使用该信箱收发邮件,相互通信,有利于非同时在线时居民的交流;有的大型论坛提供手机

---

① 李苑,吴泰顺,朱志良. 疫苗接种网上交流虚拟社区平台的搭建[J]. 医学信息,2008 (4):37–39.

短信发送功能,更方便了网民之间的交流。

2.聊天服务

虚拟社区为居民提供了两种实时交互的聊天服务,聊天时除了可以用文字表达以外,系统还预设了丰富的表情和动作供调用(有些还能用语音进行实时交谈)。第一种方式是聊天广场,任何人都可以自由出入,谈话的内容也不受限制;第二种方式是聊天室,聊天室的开设者是这个房间的主人,他可以控制谈话的内容,也可以对聊天的人进行选择。

3.发帖讨论

这是虚拟社区最基本也是最主要的功能之一。居民可以在社区中以文字的形式自由地表达自己的思想,如提建议、讨论、提问、回答问题等,这些最终都以文章(帖子)的形式出现。居民还可以在社区中转发自己比较喜欢的小说、散文等。目前,国内的许多社区系统已经允许居民在帖子中加入文件上传、贴图、表情动作等功能。这样一来,帖子就变得丰富多彩,生动活泼,使得居民的交流更加有趣。

4.投票调查

社区居民在社区就某一问题发起投票或进行投票,从而对社区居民进行民意调查。同时居民在投票的过程中也发帖讨论,表明自己的观点。这种投票比较透明、民主、公开,其结果也真实地反映了网民的偏好。

其实,虚拟社区和现实社区并不是完全独立的。他们之间的关系就如同物质和意识之间的关系一样。虚拟社区来源于现实社区,是现实空间在虚拟空间的"投影"。首先,虚拟社区提供的服务版块也是根据人们现实的需要而设定的;现实社区中的生活方式、观念和规范会影响到虚拟社区的构建。其次,虚拟社区所提供的服务是现实社区的服务的延伸和提高。例如传统的以纸为媒介的信件传递,发展为 E-mail 传递。虽然两者介质和速度不同,但是 E-mail 内容格式仍和传统的信函格式相同。脱离现实,虚拟社区是不可能存在的。同时,网络社区对现实社区的影响具有反作用。网上的公开透明、重视个体等一系列特征将深刻影响社会。许多政府开通了网上信箱或领导在线解答,收到了良好的效果。

总之,网络社区与现实社区是互补互动关系,从根本上是一致的。二者应该各取所长,互相弥补。网络社区使现实社区中的不可能成为可能。

网络社区空间开拓了人的思维。从网络社员的观点来看,所谓现实性,无非是从以前的一种可能性发展而来的。二者是互补而非取代的关系。网络社区是一种对现有生活方式的冲击,同时,它也是对现实的社会空间的发展。目前,随着虚拟社区概念的传播,有的企业将其应用到了与传统社区管理相类似的现实管理当中,最早提出并开展"虚拟社区"建设的是淄矿集团许厂煤矿,他们将在外居住的职工划分为若干个虚拟社区,为每个社区配了主任、片长等工作人员,为职工提供帮助和服务①。

二、教育虚拟社区

(一)什么是教育虚拟社区

教育虚拟社区首先是虚拟社区,它也应当是在腾尼斯所说的"社会关系"或"精神共同体"层面上存在的虚拟社区②。从分析国外教育虚拟社区二十多年的实践发展[如20世纪70年代,伊尔莱姆大学的杰罗姆·伍尔培(Jerome Woolpy)首创的一种利用电子公告牌(BBS)让学生进行集中交互的教学方式;ICONS即国际通讯与谈判模拟项目;"北美之旅"(Journey North,www.1earner.org/jnorth)项目]和我国教育虚拟社区的实践的典型案例(如我国的K-12网站和少年网上作文社区)可以看出,硬件平台技术是教育虚拟社区形成与可持续发展的物质保障;感兴趣的活动内容是前提基础,如课题研修、专题研讨等;积极的交流互动是内在机制,如教师与学生对感兴趣的问题进行积极研讨与协作交流;社区文化心理的形成是社区可持续发展的根本。

综上所述,教育虚拟社区是基于跨时空的、开放的、自由的网络虚拟环境,社区成员(主要包括教师与学生,下同)之间进行专题研修、交互协作、资源共享,从而相互影响、相互促进,最终形成的具有共同社区文化心理的、生态式的社会关系共同体③。

---

① 周卫华.OSS虚拟社区信息资源管理浅析[J].商情,2012(39):235-236.
② 胡凡刚.简论教育虚拟社区[J].电化教育研究,2005(9):42-46.
③ 胡凡刚.教育虚拟社区与学习交往设计[J].中国电化教育,2006(2):23-26.

（二）教育虚拟社区的特性

教育性。教育虚拟社区首先应具有教育性，这是教育虚拟社区区别于其他虚拟社区的标志。在教育虚拟社区内，社区成员因共同的兴趣与需求进行交流互动，在活动过程中认识和体验不断加深，创造性的火花不断迸发，认知结构因同化与顺应而不断从旧平衡达到新平衡。社区成员不仅获得了信息与知识，也提高了研究性学习与交流的能力，而且良好的社区文化活动与环境可以使社区成员获得个性的发展与提升①。这些充分体现了教育虚拟社区的教育性。

自主性。因为社区成员是基于共同的兴趣与需求而参与教育虚拟社区的，他们的行为是内驱的、主动的，而不是外部强加的、被动的、迫不得已的，并且参与讨论的主题是对学科的逻辑体系的超越，所以社区成员可以根据兴趣、需求和动机，自主地选择参与探讨的课题内容、资源支持（包括各种信息资源、教师）、目标导向、自己决定研修结果呈现的形式等。学生的自主选择、主动探究、交流互动不再受传统教育中的种种限制，因此，教育虚拟社区基本上是无障碍社区。

开放性。教育虚拟社区是高度开放的"小社会"，是教育由封闭走向开放的途径之一。开放性主要体现在社区面向所有成员，没有外部强加的种种限制，只有自己的兴趣、目的和需求的不同，教育虚拟社区的提出与构建尊重社区成员的个性发展和需要，其探讨与研修的目标具有开放性；研修内容面向成员的整个生活经验世界，它将随着社区成员生活经验的变化而变化，即研修内容具有开放性；教师与学生的关系具有开放性，随着师生之间即时与延时交流互动的展开，两者的地位可以互换，教师可以成为学生，学生也可以成为教师，这已经不再是空谈，它就发生在我们身边。总之，教育虚拟社区的思想、目标、内容、关系主体、教育与学习的空间等都可以高度地开放。

平等性。在传统的社会交往中，教师与学生、学生与学生之间交流的最大障碍在于现实的差异性，往往难以克服"师道尊严"、家庭经济条件

---

① 胡凡刚.简论教育虚拟社区[J].电化教育研究,2005(9):42-46.

的悬殊、城乡差别、语言表达、种族肤色,甚至相貌丑俊等这样一些障碍限制。而教育虚拟社区,打破了地域限制,摆脱了繁文缛节的桎梏,教师与学生在开放的空间,以新的方式,运用新的技术,开启了一个异常宽阔自由的空间。社区成员完全可以不考虑现实生活中那些无法回避的矛盾,所有成员都是平等的,都可以就感兴趣的问题发表自己的见解和看法,交流双方不会产生任何心理上的负担。这是一种全身心的参与和自身独特个性的充分发挥,从更深的层次上,给社区成员带来了心灵的冲击,除去了各种社会暗示和物质表象,只有无差别的比特流以共同的特征表达着社区成员的内心世界。这从深层次上体现了教育虚拟社区的平等性。

生态性。教育虚拟社区的诸要素构成的是一个生态系统,而不是所有要素的简单、机械、无生命的拼凑组合,里面有生命(社区成员)、有"土壤"(交流平台)、有"空气与阳光"(自由平等的环境与思想)、有"养分"(交流内容)、有"光合作用"(交流互动)等,从而逐渐形成动态的、具有较高级需求的社区文化心理的动态平衡系统。同时系统又不断与外界进行物质和能量的交换,吸收新思想、接纳新成员,使这个系统不断超越旧平衡,形成新平衡。教育虚拟社区这一"生态系统"的不断发展壮大,充分体现了教育虚拟社区的生态性。

生成性。这是由教育虚拟社区的生态性所决定的。教育虚拟社区是动态的生态系统,里面所流淌的是思想、信息和知识的比特流,与现实社会的物质资源只能为少数人所利用不同。作为既不是物质,也不是能量的信息、思想、知识在使用过程中会生成新的信息、思想和知识。原有的由部分社会成员(如科学家)创造资源,供全体社会成员享用的模式将被社区成员共同创造开发资源、共享资源的模式所取代,如社区成员在共享信息资源、人际资源、社区文化的同时,又是社区资源积极的创造者和生成者。教育虚拟社区善于捕捉在社区各项活动展开过程中所生成的新的目标、新的主题和新的思想,这是教育虚拟社区生成性的集中表现。

三、教育虚拟社区的建设

纵观社区及虚拟社区的建立及发展情况,借鉴国外构建教育虚拟社区的经验,并结合我国构建教育虚拟社区(严格意义上的教育虚拟社区还很少)存在的现实问题,如重硬轻软、重单维交流轻多维互动、重讲轻学等。有关专家认为,要构建教育虚拟社区,必须把教育虚拟社区的可持续发展作为出发点与归宿,从方法论层面、物质层面、主体层面等来正确认识并处理好他组织与自组织、硬件技术与软件服务、教师与学生之间的关系。

(一)教育虚拟社区建设中的关系

1. 他组织与自组织之间的关系

教育虚拟社区形成与发展的生成取向决定了必须处理好他组织与自组织之间的关系。教育虚拟社区注重形成前的精心设计,更注重发挥社区成员的机智,捕捉他组织之后在自组织过程中所产生的生成性序参量(如优秀的版主等)、生成性课题的价值①。对于成功的教育虚拟社区,优秀的版主是最为宝贵的资源之一。应当采取恰当的措施发展社区意识,增强社区凝聚力,激励和留住优秀的版主,这是他组织时必须认真思考的问题。

教育虚拟社区形成的最初阶段,都有教师甚至管理者的整体规划和周密设计,这是教育虚拟社区的他组织(如人性化、宾至如归的交互界面的设计、课题项目的设计,甚至教学目标的设计)必不可少的。但是,教育虚拟社区的生成性是根本,也意味着教育虚拟社区的各层面所构成的是一个生态的有机整体,而非根据预定目标构成的无生命的机械装配实体。社区成员在现实的社会生活和社会实践中形成兴趣中心,以此为基础,社区成员进行非逻辑序列的、非线性的构建知识意义的活动。他们积极参与到感兴趣的各项社区活动中去,在探究、体验、创造、奉献中发现和解决问题,体验和感受社区生活,发展实践能力、创新能力、研究性学习能力、人际交往能力。在这个过程中,序参量(如社区灵魂人物、版主等)不断成长壮大,同时新的目标、主题不断生成,人与人的关系因生成而逐渐融洽、和谐,成员对社区的归属感、认同感、参与程度不断增强,教育虚拟社区的生成性形成了社区文化心理。这是教育虚拟社区可持续发展的原

---

① 王军芳. 师生在线异步交互行为探析[J]. 大学教育,2012(6):110-111.

动力。

因此,教育虚拟社区的他组织(如整体规划和周密设计等),不是限制教育虚拟社区的生成性,而是为了在教育虚拟社区的自组织过程中,使其生成性发展得更具有方向感,后劲更加丰盈。

2.硬件技术与软件服务之间的关系

教育虚拟社区的构建,硬件技术如服务器配置、通信设备等是基础。从长期来看,教育虚拟社区的真正优势,在于通过社区成员的交流互动,使得有价值的信息得以积累,经验得以积聚,社区个性(独特的社区文化心理)得以形成①。因此,硬件技术不仅需要对社区成员创作发表的信息内容自动进行整理、分类、累积,而且要为成员把握宏观的、系统的、整体的、全面的最新信息提供技术保障,绝非只是提供在线聊天、讨论区与精华版等,这样才能体现硬件技术的真正价值。

教育虚拟社区提供的软件(资源与环境)服务功能是主要的。其主要服务模块如学科快讯、课题研修、教师天地、学习交流、资源中心、学习团队、管理评价等都内在地体现着教育虚拟社区的精神实质(由互动交流而逐渐形成社区文化心理),而不是教师传统授课的简单网络移植。其中学科快讯,主要功能是师生发布最新学科课程发展、新闻通报、成员互动交流、研究性学习、新近资源、新成员加入等方面的详细公告;课题研修主要是学生对感兴趣的学科内容及课题进行研究性学习,研究性学习课题组既可以由跨学校、跨地域的社区成员组成,也可以由本学校和本地区的成员组成;教师天地,主要是不同学科以及同一学科的教师关于教与学的重点、难点、方法、答疑等方面的互动交流,主要是为教师服务的平台,当然学生也可以参与;学习交流是学生之间经验交流、交换心得、策略共享、谈吐心声的互动交流平台;资源中心主要是为学生的课题研修提供资源服务,如教师对重点难点的点拨与释疑视频、在线答疑、好书推荐、资源链接等;学习团队是针对社区内感兴趣的学科内容进行协作学习交流的平台;管理评价主要是社区成员之间的监督与评价和成员自己的自我管理

---

① 赵勇,雷静.国外教师信息技术培训的经验教训及启示[J].教育信息化文摘,2005(5):11-14.

211

与自我评价。

可见,教育虚拟社区的构建,硬件技术的支撑是基础,由软件服务提供的教师与教师、教师与学生、学生与学生之间的互动交流、进步提高、社区文化心理的形成是根本①。

3. 教师与学生之间的关系

教育虚拟社区的课题研修与交流活动内容决定着社区的性质,也决定着教师与学生、学生与学生之间关系的产生、发展和变化。所以对学生来说,他们对课题与活动内容感兴趣,并且觉得具有深入探讨与交流的意义与价值,他们参与社区活动的积极性与程度就越高,越能促进社区的健康发展。否则,教育虚拟社区的功能将难以发挥,教育虚拟社区的可持续发展将缺乏后劲。因此,对教师(包括专家、辅导者、管理者、组织者等)来说,在教育虚拟社区内,他们的角色必须实现重大转变,即需要从专业单一的教书匠、知识内容的"灌输者"、课程逻辑体系的呈现者、教育教学的管理者逐渐转变为社区交流互动的指导者、良好社区环境的创设者与组织者、社区内容体系的研讨者、社区良好人际关系形成的参与者。其中,在教育虚拟社区的最初构建阶段,教师的组织者角色非常重要,这可以保证交流活动的正常开展,而不至于变得一切都不可控。并且,教师在课题与活动的组织与设计过程中,应将学生的需要、动机和兴趣置于核心地位,鼓励学生自主选择、主动探究,监控调节自己的学习过程,鼓励学习者之间的交流和协作,倡导社区团结与互助精神,倡导积极向上、健康文明的社区文化氛围的形成。

对学生而言,应以自己的直接经验、体验和需求兴趣为基础积极进行社区活动内容的探讨与互动交流,自己选择活动内容、活动方式及教师资源,决定研讨结果呈现的形式,并最终完成对兴趣目标导向的研讨课题内容的意义建构。因此,在教育虚拟社区内,教师与学生、学生与学生的关系应趋向于自由、平等与和谐,为社区的可持续发展储备丰盈的人力资源和智力资源。

---

① 胡凡刚.简论教育虚拟社区[J].电化教育研究,2005(9):42-46.

（二）教育虚拟社区建设应注意的问题

1. 量力而为

创建一个教育虚拟社区应当结合自身教学的需要和技术、资金等各方面的因素，既可以采取完全自主开发，也可以采取修改现有程序或者干脆在网上申请一个免费的虚拟社区。开发的工作固然重要，但更重要的是如何真正发挥这种资源库的作用，因为追求大而全的功能往往会使人在建设这样一种新型资源库的工作中迷失方向。

2. 全程智能化、数据库化

从教育资源的角度看，教育虚拟社区就是一种资源库，其中的一种重要资源就是师生的教学活动记录，因此在设计这种资源库的时候，要考虑尽可能完整地记录每一次教学活动的全过程，并且将这些记录合理保存在数据库中，同时提供智能检索系统，让教师和学习者能够随时方便快捷地检索。好的教育虚拟社区，更应该具有数据挖掘的功能，可以通过分析学习者的学习活动，自动检索并呈现给学习者需要的学习资料和学习指导，真正提供个性化的服务。

3. 与传统教学资源密切结合

教育虚拟社区与传统的学习社区不是互相矛盾而应该是互为补充的，教育虚拟社区这种资源库应该能与传统的学习社区实现无缝链接，根据不同学习者的不同需求提供不同类型、适合学习者学习状况的优化组合的学习资源。

4. 与教学紧密结合

教育虚拟社区的根本目的和作用是为教学服务，因此，在设计和组织教育虚拟社区的时候应当充分考虑教学的现状和需要，应当充分发挥教学的行政背景，把一批优秀的教师和学生整合到自己的人网中来，充实自己的智力资源库[①]。

---

① 李遵德. 虚拟社区在小学教育中的作用研究[D]. 济南：山东师范大学，2009.

213

四、网络虚拟社区对青少年社会化的作用

案例一：

S 是一名上班族,2012 年她自己创办了一个小型网络虚拟社区,第一批注册会员都是她在其他虚拟社区认识的网友,因此可以说,她所创办的虚拟社区就是给熟人朋友提供的一个网上家园。S 的工作压力很大,每隔一段时间她都会与自己论坛中的网友沟通交流,对她来说,论坛中的网友是比现实生活中的朋友更加亲密的存在。S 对生活和工作的不满,对现实社会中人与人之间的虚伪交往的厌烦,在现实生活中难以倾诉的郁闷,都在虚拟社区中得到舒缓。平时很多知心话在现实生活中找不到合适的人来倾诉,因此 S 经常在她自己的虚拟社区中和交情较好的几个网友诉说自己的苦闷,而被她所信任的网友们也都对其真诚以待,他们之间的交流没有任何压力与虚伪。虚拟社区中的网友对 S 来说非常重要,尽管他们住在不同的城市和地区,彼此甚至都没见过面,但直到现在他们的联系仍然很紧密。正是因为有了虚拟社区中网友的开导和安慰,S 才有了继续工作下去的勇气和力量,生活态度积极向上,在公司的表现也令上司十分满意。

小型网络虚拟社区起到了安抚心情的作用。小型网络虚拟社区中的成员之间的交往通常比规模较大的网络虚拟社区成员之间的交往更加密切。正如传统的现实社区一样,城市小区、村镇中的居民之间的交往就比大城市人们之间的交往更密切。S 建立的小型网络虚拟社区就如同现实生活中的城市小区一样,而她也把虚拟社区中的网友定位为可以倾诉内心想法的人。对一个人来说最重要的就是能够拥有健康的心理世界,装满愤懑和不满的心情是无法正确面对生活的。

网络虚拟社区是自我展示的舞台。S 身为论坛站长,深知自己责任的重大,因此投入了很多时间和精力来管理论坛。从对网络 BBS 一窍不通到可以独自管理网络虚拟社区,不仅学到了很多计算机知识和网络技

术,而且将学到的东西付诸实际,用具体的实例来验证自己学习到的成果。另一方面,论坛中的人际关系错综复杂,注册会员之间矛盾不断,为了规范论坛秩序,协调人际关系,S 也逐渐掌握了管理人事的能力,而这种对人事的管理能力对她现实生活中的工作具有重大的影响。正是在网络虚拟社区中的演练为事业的成功提供了宝贵的经验。

从网络回归现实,把握前途的正确方向。网络终归是虚拟的世界,而人是生活在现实中的,因此,无论网络虚拟社区对个人如何重要,现实生活才是最终的归途。在这一点上,S 就做得非常成功。她正确处理了网络与现实的关系,当陷入现实生活中无法解脱的困境时,她很明智地选择了一个适合自己的解决问题的方法。她拥有一个可以供心灵休憩的网上家园,结识了很多可以为自己分担痛苦共享快乐的网友,这些网友无私、真诚,是处于脆弱时期的 S 的守护者,帮助她走出了困境。

案例二:

L 是一位在校大学生,很喜欢文学,平时也经常会写一些短文类的东西。一个偶然的机会他注册成为某个刚开办不久的网络论坛的会员,由于是最初注册的一批会员,而论坛也处于大规模招聘版主的阶段,因此他很容易就当上了一个原创文学版的版主。在那个版块他认识了很多文采不错的网友,其中有一位女孩格外吸引他的注意力,于是两人互相加为 QQ 好友,闲来无事就会在 QQ 上聊天。对于缺乏社会经验的青少年来说,网恋是神秘而甜蜜的。很快 L 就对那个女孩倾诉了恋慕之心,然而却遭到了对方的拒绝,L 非常难过,为此消沉了很长一段时间,甚至一度想禁绝网络。在那段时间里,论坛的站长和其他网友耐心地开导 L,使他最终能够以普通朋友的身份面对那位女孩。另一方面,由于他从心底喜欢那个论坛,喜欢那里的网友们,因此他最后还是没有离开。后来当众人在论坛里聊天时,他经常开玩笑地对大家说,由于有了那次失恋的经历,现在他已经可以算是一个成熟的大人了。尽管网友们表面上对他的话嗤之以鼻,但大家都明白,现在的 L 确实不再像以前那么轻浮、毛躁了,他的心已经能够经受住某些方面的打击,将来如果在生活中遇到喜欢的人时,他也能够更加现实地考虑各种问题了。

虚拟社区中的活动成为社会生活的实习。人们在生活中会有各种经历,而现在这种经历大部分都是在互联网中体验到的。L短暂的网上恋情使他经受了一次失恋的经历,尽管这种经历或许在现实生活中迟早都会有,但由于在网络中事先经历过一次,那么以后在生活中遇到他就能更好地处理了。从事件中获得启示,获得真实的体验,这对将来要真正进入社会生活中的青少年来说是一种事先的准备,使得他们能够更加成熟地应对各种心灵冲击,能够更加成功地融入社会生活。

虚拟世界无法成为现实,要正确面对现实。网络虚拟世界能够让人从各种不同的领域获得一种心理上的满足感,现实生活中无法做到的许多事情,在网络虚拟社区中都可以获得成功。虽然这种体验能够给人以很大的自信,但必须要充分认清一点,那就是这种成功只是虚拟的,并不是真正的现实生活,如果将二者混淆起来的话,那么这个人也许会因为陷入虚拟世界的泥沼而无法自拔,最终走向脱离社会、脱离现实的道路。青少年的成长不仅是身体上的,也是心理上的,网络虚拟社区填补了现实生活中青少年心理层面健康成长所必需的磨练场所的空白,与现实社会相呼应,最终使青少年能够正确面对各种挑战。

所以通过对以上两个案例的分析我们可以看出,网络虚拟社区在为青少年提供正面帮助的同时也给他们带来了某些方面的负面影响,可以说网络虚拟社区是一个矛盾的存在。正如世间万物都是两面性的,我们不能只看到其中好的方面,但是也不能一口否定它的存在,只要运用正确的方法,网络虚拟社区就能够为我们所利用,从而为青少年的社会化提供一个更加广阔的空间。

第三节　E-Learning:信息化学习新思维

科技是第一生产力。进入 21 世纪以后,国家的综合国力和国际竞争力将越来越取决于科学技术及知识的创新水平。同时,科技的发展使得知识的更新日趋加快,人类已经进入可以无限制进行信息低成本复制的新阶段,过去对学生的批量式生产的纯记忆型的教育必然会普遍贬值,学生想象力、创造力的培养将越来越重要①。长期以来盛行的"灌输式"、"填鸭式"的教育方法以及过分强调系统性、完整性、讲细讲透的方法在当今信息时代背景下来看,即使在一个很窄的专业领域也不可能把所有的知识都灌输给学生,学生没有也不可能有被"填"满的时候,因此,人们为了适应社会发展的需要,必须学会认知、学会学习。同时,随着多媒体技术、通讯技术、虚拟现实技术、网络技术的发展及教育应用,E-Learning将成为学习的主要方式之一。E-Learning 使教育活动中扮演重要角色的教师无法回避地面临着对其原有角色的巨大冲击和挑战,呼唤着教师角色的转变与重塑。

一、E-Learning 是什么

E-Learning 英文全称为 Electronic Learning,中文译作"数字(化)学习"、"电子(化)学习"、"网络(化)学习"等。不同的译法代表了不同的观点②:一是强调基于因特网的学习;二是强调电子化;三是强调在 E-Learning 中要把数字化内容与网络资源结合起来。三者强调的都是数字技术,强调用技术来改造和引导教育。在网络学习环境中,汇集了大量数据、档案资料、程序、教学软件、兴趣讨论组、新闻组等学习资源,形成了一个高度综合集成的资源库。知行堂的学习教练肖刚将 E-Learning 定义为:通过应用信息科技和互联网技术进行内容传播和快速学习的方法。E-Learning 的"E"代表电子化的学习、有效率的学习、探索的学习、经验的学习、拓展的学习、延伸的学习、易使用的学习、增强的学习。美国教育部2000 年度"教育技术白皮书"里对"E-learning"进行了阐述,第一,E-learning 指的是通过因特网进行的教育及相关服务;第二,E-learning 提供给学习者一种全新的方式进行学习,使学习者能够随时随地学习,从而为终身

---

① 胡凡刚,马秀峰. 简论 e-learning 环境中教师角色的转变与重塑[J]. 电化教育研究,2002(4).

② 陈婷婷. 浅谈 E-Learning 在"电子商务概论"双语教学中的应用[J]. 科教文汇,2010(31).

学习提供了可能;第三,E-learning 改变了教学者的作用和教与学之间的关系,从而改变了教育的本质;第四,E-learning 能很好地实现某些教育目标,但不能代替传统的课堂教学,不会取代学校教育①。美国 E-learning 专家罗森伯格认为 E-learning 是利用网络技术传送强化知识和工作绩效的一系列解决方案。他指出 E-learning 要基于三大基本标准②:第一,E-learning 互联成网,能即时更新、储存、利用、分配和分享教学内容或信息;第二,E-learning 利用标准的网络技术,通过电脑传送给终端学员;第三,E-learning 注重的是最宏观的学习,是超越传统培训典范的学习解决方案。

E-Learning 并不只是意味着远距离的教育,在线教学同样可以在传统校园教学中发挥重要的作用,但是在远程网络教育中,一些常规的教学手段与教学方法也是非常重要的③。E-Learning 完全取代传统的课堂教学是不现实的,传统课堂教学在知识传授、社会性、互动性方面具有巨大优势。E-Learning 进入校园,并不是对传统教学替代式的进入,而是不断与传统教学相互碰撞,在碰撞中逐步融合,在融合中不断补充和完善,形成实践中有效可行的信息技术环境下的教学方法体系。可以说,在线教学与传统教学优势互补的混合式教学并不是一种全新的教学方法或理论,而随着教育信息化的深入,人们的教育思想观念从表面上看是在回归,而实际上是按螺旋方式上升的一种体现。

E-Learning 不能完全取代面授学习。众多中国的业内人士也期待着网络学习的浪潮能够给应用者带来更多价值,同时也给这个产业带来更多的收益。但事实是 E-Learning 没有取代面授学习,却遭遇被边缘化的危险。究其原因,E-Learning 只能解决企业培训过程中的一部分问题,而在培训效果方面,缺乏了课堂积极的教学互动的气氛,培训效果就会大打折扣。很多人在培训现场会热血沸腾,而看视频学习却会哈欠连天,这一现象说明,培训效果的保证与受训者的受控状态密不可分。为了进一步

---

① 韩勃. E-Learning 环境中学习行为挖掘的设计与实现[D]. 山东:山东大学,2012.

② 赵海燕. 基于情感感知和本性的 E-Learning 系统设计研究[D]. 苏州:江苏大学,2012.

③ 苏惠明,孙姜燕,谢勇. 基于 E-learning 的煤炭学院信息处理考试系统[J]. 煤炭技术,2011(9):245 – 246.

深化 E-Learning 的应用,提升 E-Learning 的培训效果,国际教育技术界在对"网络化学习"深入思考后提出了"混合式学习(Blended Learning)"。

二、E-Learning 的特点和要求①

E-Learning 与传统学习相比呈现出新的特点,具体表现为:时间的终生化、空间的网络化、主体的个性化、内容的整合化、交往的平等化。

(一)时间的终生化

传统意义上,人的一生被划分为青少年的知识学习阶段和成人的工作学习阶段,而在 E-Learning 中,这种划分不再是准确的和科学的。知识创新呈指数增长,技术开发的教育应用周期越来越短,人类科学知识每3—5 年增加一倍,这意味着学习者在读书期间学到的知识在毕业时就必然发生老化、过时的问题。因此青少年阶段的知识的学习不再是个人学习的终结,而只能是另一种学习的开始。

又因社会产业和岗位的变化,人们在青少年阶段学到的知识和技术已经远远满足不了工作和生活的需要。因此,传统的"一次性学习"已不适应时代发展的需要,通过信息网络,任何年龄阶段的任何人都可以进行E-Learning 学习,因此 E-Learning 使得人们的学习阶段从青少年向两极延伸,"基础学习—大学学习—大学后学习—老年学习"的终身学习体系将是 E-Learning 的发展方向。因此,E-Learning 使教师与学生的身份界限相对化,学生可以成为教师,教师也可以成为学生。

(二)空间的网络化

传统教育的空间一般由教室、校园构成,上学就是到这些特定的场所去上课。而随着计算机网络技术、通信技术、电视网络技术的发展,"三网合一"共同构筑的 E-Learning 的物质空间使全球通信瞬间完成②。"地球村"变得越来越小,其主要表现为:远距离学习突破了传统校园的围墙,函

---

① 胡凡刚,马秀峰.简论 e-learning 环境中教师角色的转变与重塑[J].电化教育研究,2002(4):14-17.

② 周正.三网合一——现代通信网络发展的大趋势[J].信息系统工程,1999(4):6-7.

授、广播电视大学、网络大学飞速发展；"无校舍"多媒体大学开始出现；"虚拟教室"、"虚拟大学"应运而生。这使得 E-Learning 的空间大大拓展。网络把学校、家庭、社会紧密地联系起来，因此，学生在家庭多媒体终端上就可以进行学习，可以有计划地收听、收看网络上的各校教师的直播、插播、转播授课。学生可以进行自主学习，也可进入虚拟学习基地，完成实习，或通过电脑试题库进行自我考试。

（三）主体的个性化

我们知道，传统的课堂教学所施行的"批发教育"无法考虑认知主体的个性和不同的认知方式，而 E-Learning 可以帮助教师发现和使用不同的教学方法和教学组织形式，这样使教学充满了活力和创造力。学生的学习也将成为十分个性化的事情，他们可以自主选择学校、教师、课程并自定步调，这样最大限度地调动了学习者的自主性、主动性和参与性，从而为个性的发展提供了广阔的空间。正如尼葛洛庞帝所说"真正的个人时代已经来临了"，"我就是我"。

个性的核心是创新性，主体的"个性化"应以增强学生的创新能力为目标，并同合作能力、团结精神的培养相结合。传统教育通常只是培养学生一些基础能力，包括阅读、计算、分析、判断能力，而信息时代发展所需要的是掌握并能运用知识，信息与通信手段进行快速、高效的知识与技术创新的人才。又因为世界上不存在两个完全相同的人，所以个性化的因材施教方式，变"适应型学习"为"创新型学习"的重要性将日益凸显。E-Learning 要求学生必须掌握日后所需的思考与学习的能力，必须具备强烈的学习动机、创新意识、合作精神。因此，主体的个性化将对学生人格的健全和升华提出新的要求。

（四）内容的整合化

E-Learning 使得学习内容从物理特性和实质内容上发生革命性变革，呈现整合化趋势。首先，从物理特性上看，E-Learning 的信息内容的载体从书本、报纸、杂志转移到存储量极大的磁电场形态，从而实现了信息的集约化。同时，E-Learning 内容已不是单一的文字符号，它将文字、数据、图形、图像、语言等,通过计算机综合处理,使人们得到更完善更直观的可文、图、声、画并茂作用于人的多种感官的信息,从而刺激学习者的多种感官,发挥多种知觉系统的作用,这样激发了学生的学习兴趣,也有效地调动了学习积极性,从而促进学生认知、技能和态度情感的变化与发展。其次,从实质内容上看,E-Learning 的内容必须实现基础性内容与专业性内容、理论性内容与实践性内容、社科类内容与理工类内容、显性内容与隐性内容、国际性内容与民族性内容的整合化。

（五）交往的平等化

传统的社会交往方式中,人与人之间交流的最大障碍在于人的差异性。人们在社会交往过程中往往难以克服社会地位的悬殊、生活质量的差异和文化层次的高低等障碍。而在 E-Learning 环境中,教师与学生、学生与学生之间的交往与交流完全可以不考虑在现实生活中无法回避的矛盾,他们可以进行一些相对单纯的、非功利性质的精神交流,也可以就一些共同感兴趣的问题发表自己的见解和看法,而且交流双方不会产生任何心理上的负担。在这里,交往权威趋于模糊或消退,交往关系更趋平等、融洽、宽容、和谐。教师不再是至高的权威,而是以自己的学识、能力、人格魅力去感染学生,建立起自己的崇高威信,以"随风潜入夜,润物细无声"的奇特效果影响学生。

三、E-Learning 环境中教师角色的转变与重塑[①]

信息时代 E-Learning 呈现与传统学习不同的新的特点,被赋予新的使命,这一切从深层次上呼唤着教师角色的转变与重塑。面对新的挑战,教师一般有三种选择:第一种是保守选择,表现为对 E-Learning 的恐惧与不安,从而坚持自己原有的角色,怯于去接近"e 化"媒体、学习"e 化"媒体。他们往往过于崇尚或迷恋书本知识,疏离变化的世界,固守旧有的"师道尊严",遮蔽现实中的摩擦与冲突,面对外部变化置若罔闻。第二

---

① 胡凡刚,马秀峰.简论 E-Learning 环境中教师角色的转变与重塑[J].电化教育研究,2002(4):14-16.

种是激进选择,表现为对 E-Learning 的膜拜与盲从,从而完全放弃自己的原有角色,重新构建自己的新角色。他们往往对"e 化"媒体不加批判地全盘接受,勇于接受挑战,但很可能造成教师原有角色的全面崩溃。第三种是理性选择,表现为对 E-Learning 既不全盘否定,也不盲目崇拜,从而既不放弃自己的原有角色,也不固守不变。他们敢于向权威挑战,不断整合新的教师角色以重构自己的角色体系。显然,第三种选择是明智的,将给教师角色以新生。

我们知道,教师角色与其社会地位、身份相联系。在 E-Learning 环境中,教师的社会地位、身份等诸方面都发生了新变化,应该进行角色转变。教师角色的转变意味着原有的不适应 E-Learning 的角色将不断地被解构、被消除、被更换,而整合为新的角色,即将由知识内容的传授者、课程体系的呈现者、教育教学的管理者逐渐转变为 E-Learning 环境的创设者、E-Learning 内容体系的研究者、E-Learning 主体关系的艺术家。

(一)由知识内容的传授者转变为 E-Learning 环境的创设者

在传统的课堂讲授中,由于没有实际情境所具有的生动性、丰富性,因而将使学习者对知识的意义建构产生困难[①]。而按建构主义的观点,学习总是与一定的社会文化背景即"情境"相联系的。在实际情境下进行学习,可以使学习者较好、较快地利用自己原有认知结构中的有关经验去同化或顺应新知识[②]。另外,丰富的网络信息源为学生提供了获取知识的广泛途径,这就使教师的"讲"必定大为减少,而突出学生的个别化学习或小组合作学习,教学方法也由传统的单向灌输转变为启发建构,突出认知主体在建构中的作用。因此,E-Learning 要求教师由知识内容的传授者转变为利于学生进行意义建构的 E-Learning 环境的创设者。

教师创设的 E-Learning 学习环境应该做到:第一,E-Learning 的学习环境是学习者可以在其中进行自由探索和舒畅学习的场所。在此环境中学生可以利用各种工具和信息资源(如文字材料、书籍、音像资料、CAI 多

① 徐缨.小学情境想象作文与审美教育[J].宁波教育学院学报,2003(s1):53－55.
② 李信德.创设情境 激发学生写作兴趣[J].新课程(小学版),2006(11):54.

媒体课件等)选择、加工、吸纳、再生信息并利用信息完成学习任务;第二,E-Learning学习环境有利于激发学生的学习动机,培养学习兴趣,调动学生学习的积极性;第三,E-Learning学习环境有利于学生形成高尚的道德、完善的人格、健康的心理和符合时代精神的良好品质,并能提高学生区分良莠信息的能力。

为了适应这一角色的变化,教师首先需要建立"e化"教学的思想。随着信息技术、数字技术、网络技术与智能技术的到来,我们这个世界几乎都在"e化"。教学中的"e化"就是把教学内容"e化"、把教学方法"e化"、把学习内容"e化"。通过"e化",把教与学、人与"机器"、人的智能与"电的智能化"形成系统的整合,产生"合力"。其次,树立"学生主体"观念。因为在E-Learning中学生是信息加工的主体,学生利用各种方法主动去搜集并分析有关的信息和资料,对所学习的问题提出各种假设并努力加以验证,从而最终完成对所学知识的意义建构。教师在这一过程中起帮促者的作用。最后,培养应用现代教育技术的能力。信息技术的发展推动了教育技术的进步,多媒体技术、网络技术等普遍应用于教育教学领域,使得学习资源呈多样化趋势,具有信息化色彩。教师必须掌握现代教育技术和相关学科知识,培养应用现代教育技术的能力,开拓多媒体教学空间,注重为学生创设学习情境。根据他们不同的特点和需求,进行认知引导和智能辅导,从而最大限度地发挥现代教育技术的作用。

(二)由课程体系的呈现者转变为 E-Learning 内容体系的研究者

在传统的教学中,课程具有严密的系统性、逻辑性。教师虽然是教学的中心,但往往只是严密的、逻辑的课程体系的呈现者,几乎不敢越雷池一步。E-Learning要求学校课程的设计、教材的编写由一线教师直接参与,因为他们了解学生的认知特点、掌握学科发展的前进方向,这样由一线教师参与建构的课程、教材可能更清晰、更易懂、更容易被其他教师所理解。因此,教师应该成为教学研究、课程教材开发和设计、E-Learning内容体系建构的主体。

教师要由课程体系的呈现者转变为 E-Learning 内容体系的研究者,

还要注意两方面。一方面,教师应该培养良好的信息素养。E-Learning
要求教师理所当然地具备选择、加工、处理信息的能力。数据语言、图像
和文字的数字化将抹去电信、计算机、新闻媒介的界限,把因特网进一步
扩大。因此,教师首先应具备接收信息的能力,能够准确、迅速地接收信
息,并进行分类、储存和检索。另一方面,教师应具有处理信息的能力,能
够对所储存的信息进行价值判断,把信息变成知识,构建起新的 E-Learn-
ing 内容体系。其次,提高自己的教学研究水平。研究 E-Learning 环境下
学生学习的特点、规律、现有的课堂教学模式改革等问题;还要进行教学
实验,研究创设不同的学习情境会对学生的学习产生怎样的影响;研究如
何利用新技术提高学生解决问题的能力;注意总结不同课程学习中的重
点、难点以及学生学习中经常出现的疑点和难点,为设计制作多媒体教材
提供数据和资料。

(三)由教育教学的管理者转变为 E-Learning 主体关系的艺术家

在传统教育中,教师往往是教育教学管理的代言人,扮演"教育教学
管理者"的角色[①]。他们根据社会的要求,接受社会的委托,以知识信息
传播为中介,对受教育者有目的、有计划地施加全面影响,把他们培养、塑
造成社会所期望的合格公民,又因教师掌握知识在先,因此,教师具有至
上的权威,"师道尊严"不容侵犯,这样容易造成师生以知识为中心的授
受关系、主从关系和不平等的权威和依赖关系。

而 E-Learning 环境中,信息技术打破了时空的界限,拓宽了人与人之
间的交往渠道,使得 E-Learning 呈现出师生交往的平等化特点。不过,由
于这种平等而双向的交往是"人—机"系统的交往,又会造成 E-Learning
主体的情感的荒疏与缺失及师生之间的情感交流的减少。因为 E-Learn-
ing 减少了学生与他人之间直接的面对面的互动关系活动,使他们终日与
计算机终端打交道而不是与现实本身打交道,于是造成他们与家庭成员、
邻里、教师、同学及朋友之间的感情联系变得淡漠,生活的情趣开始淡化,

---

① 张翠好. 语文教师角色的五转变[J]. 广东教育(教研版),2006(6):27-28.

内心烦躁而空茫。这正像马克思所说:"人的本质并不是单个人所固有的抽象物。在其现实性上,它是一切社会关系的总和。而社会关系首先表现为劳动关系和交往关系"。因此,人们在现实生活中发生的各种人际交往就成为社会发展和个体发展的必要的和普遍性的条件,是人的社会存在的基本特质之一,它构成了人的社会存在的前提和实际过程。而 E-Learning 把人们之间的活生生的社会交往变成人与机器的面对面的交流,这样紧张、孤僻、冷漠等心理造成的新的"精神真空"就不可避免地出现了。因此,教师应该充分利用自己高尚的道德品质、渊博的专业知识、高超的教育教学艺术、优良的人格魅力,努力成为人际关系的艺术家,确立以情感沟通为核心的学习交往,共享教学民主的现代型的师生交往的"师生场"。

教师要成为人际关系的艺术家。第一,教师应树立新的师生关系观。即转变传统教育中"惟师是从"的专制型师生观,构建教学双重主体之间的相互尊重、相互理解、相互信任的新型的平等、民主、合作的关系。第二,教师应能进行角色互换。通讨扮演学生的角色,设身处地体验学生的思想感情,创设宽容理解的心理氛围。第三,教师在 E-Learning 过程中应具有真诚的同情、无条件的积极关注和乐于接受学生的博大胸怀。这样师生就可以在理解中不知不觉地拉近距离,进而达到和谐融洽的状态。第四,E-Learning 打破了校园的围墙,学校、家庭、社会连成一体,这就要求教师不可能像以前那样"躲进小楼成一统",而应该和各种各样的人交往,成为一名新型的、开放式的、具有社会活动家色彩的人际关系的艺术家。

结束语

我国的中长期教育改革和发展规划纲要(2010—2020年)指出,"信息技术对教育发展具有革命性影响"。基础教育信息化是教育信息化的重中之重,以促进义务教育均衡发展为重点,以建设、应用和共享优质数字教育资源为手段,促进每一所学校享有优质数字教育资源,提高教育教学质量;帮助所有适龄儿童和青少年平等、有效、健康地使用信息技术和信息手段主动学习、自主学习、合作学习;培养学生利用信息技术学习的良好习惯,发展兴趣特长,提高学习质量,强化学生在网络环境下提出问题、分析问题和解决问题的能力,从而形成信息化学习的终身学习能力。

教育信息化的概念是在20世纪90年代伴随着信息高速公路的兴建而提出来的[①]。美国政府于1993年9月正式提出建设"国家信息基础设施",俗称"信息高速公路"计划,其核心是发展以 Internet 为核心的综合化信息服务体系和推进信息技术在社会各领域的广泛应用,特别是把 IT 在教育中应用作为实施面向21世纪教育改革的重要途径[②]。其教育信息化的目标,已从简单的学习、培训信息技术的使用转换到学习者"生存能力"的培养,并把它作为21世纪教育的发展方向。所谓"生存能力",是"一种全身心的力量"。从信息化社会发展的角度看,"生存能力"就是分析、解决问题的素质和能力。早在1996年,美国总统克林顿就提出教育信息技术发展计划:要在2000年前把每一间教室和每一个图书馆(包括所有中小学的教室和乡村的图书馆),都联到 Internet 上。同年,美国政府发表了美国历史上第一份有关信息技术教育的正式报告——《让美国学

---

① 宋建年.高职教师应对教育信息化背景的策略探究[J].江苏技术师范学院学报,2009(6):47 – 49.

② 王存太.教育信息化与师范生的信息能力[J].天水师范学院学报,2003(2):75 – 77.

生为 21 世纪做好准备：面向技术素养的挑战》。到 2000 年"国际教育技术协会"的《电子化学习：将世界级的教育置于儿童的指尖》强调了五个新的"国家教育技术目标"。即所有的学生和教师都能够在课堂、学校、社会和家里接触信息技术；所有的教师都能有效地运用信息技术帮助学生达到学业高标准；所有的学生都必须具备信息技术和信息素养方面的技能；研究和评估促进下一代的技术在教学和学习中的应用；以数字化内容和网络的应用来改造教学和学习。

信息化不仅仅是一个单纯的技术问题，而是一场由技术革命引发的社会变革。从这个意义上说，信息化的主要内容实质是根本改造社会生活的所有信息环境，其目的是优化任何一个有社会意义的活动结果。信息化不是单纯的技术过程，而是以计算机革命为基础的社会技术化过程。社会学意义上的信息化是指在社会生活中普遍采用信息技术和信息资源，以及逐渐建立与之相应的社会行为模式。北京师范大学何克抗教授认为，信息化是由名词"信息"加后缀"化"组成的一个新动词，其涵义是使原来名词所表征的内涵、作用与功能扩大，使之能在更大的范围、更广阔的领域或更多的部门得到体现，如工业化、机械化、网络化、智能化、信息化等①。由于"信息技术"是关于"信息"如何获取、分析、存储、变换与加工、传输与利用的技术，也就是使"信息"所表征的内涵、作用与功能充分体现并进一步扩展，所以"信息化"在很多情况下也被看作是"信息技术化"。

信息化学习是信息化教育的重要内容，是一种学习方式，是实现教育信息化的策略和方法，是信息化社会发展的趋势。美国 2010 国家教育技术计划以"技术使学习更强大"作为标题，强调信息技术对学习的意义建构。美国《教育技术白皮书》（2000）认为"信息化学习是一种受教育的方式，包括新的沟通机制和人与人之间的交互作用"，"信息化学习将改变教师的作用和师生之间的关系，从而改变教育的本质"。电子化学习、网络化学习、移动学习、数字化学习等是信息化学习的不同阶段，博客学习、

---

① 李金凤.农村基础教育信息化研究现状分析[J].中小学信息技术教育,2005(3):57－60.

混合学习、泛在学习和超距学习等是信息化学习新的形式。基础教育信息化学习强调对优质教育资源的"共享"与"应用"。"共享"与"应用"的重点是面向学生,使农村学生与城市的学生一样,共享优质教育资源;关键是要建立一支能自觉地、主动地、创造性地应用信息化手段融入学校教育教学的各个环节的教师队伍;突破口是教育教学方法的改革,要因地制宜,因校制宜,与农村教育改革与发展的实际相结合,不断探索和完善与信息化学习相适应的教育教学模式。

美国教育家克罗韦尔(S. Crowell)指出,"教育面临的最大挑战不是技术,不是资源,不是责任感,而是……去发现新的思维方式。"[1]现行的教育改革与教师教育,无疑都有信息化的明显印记,《2003—2007年教育振兴行动计划》中指出,要全面提高现代信息技术在教育系统的应用水平,要让广大中小学教师尽快掌握和应用教育技术是教育信息化建设的重要内容[2]。高文老师(2001)就曾强调,"今天我国包括课程教学改革在内的教育改革必须是面向素质教育的,必须是基于信息技术的。"

信息化教学能力的发展阶段变化,体现了"信息化教学情意→信息化教学技能→信息化教学实践→信息化教学智慧"的能力提升过程。一方面使教学时空走向开放。信息化社会中,教学的物理时空得到了很好地拓展和延伸,使教学早已超出了校园的围墙。信息时代的学习,将不仅仅是在课堂与教师面对面的教学中完成(在场式),也可以是在不同的学校、不同的地区、不同的国家,或是在地球的任何角落完成,使不同的学习者满足其不同的学习需求。学习者可以是"在场式"的学习,也可以是"在线式"的学习,还可以是"在场式"与"在线式"的有机结合。技术作用下的教学时空,从封闭已经走向了开放。传统课堂中的教学,教学内容更多的是以文字和语言的方式呈现,虽然也有一些直观生动的教学手段和教学工具,但教学内容依然抽象化程度高。而技术作用下的教学内容,更具仿象性,人们也已经习惯将这一时代叫做高度仿真时代,有人更是将现在社会比喻成迪斯尼乐园。教学中大量的图片、声音、动画、视频等多媒

---

① 李宝强.论考试改革的使命[J].中国教育学刊,1997(5):27-29.
② 王卫军.教师信息化教学能力发展研究[D].兰州:西北师范大学,2009.

体表达元素,使抽象的知识内容变得更加直观具体。另一方面使教学资源走向统整。信息技术作用下优质的教学信息资源实现有效共享,教学资源从分散走向了统整。信息的最大特性莫过于其共享性,而信息化社会中,教学信息资源实现了真正意义上的有效共享,体现了学习者获取教育信息资源的便利性和平等性。教学方式走向个性技术作用下的教学方式,使不同学习者的不同学习需求得以真正满足,教学方式从统一走向了个性。传统教学中,共性与个性问题,虽被人们广泛关注,但始终似乎是教学中的"死结",一直在传统教学中难以得到有效解决。信息化社会的教学方式,使教学方式中的共性与个性问题找到了解决的有效途径,使真正的因材施教成为了可能。不同的学习者,既可以根据批量化的教育信息资源,实现统一进度的学习,也可以根据个性化学习需求,实现量身定做的"自助式"、"订单式"的学习,使学习者学习更具个人色彩。这种学习方式真正体现了学习者的主体地位。学习者可以按照不同的学习兴趣,自由地学习,以满足在信息时代个性化的学习方式需求。

技术应用于学习,需要一定的现实基础。从杜威的"教育即生活",到布鲁纳的"发现式"教学再到以皮亚杰为先导的建构主义,学习开始呈现出了技术化、数字化的后现代倾向。祝智庭教授在《教育信息化:教育技术的新高地》一文中对教育信息化作出了一个比较全面的界定。他把教育信息化界定为一个追求信息化教育的过程。"在技术上,教育信息化具有数字化、多媒化、网络化和智能化的特征;而作为教育信息化目的的信息化教育则具有教材多媒化、资源全球化、教学个性化、学习自主化、任务合作化、环境虚拟化、管理自动化的特征。"①教育信息化是教育现代化的要素之一,和"现代化"这一概念所具有的动态与相对性类似,教育信息化也是一个追求信息化教育的动态过程,伴随着信息技术的不断进步,教育信息化的征程任重而道远。

---

① 祝智庭.教育信息化、教育技术的新高地[J].中国电化教育,2001(2):3-5.

主要参考文献

专著类

［1］张之沧.科学技术哲学［M］.南京:南京师范大学出版社,2009.

［2］黄正华.科学技术哲学导论［M］.北京:社会科学文献出版社,2008.

［3］刘群英,程全洲.信息技术教育学［M］.开封:河南大学出版社,2005.

［4］郭玉成.全面提升教师素养［M］.北京:中央民族大学出版社,2004.

［5］周宪.视觉文化的转向［M］.北京:北京大学出版社,2008.

［6］张舒予.视觉文化与媒介素养［M］.南京:南京师范大学出版社,2011.

［7］(美)尼古拉斯·米尔佐夫.视觉文化导论［M］.倪伟,译.南京:江苏人民出版社,2006.

［8］宫承波.新媒体概论［M］.北京:中国广播电视出版社,2007.

［9］胡小勇.概念图教学实训教程［M］.南京:南京师范大学出版社,2008.

［10］梁林海,孙俊华,吴峰.知识管理［M］.北京:北京大学出版社,2011.

［11］桑新民.学习科学与技术——信息时代大学生学习能力培养［M］.北京:高等教育出版社,2004.

［12］祝智庭.现代教育技术——走进信息化教育［M］.北京:高等教育出版社,2001.

[13]周卫勇.走向发展性评价——谈新课程的评价改革[M].北京:北京大学出版社,2002.

[14]余胜泉,吴娟.信息技术与课程整合——网络时代的教学模式与方法[M].上海:上海教育出版社,2005.

[15]黄荣怀.移动学习——理论·现状·趋势[M].北京:科学出版社,2008.

[16]杨孝堂,陈守刚.泛在学习的理论与模式[M].北京:中央广播电视大学出版社,2012.

[17]约翰·D·布兰思福特.人是如何学习的——大脑、心理、经验及学校[M].程可拉,等译.上海:华东师范大学出版社,2002.

[18]桑新民.步入信息时代的学习理论与实践[M].北京:中央广播电大出版社,2006.

[19]施良方.学习论[M].北京:人民教育出版社,1998.

[20]刘电芝.学习策略研究[M].北京:人民教育出版社,1999.

[21]富勒.激发孩了的学习潜能——如何帮助孩子在学习中获得成功[M].姚宝宇,译.北京:专利文献出版社,1998.

[22]谭顶良.学习风格论[M].南京:江苏教育出版社,1995.

[23]德鲁克.知识管理[M].北京:中国人民大学出版社,1999.

[24]谭顶良.学习能力培养[M].南京:南京出版社,1998.

[25]赵凯.解码新媒体[M].上海:文汇出版社,2007.

期刊类

[1]南国农.教育信息化建设的几个理论和实际问题[J].电化教育研究,2002(11).

[2]桑新民,郑文勉,钟浩梁.区域教育信息化的战略思考[J].电化教育研究,2005(3).

[3]何克抗.e-Learning 的本质——信息技术与课程的整合[J].电化教育研究,2002(1).

[4]顾小清,祝智庭.教师专业发展的实现模式[J].中国电化教育,2005(3).

[5]钟绍春.信息技术与课程整合的资源及软件研究[J].电化教育研究,2005(3).

[6]钟绍春,姜雁秋.信息技术与课程整合的模型与方法[J].中国电化教育,2003(9).

[7]叶慧娟.网络游戏分级制度比较研究[J].华东理工大学学报:社会科学版,2011(2).

[8]郁晓华,祝智庭.电子游戏教育评价的新视角:基于多元智能的设计[J].中国电化教育,2011(11).

[9]马小强.电子游戏教育价值分析与判定[J].中国电化教育,2008(10).

[10]尚俊杰,李芳乐,李浩文."轻游戏":教育游戏的希望和未来[J].电化教育研究,2005(1).

[11]任秀平,李艺.电子游戏的分级与分类问题的教育视角论证[J].远程教育杂志,2009(2).

[12]张光明.以校园数字化建设推进宁波教育信息化的策略与实践[J].中国电化教育,2011(4).

[13]吴仕云.3G通信网络环境下校园信息化创新模式应用研究[J].电化教育研究,2011(6).

[14]祝智庭.中国教育信息化十年[J].中国电化教育,2011(1).

[15]杨志和.云计算:教育信息化转型的助推器[J].中国教育信息化,2010(5).

后　记

任何新媒介、新技术的出现都会对社会产生一种影响。在日益强势发展的新媒介面前,中小学教育不得不积极应对,在信息技术时代重新建构自己崭新的教育教学体系。目前普通中小学校对新媒体新技术下的教育教学重视不够,一方面由于师资缺乏,存在"两张皮"的状况,懂学科教学的人,不一定熟知新媒体的传播规律,懂新媒体的人对学科教学规律不一定熟悉;另一方面新媒介仅仅拥有"训练者"、"受训者"和"工具"三种潜在的教育功能。这就引发了一系列的思考,对于这些新媒体技术,是像对待其他媒介一样把它们当作"教师"呢,还是仅仅把它们当作一种影响教育目标的工具呢?

21世纪的今天,我们国家已进入全面建设小康社会,加速推进现代化建设的新历史阶段,而技术在其中扮演着重要的角色,同样在教育信息化的进程中,技术拥有它的绝对优势。中小学教育方面,技能的发展在一定程度上肯定可以通过教育技术得到加强。教师专业化的需要部分可以由技术革新来满足,这样教师就可以解放出来从事教学工作。从目前的社会现状和教育现状来说,常常要求教师有超人的应付能力,我们只能希望技术分担教师的一些负担。如果我们看到学术界只对技术本身感兴趣,或者如果技术占去了正常教育时间的话,就成问题了。我们要认识到专门学习技术本身是浪费精力,而现在的计算机教育课就常常是这种情况。为了解决当前的问题,我们选取了信息技术时代的中小学教育作为选题,想进一步探讨信息化环境下学习的有效性发生。

本书的特色主要体现在以下几个方面:

一是体例新颖,体现了时代性。从目前国内这方面的专业著作来看,全面解读信息技术对中小学教育的影响的内容比较少。本书重点分析了当前信息技术各方面发展给教育带来的影响以及中小学教师个体专业化过程中信息化素养的重构。

二是理论以"够用"、"精要"为原则，体现了客观性。本书所论观点正是当前大家所认识到的理念，有助于对信息技术教育的全面理解与体会，既可以借鉴，也能够汲取教训，而不会失之偏颇，对有争议的问题不作过多的论辩，不作繁琐的理论推演。

三是理论详述与案例解析相结合，所用例证力求规范，与理论相配套，力避示例不规范或者与理论相脱节的弊病。同时，在语言表述中注重操作性的分析和普适性应用，观点注重科学性，突出时代性。

经过长期努力，终于完成这本书的写作任务。全书由刘和海统著，汪翠义同学除完成第一章的撰写工作之外还进行了大量的整理与统编工作，张晶晶同学撰写了本书的第四章与第二章的第三节，她们对本书的出版作出了很大的贡献。书稿完成，感慨万千，在此衷心感谢 2010 级全体教育技术学研究生参与讨论与撰写，同时感谢王家成、李起斌、万丽丽、饶红、朱丽兰、陈辉等同学的认真而细致的校对，尤其感谢王守恒教授的多次提携与帮助，感谢教科院领导与老师的关心。

由于时间仓促，思考不够成熟，仅是个人观点，不妥之处在所难免，敬请包涵。在此向在本书中引用的文章的所有作者表示崇高的敬意，同时由于任务较重，工作较繁杂，难免挂一漏万，如您在阅读过程中发现参考文献的疏漏之处，敬请谅解。最后再次感谢曾经和现在对本书出版有过帮助的老师与朋友。

刘和海

2014 年 5 月于芜湖